echt EMF

SINA SCHRÖDER

SELBST LOS

DIE **ZWEIFEL** DER MODERNEN **MÜTTER**, DIE **ALLES GEBEN** UND SICH SELBST DABEI **VERLIEREN**

echtEMF ist eine Marke der Edition Michael Fischer

2. Auflage
Originalausgabe

Covergestaltung: Michaela Zander, unter Verwendung von Motiven von © CPD-Lab und © Bibadash/via Shutterstock.com

Redaktion: Doreen Fröhlich
Bildnachweis: Autorenbild (privat)
Layout/Satz: Michaela Zander
Gedruckt bei GGP Media GmbH, Karl-Marx-Str. 24, 07381 Pößneck

ISBN 978-3-7459-1854-0

www.emf-verlag.de

Meinem Herzmann.
Danke für deine Liebe und dafür, dass du mich die sein lässt, die ich bin.

INHALT

TEIL 2: SELBSTWERDUNG 123

TEIL 1:

IDENTITÄTS-VERLUST

„ICH WEISS GAR NICHT MEHR, WER ICH EIGENTLICH BIN"

Dieser Satz wird wie eine Art Refrain in diesem Buch vorkommen – immer wiederkehrend, so wie er auch mir in meiner Arbeit immer wieder begegnet. Und wie er irgendwann auch Bestandteil meines eigenen Lebens geworden war. Ich bin Sina, Jahrgang 1983, Mutter von vier Kindern im Alter zwischen vier und 13 Jahren und nach zehn Jahren als Hausfrau und Mutter seit mittlerweile 2,5 Jahren als freiberufliche Theologin, Rednerin, Kolumnistin und Online-Seelsorgerin tätig. Daneben schreibe ich seit 2018 auf meinem Instagram-Account @feelslike_sina Texte und berichte über Mutterschaft und meine Mutausbrüche im Alltag. Die Antwort auf die existenziellste aller Fragen, nämlich danach, wer ich eigentlich bin, habe ich mir selbst gegeben – indem ich mein ganz persönliches „Ich bin“ nach meinem eigenen Vorbild gestaltet habe.

„Ich weiß gar nicht mehr, wer ich eigentlich bin“ begegnet mir in der täglichen Seelsorgearbeit besonders oft im Austausch mit Müttern, die das Gefühl haben, sich im Laufe ihrer Mutterschaft selbst verloren zu haben – im Wunsch, eine „gute Mutter“ sein, zwischen dem eigenen Anspruch, „alles richtig und besser zu machen“, und dem Bild, das die Gesellschaft von einer „guten Mutter“ hat.

Diese Unverbundenheit mit sich selbst, das Hineingleiten in ein Leben, in dem man sich irgendwann die Frage stellt: „Wollte ich das eigentlich wirklich?“, kennen viele Frauen, die Mütter werden und sich an dem klassischen Bild von Mutterschaft abarbeiten. Ich glaube, der Grund dafür, dass vor allem moderne Frauen diese Frage umtreibt, liegt darin, dass sie in zwei Realitäten leben: Auf der einen Seite wachsen wir mit dem theoretischen Gefühl von Gleichberechtigung auf, dem Bewusstsein, dass Mädchen und Jungen die gleichen Chancen und Möglichkeiten haben (natürlich gibt es Phänomene wie den Gender Pay Gap und strukturelle Ungerechtigkeit, aber das war nicht das Selbstbewusstsein meiner Jugend, das mit dem Gefühl einherging, dass mir alle Türen offen stehen und ich selbstbestimmt über mein Leben entscheiden kann). Auf der anderen Seite sehen wir uns, wenn wir Mütter werden und Kinder bekommen, plötzlich mit einer ganzen Reihe an Erwartungen, Prägungen und Narrativen konfrontiert, die mit dem Konzept von Mutterschaft verknüpft sind. Es kommt mir manchmal vor wie eine Art kulturelles Gedächtnis oder jahrhundertealte Prägung der weiblichen DNA, etwas, das seit Generationen im großen Pool weiblichen Bewusstseins wabert und mit dem Auftauchen eines Kindes plötzlich ein Teil unserer Identität wird (und damit Anlass für einen fundamentalen Identitätsverlust bietet). Tatsächlich kommt es in vielen Beziehungen zu einer Retraditionalisierung des Miteinanders, sobald Kinder zur Welt kommen: Frauen bleiben eher und länger zu Hause, während Männer vielleicht zwei, höchstens drei Monate Elternzeit machen, aber in der Regel nahtlos ihre Karriere fortsetzen können. Plötzlich wird aus dem „alles geht", mit dem wir aufgewachsen sind, eine stärker werdende Fremdbestimmung, und wir verlernen zunehmend, uns zu fragen, was wir wirklich wollen, weil wir auf einen Schlag unsere Identität einfügen müssen in das, was von Frauen, die Mütter werden, eben erwartet wird.

Ich selbst habe die ersten Jahre meiner Mutterschaft als sehr ambivalent erlebt: Als ich 2009 mitten in meinem Theologiestudium das erste Mal Mama wurde, habe ich mich entschieden, Mutterschaft zu meinem Hauptberuf zu machen. Ich beendete zwar mein Studium, hängte aber meinen lang gehegten Berufswunsch, Pastorin zu werden, erst einmal an den Nagel, um mich ganz und gar dem ersten und auch den darauffolgenden drei weiteren Kindern widmen zu können. Ich genoss die Zeit mit ihnen sehr, bin total gerne Mama, aber auch ich erlebte mein Mama-Sein als einen gewissen „Identitätsverlust". Ich war rund um die Uhr für vier kleine Menschen da und absolvierte eine Art „unterbewusstes Master-Mutterschafts-Programm", währenddessen ich mich oft viel zu wenig fragte, was *mich* eigentlich glücklich macht, wie *ich mein* Leben verbringen möchte, was *meine* Ziele, Träume und Herausforderungen sind, die ich als Sina, nicht als Mutter meiner Kinder, angehen möchte. Alles, was ich in meiner Rolle als Mama tat, tat ich sehr bewusst und aus großer Liebe heraus, aber ich verlernte im Laufe dieser Jahre zunehmend, einfach Ich zu sein und meinen eigenen Stil zu pflegen – als Frau, als Mutter.

„Selbstlos", das ist ein Wort, das in unseren Ohren erst mal sehr positiv klingt – nach einem Menschen, der sich bedingungslos für andere einsetzt. Die Erwartung an Mutterschaft entspricht heutzutage immer noch stark einem Konzept der Selbstlosigkeit: Frauen sind dem gängigen Ideal und Klischee der patriarchalen Zuschreibung nach Koryphäen im Dasein für andere, daraus speist sich in gewisser Weise ihre Daseinsberechtigung. Sie kümmern sich, sie sorgen sich, sie pflegen, sie sind für „Beziehungssachen" und Gefühle zuständig. Familienarbeit ist bei allen sehr guten Aufbrüchen in Richtung gleichberechtigter Elternschaft immer noch zu großen Teilen eher ein „Frauen-Ding". Gleichzeitig läuft die moderne Mutter Gefahr, in diesem Identitätskonzept das eigene Ich buchstäblich aus den Augen zu verlieren. Auf mich trifft dies definitiv zu: Ich habe mich bewusst FÜR dieses Leben als Mutter und die bedürfnisorientierte Begleitung[1] meiner Kinder entschieden, lange Zeit aber nicht gemerkt, wie stark ich von fremden Erwartungen geprägt bin. Ich agierte selbstlos und merkte immer mehr: Ich bin mein Selbst los.

Aus meiner persönlichen Erfahrung heraus ist dieses Buch entstanden, das den Titel „Selbstlos" trägt und sich mit diversen Facetten des Identitätsverlusts auseinandersetzt: Der Frage danach, was uns prägt, welchen bewussten und unbewussten Erwartungen und Traditionen wir gerecht werden wollen, und inwiefern wir über sie hinauswachsen müssen, um wieder mehr selbst zu sein. Im ersten Teil des Buches geht es darum, uns dieser Prägungen bewusst zu werden. Denn nur, wenn wir ein Bewusstsein dafür entwickeln, DASS es diese Prägungen gibt und DASS wir uns nach Maßstäben ausrichten, die nicht unsere eigenen sind, können wir uns ehrlich die Frage beantworten: Will ich diese Facette meines Lebens wirklich oder ist sie übernommen? Im zweiten Teil des Buches richten wir unseren Fokus auf „Selbstwerdung", also auf mögliche Schritte, wie wir wieder in Verbindung kommen können zu dem, wer wir sind und wie wir unser Leben individuell gestalten wollen. Dabei berichte ich vor allem aus meinem Leben, hoffe aber, dass es den Leser*innen gelingt, sich in mich „hineinzulesen" und meine ganz persönlichen Schritte in ihr eigenes Leben zu übersetzen. Ich werde beispielsweise davon erzählen, wie mich das Draußenschlafen wieder mehr zu mir selbst gebracht hat. Das bedeutet nicht, dass alle zu Draußenschläfern werden müssen, soll aber dazu anregen, wieder mehr Mut zu haben, dem Ruf des eigenen Herzens zu folgen. Manchmal sind es die kleinen Dinge und Momente, die uns wieder zu Hause bei uns selbst fühlen lassen, und zu denen möchte ich einladen. So ist der erste Teil des Buches eher eine Art Sensibilisierung für das Problem von Selbstlosigkeit: Nämlich dass ein Von-uns-selbst-Absehen immer die Gefahr mit sich bringt, dass wir im Gefühl von Identitätsverlust Leere und Unzufriedenheit verspüren, die uns selbst und auch unsere Beziehungen belasten und gefährden. Erst im mutigen Selbstsein, das im zweiten Teil thematisiert wird, werden wir zu einem beziehungsfähigen Gegenüber, denn nur wer es schafft, sich von seinem eigenen Leben immer wieder die Hände füllen zu lassen, hat etwas, das er an andere weitergeben kann.

Je mehr ich das gesellschaftlich eingeforderte Ideal von Selbstlosigkeit hinter mir lassen und auch in meiner Mutterschaft mein Selbstsein wieder pflegen konnte, desto deutlicher lernte ich, die Stimme meines eigenen Herzens wieder zu hören und ihr vertrauensvoll zu folgen.

Im vergangenen Jahr hat es in meinem Leben diverse Umbrüche gegeben, die für das Leseverstehen dieses Buches wichtig sind: Nach Jahren größer werdender Glaubenszweifel habe ich mich letzten Herbst entschieden, aus der Kirche auszutreten, da ich mich mit dieser christlichen Institution nicht mehr wirklich identifizieren konnte. Außerdem haben mein Mann Torben und ich uns nach 15 Jahren Ehe und Leben im Pfarrhaus im Frühjahr 2022 getrennt, in der Erkenntnis, dass unsere persönlichen Entwicklungen (hinter die ich nicht wieder zurückmöchte!) sehr viel Liebe haben auf der Strecke bleiben lassen, wir uns einander als Paar nicht mehr gutgetan haben. Heute sind wir Freunde und agieren als gutes Eltern-Team. Um unseren Kindern möglichst viel Kontinuität zu ermöglichen und weil das Pfarrhaus Teil des Berufsalltags von Torben ist, bin ich im letzten Sommer in eine eigene Wohnung gezogen und pendle seitdem mehrmals täglich, um unsere Kinder im „Nest Pfarrhaus" zu betreuen. In den Passagen, die von unseren Zeiten als Paar handeln, schreibe ich nach wie vor von „mein Mann". Es wird jedoch auch Abschnitte geben, die von meiner Wohnung und dem „neuen Alltag" als getrenntes Paar handeln.

Heute bin ich glücklich und die Mutter, die ich sein möchte, weil ich wieder Sina geworden bin.

DU BIST NICHT WIE DEINE MUTTER

2007 – Jung verheiratete Studentin ohne Kinder.

„Sina!" Die Stimme, die da an meinen Verstand appellierte, war energisch. Fast fühlte ich mich ein bisschen so, als hätte mich jemand bei einer Lüge ertappt. „Sina, du bist nicht wie deine Mutter!" Das saß.

So bestimmt hatte schon lange niemand mehr mit mir gesprochen. Seit ich vor sechs Jahren von zu Hause ausgezogen war, war ich mehr oder weniger Chefin über mein eigenes Leben. Ab und zu rief ich meinen Vater an, um einen Geldnachschub zu erbitten, denn obwohl ich nicht sehr verschwenderisch lebte und mich ausschließlich von Spaghetti und Frühlingsrollen ernährte, war ich am Monatsende immer etwas klamm. Mehrmals hatte ich ihn schon gebeten, ob er nicht einfach einen Dauerauftrag einrichten könne – das sei doch einfacher als die monatliche, auf meinen Bitt-Anruf folgende Überweisung und das Diskutieren über: „Wie viel brauchst du denn?" Aber ich vermute, dass mein Papa diese Telefonate liebte: Er hörte aus meinem Mund ein sanftes „Papi ... du weißt sicher, warum ich anrufe ..." und konnte sich als großzügiger Supporter meines Studierenden-Daseins geben. Trotz – oder dank – dieser Finanzspritzen fühlte ich mich frei und autark, denn die Zeiten, in denen meine Eltern Taschengeld nur für ein aufgeräumtes Zimmer auszahlten oder kommentierten, wenn ich mal wieder zu oft oder zu lang ausging, gehörten der Vergangenheit an. Ich studierte Theologie und das mit großer Leidenschaft.

Und doch ermahnte mich plötzlich eine Frau, die biologisch meine Großtante ist, gleichzeitig so etwas wie eine Mentorin und Freundin mit zwei Generationen mehr Lebenserfahrung. Lydia wohnt in der Zentralschweiz. Wir sehen uns nicht sonderlich oft, meist einmal im Jahr während der Sommerferien. Während dieser Besuche mache ich regelmäßig so etwas wie Lebensinventur. Da ich Lydia eigentlich nie anrufe und wir uns auch keine Briefe schreiben, verbringen wir einmal im Jahr ein paar Abende in intensivem Zwiegespräch – ich update sie über die Entwicklungen meines Lebens in den vergangenen 12 Monaten, und sie begleitet diese Resümees mit einer Mischung aus Anekdoten aus ihrem Leben, klugen Ratschlägen und ganz selten auch mal einem ernsten Anschiss.

Jener Abend war ein ernster-Anschiss-Abend. Obwohl so etwas immer extrem unangenehm ist, ist es eigentlich gut, Menschen zu haben, die einen lieben und trotzdem Tacheles reden. Lydia redete Tacheles, und ich klammerte mich an meinem Weinglas fest, um die Mischung aus Entrüstung und Unverständnis runterschlucken zu können, die ihre scharfen Worte in mir auslösten. „SINA! Du bist nicht deine Mutter!", wiederholte Lydia so akzentuiert, dass jedes Wort einzeln wirkte.

Nachdem ich fast meine gesamte Teenagerzeit im Brustton der Überzeugung verkündet hatte, dass ich später „auf keinen Fall Kinder möchte", spürte ich mittlerweile schon seit einigen Monaten so eine Art biologischen Impuls in mir, der so überraschend wie nachdrücklich meine Aufmerksamkeit auf Babys lenkte. Irgendwie beschäftigte das Thema „Kinderkriegen" plötzlich mein Denken und war allgegenwärtig. Ich fühlte mich seltsam verbunden mit der Darstellerin einer Daily Soap, der Freudentränen beim Anblick des positiven Schwangerschaftstests in die Augen stiegen, und ertappte mich beim faszinierten Schmökern des wöchentlichen Tchibo-Katalogs mit Babyerstausstattung. Meinem Mann gegenüber hatte ich das Thema schon mal ganz vorsichtig anklingen lassen („Möglicherweise unter Umständen vielleicht möchte ich ja doch irgendwann Kinder"), mochte aber nicht allzu deutlich werden, denn die Frage nach „Kinder – Ja oder Nein?" war vor unserer

Eheschließung eine ziemliche Belastungsprobe für uns gewesen. Mein Mann hatte sich immer schon Kinder gewünscht und wollte am liebsten „drei oder vier“, weswegen er ganz perplex war, als ich ihm eröffnet hatte, dass ich lieber in meinem Beruf arbeiten wollte. Wir waren beide junge Theologiestudenten mit dem Wunsch, Pastor beziehungsweise Pastorin zu werden. Mein Einblick in den Berufsalltag einer Pastorin beschränkte sich auf drei Wochen Gemeindepraktikum, in denen ich aber zumindest eines gelernt hatte: In diesem Beruf arbeitet man zu allen Tages- und Nachtzeiten. Flexibel, allzeit bereit und unberechenbar. Das deckt keine Kita ab, und der Gedanke, nebst Kindergarten auch noch eine Tagesmutter, die Großeltern oder ein Au-pair für die Kinderbetreuung zu haben, erschien mir undenkbar. Warum mir das so absurd vorkam, mir ein Betreuungsnetz aufzubauen, weiß ich heute besser: Ich war geprägt durch mein eigenes Elternhaus. Meinen Mann hatte meine rigorose Haltung sehr vor den Kopf gestoßen, und dennoch hatten wir beschlossen, 2016 zu heiraten. „Du bist mir wichtiger, als Kinder zu haben!“, verkündete er auf einem unserer langen Sondierungsspaziergänge, also klammerten wir das Kinderthema vorerst aus. Um nicht eine Hoffnung zu wecken, die ich vielleicht am Ende würde enttäuschen müssen, deutete ich meinem Mann gegenüber meine neue Sicht auf das alte Thema Mutterschaft erst einmal nur vage an.

Meiner Großtante Lydia gegenüber bin ich an diesem Abend mutig und geradeheraus: „Ich glaube, ich habe so ein Gefühl, dass ich doch Kinder will!“, verkündete ich. Und ergänzte auf ihre Frage, ob sich meine Gedanken, dass das unvereinbar sei mit meinen beruflichen Plänen, mittlerweile geändert hätten: „Nein, so richtig nicht, aber da ich ja einen angehenden Pastor heirate, kann ich doch beides haben: Gemeindearbeit – dann halt im Ehrenamt –, während ich einfach Vollzeitmama werde. Dann bin ich immer für die Kinder da, mein Mann macht seinen Job, und ich kann in seiner Gemeinde in sämtlichen Feldern pastoraler Arbeit mitmischen. Halt mehr so hobbymäßig. Aber das ist ja egal. Es geht um die Sache, die mir am Herzen liegt, und nicht ums Geld. Ich will ja nicht reich werden!" Das war der Plan, den ich meiner Tante unterbreitete: das Ende meiner beruflichen Pläne, um Mama zu werden.

Ich spürte, dass ich Mutter werden wollte. So einfach. Ich wollte so sehr Mutter werden, dass es mir in diesem Moment legitim vorkam, meinen Berufswunsch in die Hobby-Schublade abzulegen. Meine Großtante könnte vom Alter her meine Oma sein, aber sie war zeit ihres Lebens berufstätig und selbstständig. Nach einer tragischen Kündigung ihres Mannes in ihren frühen Ehejahren hatte sie ihr Hobby, das Töpfern, zum Beruf gemacht, und war über Jahrzehnte erfolgreich mit ihrer Töpfermanufaktur und später einem eigenen kleinen Bastelladen gewesen. Sie war stets eine unabhängige Frau gewesen, eine Macherin, und der Gedanke, dass ich Hausfrau werden könnte, behagte ihr vermutlich schon aufgrund ihrer eigenen Biografie nicht. Aber anstatt mit mir über diese Entscheidung zu diskutieren, sagte sie nur diesen einen Satz, der so messerscharf war, dass mir spontan die Worte fehlten.

Denn mit „Du bist nicht wie deine Mutter" deutete sie eine Wahrheit an, die tiefer saß, als Argumente reichten: Egal wie unabhängig und frei wir uns besonders mit Mitte 20 fühlen, wir sind in unserer Selbstwahrnehmung, in unseren Rollenbildern und damit letztlich auch in unseren Entscheidungen immer geprägt von der Familie, in der wir aufgewachsen sind.

Selbst wenn wir uns dieser Prägungen nicht bewusst sind, sind sie doch da. Und auch wenn wir uns irgendwann entrüstet entscheiden, „alles anders zu machen“, ist dies manchmal eine Vermeidungsstrategie, mit der wir uns zumindest halb bewusst abgrenzen von etwas, das wir als Kinder erlebt und als schlecht oder gar toxisch abgespeichert haben.

Unsere Kindheit, und damit unsere Beziehung zu den Menschen, die uns in dieser Lebensphase begleitet haben, prägt unser Selbstgefühl. Schon Babys erfahren sich im Gegenüber zu ihren Eltern als gewollt und angenommen oder vernachlässigt, je nachdem, ob im familiären Kontext ihre Grundbedürfnisse wahrgenommen und zuverlässig erfüllt werden oder nicht. Bereits diese Ersterfahrungen, auf die wir als Erwachsene keinen bewussten Zugriff mehr haben (und die deswegen auch als infantile Amnesie[2] bezeichnet werden), haben Auswirkungen auf unsere Gehirnentwicklung. Diese „unbewussten Erfahrungen lassen sich später nur über Umwege erschließen. Sie spiegeln sich vor allem in [unserem] Wertgefühl wider, in der Art, wie [wir] mit uns selbst umgehen.“[3] Sobald Kinder ein Gefühl dafür entwickeln, dass sie eigenständige Wesen sind, beginnen sie sich im Gegenüber zu anderen Menschen zu begreifen, und lernen, dass ein bestimmtes Verhalten entweder eher Zuspruch, Abwendung oder gar Strafe der Bezugsperson mit sich bringt. Da Kinder auf ihre Eltern in existenzieller Hinsicht angewiesen sind, passen sie ihr Verhalten an deren Reaktionen und Erwartungen an. Außerdem sind Eltern IMMER auch Rollenvorbild für ihre Kinder, weil diese sich einfach enorm im Modus der Nachahmung entwickeln. An dem Satz „Es ist egal, was du zu deinen Kindern sagst, denn sie machen dir eh alles nach“ ist sehr viel Wahres dran.

Meine Mama hat mit meiner Geburt 1983 ihren Beruf als Bauzeichnerin aufgegeben und war fortan Hausfrau und hauptberuflich Mama von drei Kindern. Auch als wir Schulkinder waren, also schon etwas älter und halbtags nicht zu Hause, zu einer Zeit, in der viele ihrer Freundinnen zumindest halbtags wieder zu arbeiten begannen, entschied sich meine Mama, weiterhin zu Hause zu bleiben. Irgendwann ging sie wieder arbeiten, da waren wir bereits deutlich älter, auch wenn sie nie wieder in ihren erlernten Beruf zurückgekehrt ist. Wenn ich gefragt wurde, was meine Mama arbeitet, dann sagte ich schon als kleines Mädchen sehr stolz, dass sie Hausfrau und Mutter ist, denn es war mir beigebracht worden, dass das ihr Beruf ist. Ich habe diesen nie als minderwertig wahrgenommen, und auch meine Mama nannte ihn mit Stolz. Als sie dann als Reinigungskraft und Nachbarschaftshilfe zu jobben begann, erklärte ich meinen Freunden gern „Meine Mama arbeitet als gute Seele", denn das beschrieb ihre Tätigkeit am ehesten: Sie putzte nicht einfach nur, sondern fühlte sich verantwortlich für die Haushalte der meist älteren Nachbarn, bei denen sie angestellt war. Sie achtete darauf, in welchen Abständen die Bettwäsche gewaschen werden musste, füllte Kühlschränke, bügelte Hemden und begleitete zum Arzt. Das klassische Rollenbild, das meine Mama lebte, hat mich auf jeden Fall geprägt. Und ich habe von ihrem Hausfrauen- und Mutter-Dasein profitiert, denn ich liebte meine gesamte Kindheit und Jugend lang das Wissen darum, dass immer jemand da war. Ich mochte es, dass meine Mama mit jedem von uns Kindern am Mittagstisch saß, auch wenn wir zu unterschiedlichen Zeiten aus der Schule kamen, und Zeit hatte, uns zuzuhören, ein Anker für uns zu sein. Dass sie da war, war in meiner kindlichen Wahrnehmung durch und durch positiv besetzt. Vor allem auch deshalb, weil

Mama die Rollenverteilung, für die meine Eltern sich entschieden hatten (mein Papa viele Jahre als Alleinverdiener), stets als richtige Entscheidung verteidigte. Ich erinnere mich noch lebhaft daran, dass meine Mutter immer wieder betonte, dass man ja schließlich keine Kinder in die Welt setzt, um sie dann fremdbetreuen zu lassen. Mittlerweile bin ich mir nicht mehr ganz sicher, ob sie das aus Überzeugung sagte oder das Beste aus der Situation machte und sich selbst starkredete in dieser Rolle als Hausfrau, weil sie diese als alternativlos ansah.

An jenem Abend in der Schweiz widersprach ich meiner Tante heftig: „Natürlich bin ich nicht wie meine Mutter. Aber nur weil ich ähnliche Entscheidungen treffe wie sie, bedeutet das ja nicht, dass ich das nicht frei und selbstbestimmt tue. Ich war immer glücklich darüber, dass Mama Hausfrau und Mutter war – wollte aber selbst jahrelang keine Kinder. Mittlerweile sehe ich das halt anders, und dieses Gefühl kommt ganz allein aus mir heraus." Tante Lydia schüttelte langsam den Kopf: „Aber auch das ist doch eine Entscheidung, die du mit Blick auf das Vorbild deiner Mutter getroffen hast!", gab sie zu bedenken, und ich bewundere noch heute, wie klar analytisch sie das auf den Punkt brachte: „Und vor allem ist die Entscheidung für Kinder und gegen deinen Beruf ja der Tatsache geschuldet, dass du denkst, dass beides nicht geht. Aber natürlich geht beides."

Wir tauschten noch eine Weile Argumente aus, aber im Wesentlichen hatte meine Großtante wohl den Nagel auf den Kopf getroffen: Ich war tief in mir drin der Überzeugung, dass ich mich entscheiden muss (Kinder oder Beruf), weil ich aufgewachsen war mit einer Mama, die an dieser Stelle sehr entschieden gewesen war und mir stets das Gefühl vermittelt hatte, dass sie die Entscheidung *gegen* den beruflichen

Wiedereinstieg *für* mich und meine Geschwister getroffen hatte. Warum? Weil sie uns liebte, ganz einfach. Vielleicht war es aber auch das Gefühl, der Nachfolgegeneration etwas schuldig zu sein, nach dem Motto: Ich hatte eine Mama, die für mich stets da war, also müsste ich das, wenn ich mich für Kinder entscheide, eben auch sein.

Ja, ich bin nicht meine Mutter. Natürlich bin ich nicht meine Mutter – und trotzdem bin ich, wie wir alle es sind, geprägt durch sie. Ihr Rollenvorbild, ihre Worte, ihre Definition von Liebe, die sie mir verbal und nonverbal mitgab. Bewusst und unbewusst ihr ganzes Sein. Die Worte der Mama werden für die meisten von uns zu einer inneren Stimme, die wir stets mit uns herumtragen, selbst wenn wir schon längst erwachsen sind und sich unsere bewussten Anteile vielleicht für eine andere Lebensgestaltung und andere Werte entschieden haben als unsere Mütter. Dr. Eva Wlodarek beschreibt in ihrem Buch *Nimm dir die Freiheit, du selbst zu sein* eindrücklich, wie sich das Ichgefühl eines jeden Menschen in der Interaktion mit seinen engsten Bezugspersonen ergibt und dass es im Verlauf dieses Prozesses schwer wird, das Ich vom Du zu differenzieren: „Wir nehmen die Werte und Normen unserer Umgebung als unsere eigenen auf.“[4] Erfahrungen, die sich wie in meinem Fall mit starken, positiven Emotionen verbinden, speichern sich meist nachhaltig in unserem Gehirn ab und werden dadurch zu unserer „inneren Landkarte“, nach der sich unsere Schritte und Entscheidungen richten.

Doch auch weniger positive Mutter-Kind-Beziehungen und Dynamiken wirken sich prägend auf unser Selbst aus. Mechanismen der Abgrenzung sind aber, obwohl sie im ersten

Moment rebellisch und selbstbestimmt daherkommen, letztlich gar nicht so freiheitlich, wie wir vielleicht denken, denn auch Abgrenzung geschieht oft aus einer Abhängigkeit heraus. Die Schwüre, die wir innerlich ganz bewusst leisten, scheinen mir fast noch nachhaltiger und tief sitzender zu sein als Glaubenssätze, die sich eben einfach einschleichen. Jedes bewusste „Ich werde das ganz anders machen" oder „Ich werde als Mutter niemals ..." wird als Mantra zu einem Glaubenssatz plus, weil wir uns, wie in einer Art Versprechen an uns selbst, darauf einschwören, diesen Glaubenssatz niemals loszulassen, weil wir uns das einfach schuldig sind.

In *Wer wir sind* beschreibt Stefanie Stahl, dass jedem Menschen die vier psychischen Grundbedürfnisse nach Bindung, Autonomie, Selbstwerterhöhung und dem Erleben von Lustgefühlen (im weitesten Sinne, vielleicht eher im Sinne von Glückserleben) innewohnen.[5] Die Erfüllung dieser Grundbedürfnisse, DASS sie erfüllt werden, aber auch, dass sie in einem gesunden Gleichgewicht zueinander stehen, hat Auswirkungen auf unsere seelische Gesundheit. Vereinfacht ausgedrückt bedeutet dies, dass Menschen sich dann gesund entwickeln, wenn in guter Weise diese vier Grundbedürfnisse gestillt werden. Geschieht das nicht, versuchen Kinder dies auszugleichen, indem sie bestimmte „Ausgleichsstrategien" entwickeln. Hierbei geht es immer um Kontrolle. Wenn ein Grundbedürfnis verletzt wird, dann erleben Heranwachsende (und auch später Erwachsene noch) dies als ein Gefühl von Inkonsistenz: Ihr Wunsch/ihre Erwartung stimmt nicht mit der Realität überein. Das Gefühl von Unvereinbarkeit empfinden sie als Kontrollverlust, und um die Kontrolle wiederherzustellen, stehen bestimmte Strategien zur Verfügung: Anpassung an das

Verhalten der Eltern durch Anpassung der eigenen Befindlichkeiten, indem sie ein Verhalten an den Tag legen, das von Eltern mit dem Ausdruck von Liebe belohnt wird (ruhiges Verhalten/ gute Leistungen), oder sie eine reine Vermeidungsstrategie fahren (behalten ihre Gefühle für sich und verarbeiten diese nicht selten auf destruktive Art und Weise). Wenn Kinder mit ihren Eltern über Schulängste sprechen, weil der Lehrer streng oder sehr fordernd ist, und von Mama und Papa stets nur ein wenig einfühlsames „Du bist zu empfindlich, stell dich nicht so an und mach, was die Lehrer sagen" zu hören bekommen, dann kann brave Anpassung auf der einen und Verschweigen ängstlicher Gefühle auf der anderen Seite das traurige Ergebnis sein – um der Inkonsistenz von „Ich vertraue meinen Eltern meine Gefühle an, aber Mama und Papa nehmen mich gar nicht wirklich ernst" zu begegnen.

Heutige Eltern blicken häufig mit einem ziemlich reflektierten Blick auf die eigene Kindheit. Wir analysieren, therapieren und reflektieren wie keine Generation vor uns. Und das ist auch gut und wichtig, um vergangene Erfahrungen heilen zu können. Wir sind uns unserer Mechanismen bewusst und sehen sehr klar, inwiefern Versäumnisse unserer Eltern uns geprägt und welche Macken als Bewältigungsstrategien sich bei uns eingeschlichen haben. Warum wir schweigen, warum wir das Gefühl haben, nicht zu genügen oder ständig Leistung erbringen zu müssen, woher unsere Ängste kommen, unsere Wut oder unser Perfektionismus. Mit dem wachsenden Analyseblick und dem Bewusstsein, wie weitreichend selbst kleinste „Fehler" unserer Eltern nachwirken können, werden wir sensibel und achtsam, ebendiese Fehler bei unseren eigenen Kindern nicht zu wiederholen.

Die Beziehung zu unseren Eltern oder anderen Bezugspersonen, insbesondere aber zu unseren Müttern, hat also in vielfacher Hinsicht unglaublich großen Einfluss auf unser Selbstgefühl, unsere Selbstentwicklung und unsere eigene mütterliche Identität. Unsere Mütter werden zu unserem Rollenvorbild, bewusst oder unbewusst, daher entwickeln wir uns entweder zur Nachahmung oder zur Abgrenzung. Eine Mama-Identität bildet sich bei den wenigsten ohne diesen Einfluss heraus. Es wäre gut und hilfreich, wenn wir, bevor wir selbst Mütter werden, uns dieser inneren Prozesse bewusst werden, sie erkennen und aufarbeiten und ungute Bewältigungsstrategien hinter uns lassen, indem wir selbst Verantwortung für unsere Bedürfnisse übernehmen. In den meisten Fällen ist es jedoch so, dass Ansprüche, Glaubenssätze und „nie-wieder"-Selbstbeschwörungen in einem wilden, unterbewussten Potpourri in uns wabern und gären und schließlich die Bausteine werden für das, was unsere „Mutter-Identität" wird. Häufig führt auch erst die Auseinandersetzung mit unseren Kindern dazu, dass uns unserer Problemthemen und frühkindlichen Prägungen bewusst werden.

In meiner Arbeit als Seelsorgerin begegnet mir immer wieder die leidvolle Erkenntnis: „Ich habe mich selbst so im Dasein für andere verloren. Ich fühle mich erschöpft und würde gerne etwas ändern. Ich möchte wieder mehr für mich tun, auch mir selbst etwas Gutes tun. Aber irgendwie weiß ich gar nicht so richtig, wer ich eigentlich bin und was ich brauche." Auf dem Weg, dieses Selbst, das so vielen in ihrer Mutterschaft abhandengekommen ist, wiederzuentdecken, ist „Müttertrennung" manchmal ein wichtiger erster Schritt: Versuche, deine reale Mutter und deine innere Mutter voneinander zu trennen.

So wie wir alle nämlich unser inneres Kind (unsere inneren Anteile, die uns unsere kindlichen Prägungen dauerhaft lebendig erhalten) beständig mit uns herumtragen, haben wir auch die Erfahrungen mit unseren Mamas auf dem Herzen. Eine solche mentale Trennung bedeutet nicht, dass wir den Einfluss unserer Mamas nicht in Ehren halten können. Im Gegenteil: Bestenfalls erleben wir schon als kleine Kinder in unseren Ursprungsfamilien, dass unsere Bedürfnisse gesehen und gestillt werden. In dieser liebevoll fürsorgenden Geste verbirgt sich die für Kinder wichtigste Botschaft der ersten Lebensjahre: Du bist wichtig und wertvoll, einfach, weil du bist, deswegen kümmern wir uns liebevoll um dich. Wenn diese frühkindliche Prägung gelingt, hinterlässt sie in uns ein sicheres Gefühl, dass wir gut sind, wie wir sind. Gerade indem ich mich von meiner Mutter distanziere und für mein Leben nuanciert andere Entscheidungen treffe, transportiert dies für unsere Mütter nicht „Du warst kein gutes Vorbild, deswegen mache ich jetzt alles anders!“, sondern eher ein „Du warst die beste Mutter, die du sein konntest, du hast mir das Selbstvertrauen und die Liebe zu mir selber vermittelt, die nun bewirkt, dass ich mutig eigene, vielleicht ganz andere, vielleicht ganz neue Wege gehe. Das ist dein Verdienst! Ich danke dir!“ So kann tiefe Wertschätzung in bewusster Abgrenzung aussehen.

Ich war zehn Jahre lang ausschließlich Hausfrau und Mutter und habe dieses Leben über weite Phasen sehr genossen. Ich liebe meine Kinder, und ich liebe es, Zeit mit ihnen zu verbringen. Wenn ich mich selbst ganz ehrlich frage, ob ich mich wieder so entscheiden würde, dann bin ich zwar nicht zu 100 Prozent sicher, aber ich denke: „Vielleicht schon“. Wenn ich mir jedoch früher und kritischer erlaubt hätte, die Prägung durch meine Mutter nicht als Teil meiner selbst zu verstehen, dann hätte ich diesen „Job“ vielleicht nicht erst jetzt gemäß meiner ganz persönlichen Bedürfnisse gestaltet. Ohne das innere Bild meiner klaglosen und jederzeit zuständigen Mutter hätte ich mir wahrscheinlich schon viel eher erlaubt, meine eigenen Belastungsgrenzen zu erspüren, und nach zwölf Stunden Kinder-nonstop-Zuständigkeit kategorischer zu formulieren: „Es reicht, ich will nicht mehr und brauche Ablösung!“ Oder ich hätte es geschafft, eine Mama zu sein, bei der es eben manchmal chaotisch aussieht, weil ich den Haushalts-Gold-Standard, den ich von meiner Mama kannte, dankbar bei ihr belassen konnte, statt mich selbst daran abzuarbeiten. Heute kann ich zu ihr sagen: „Es war immer so schön ordentlich bei dir, Mama, das fand ich schön, und das hat mir deine Liebe gezeigt. Aber in meinem Leben habe ich dafür nicht die Kapazitäten, weil ich etwas anderes priorisiere.“ Das ist nicht besser, nicht schlechter – nur anders, wie wir alle anders sind.

Das Verrückte ist: Theoretisch wissen wir das alles, aber praktisch stecken wir doch mehr unserer Energie in Nacheifern oder Abgrenzung, statt unsere eigene Mama-Identität gemäß unserer eigenen Bedürfnisse ganz neu und individuell passend zu gestalten. Es scheint paradoxerweise für viele Frauen so zu sein, dass sie wissen, dass sie nicht wie ihre Mütter sind, sie sich aber auch nicht aus vollem Herzen die Erlaubnis geben, nicht so sein zu müssen.

Meine Kinder haben, als sie sich im Malen noch nicht so sicher fühlten, gerne ausgedruckte Vorlagen an die Fensterscheibe geklebt und dann ein leeres Blatt darüber gelegt. Durch den Lichteinfall konnten sie die Umrisse der Vorlage leicht abpausen und Sicherheit gewinnen. Mir kommt es vor, als würde es uns Müttern und unserer eigenen Mutterschaft nicht anders ergehen. Permanent scheint der Ursprung durch. Wir wollen unser eigenes Bild malen, nehmen uns ein leeres Blatt, lassen aber die Linien unserer Mütter nicht aus den Augen. Und dadurch fällt es uns deutlich schwerer, Dinge anders zu machen.

Lasst uns die Vorlage weglegen. Wenn wir Selbst-Sein und Mutterschaft vereinen wollen, wenn wir unser Muttersein ganz frei definieren und unseren eigenen Stil finden wollen, sodass Mama zu werden nicht mehr automatisch die Gefahr eines Identitätsverlusts mit sich bringt, dann müssen wir uns erlauben, auf die Vorlagen unserer Mütter zu verzichten. Das bedeutet nicht, dass wir uns im luftleeren Raum bewegen, und es bedeutet erst recht nicht, dass wir nun krampfhaft alles anders machen müssen. Aber vermutlich braucht es deutlich mehr „prüfet alles und das Gute behaltet“, denn sonst laufen wir Gefahr, das Kind mit dem Bade auszuschütten und im Fall einer sehr guten Beziehung zu unseren Müttern (wie ich sie erleben durfte) immer von einem unsichtbaren Ideal überschattet zu werden, oder auch im umgekehrten Fall einen umfassenden Abstoßungseffekt (alles anders machen wollen) erleben. Ähnlich verhält es sich auch mit Erziehungsmaximen, auf die ich später noch detailliert eingehen werde: Wir haben die Neigung, diese zu idealisieren und wie eine Art Gebrauchsanweisung zu verstehen, die es in Gänze zu erfüllen gilt, statt einfach nur das zu übernehmen, was uns gut und richtig erscheint und wirklich zu unserer Familie mit all ihren Charakteren passt.

Die Auseinandersetzung mit Identitätsfragen ist ein wichtiger Schritt, der dem Weg der Selbstwerdung vorausgeht. Wenn wir uns dessen bewusst sind, wer wir eigentlich sind, dann wird es uns deutlich leichter fallen, mit einer Haltung von „Ich übernehme nur das, was für mich selbst passt" an sämtliche Vorgaben und Vorbilder heranzutreten und sie auf den Prüfstand zu stellen. Es bleibt die Frage: Führt eine solche Haltung des Selbstbezugs nicht dazu, dass wir uns gar nicht mehr kritisch anfragen lassen? Ist zwanghaft sein eigenes Ding machen nicht auch irgendwie toxisch? Immerhin ist es ja auch gut, dass zum Beispiel neue Erziehungsratgeber kindliche Bedürfnisse ins Zentrum stellen und alte Erziehungsideale kritisch hinterfragen, die vielleicht einfach auch zu lange niemand hinterfragt hat. Meiner Meinung nach ist das Ruhen und Fest-Sein in sich selbst eine wichtige Voraussetzung, um kritische Anfragen überhaupt erst mit offenem Herzen zulassen zu können und sich im Dasein für andere zu üben (wer geben will, braucht zunächst selbst gefüllte Hände, nur wer also gut für sich selbst sorgt, kann ebenso beherzt für andere da sein). Wer es gewohnt ist, sich selbst immer wieder neu zu finden und zu definieren, schätzt die Möglichkeit, sich weiterzuentwickeln. Ängstliches „das war aber schon immer so" wird eher von Menschen gepflegt, die sich an Normen und Althergebrachtem festhalten, weil sie nicht so genau wissen, wer sie eigentlich selbst sind, wenn sie aufhören, an diesen tradierten Idealen festzuhalten. Wer nicht Fremdbestimmung in der Meinungsbildung gewohnt ist, der sieht keine Konkurrenz in neuen Gedanken, sondern Inspiration und Ergänzung. Nur wer bewusst selbst ist, scheut nicht die Begegnung mit anderen und auch nicht die Veränderung. Denn Selbst-Sein ist Veränderung, solange wir leben, mit der einzigen Konstante, dass wir SELBST prüfen, ehren und behalten. Und das gilt auch für das Vorbild unserer eigenen Mütter.

REISEN IN DIE EIGENE VERGANGENHEIT

Wenn wir über Prägungen und Identität sprechen, müssen wir auch über Geschichten sprechen. Der Mensch lebt von Geschichten und versteht sich selbst und sein Leben als eine Geschichte, die er immer wieder versucht, in einen stimmigen Deutungshorizont zu bekommen. Die Frage, wer ich heute bin und wie ich zu diesem Menschen geworden bin, erkläre ich mir mit dem Blick in meine eigene Vergangenheit. Wir denken über uns nach, wir reflektieren, was schöne und schwere Momente mit uns gemacht haben, und werden so sehr eins mit dieser von uns selbst erzählten Geschichte unseres Lebens, dass es zunehmend schwer wird, sich von unserer Prägung, die für uns so viel Sinn ergibt und sich (selbst wenn sie schwer sein mag) so zwingend logisch anfühlt, zu emanzipieren. „Ich bin halt so", sagen wir dann, und es erscheint uns manchmal undenkbar, anders über uns zu denken.

Wir sitzen zu acht um ein Rechteck aus Tischen herum. Das typische „Kirchengemeinde-Flair", das stets etwas nach staubigem Rooibuschtee schmeckt, wird aufgebrochen durch Vasen mit frischen Schnittblumen, die unseren Tischkreis zieren. Die Frauengruppe der Gemeinde spricht über das Thema „inneres Kind". Es gibt einen Input, die Gedanken sind mir nicht neu, wir tauschen uns aus über Erfahrungen, die wir als Kinder gemacht haben. Als die Frage „Hast du in deiner Kindheit schmerzhafte Erfahrungen gemacht, die dich bis heute prägen?" bei mir ankommt, muss ich nicht lange kramen und komme auch nicht ins Stocken wie manch eine meiner Freundinnen am Tisch. Ich habe diese Thematik schon so oft durchdacht, dass es wie ein kleiner Impulsvortrag aus mir heraussprudelt: Ich bin in meiner Kindheit und Jugend schon früh – viel zu früh für ein Kind – mit pornografischen Zeitschriften konfrontiert worden. Frühe kindliche Prägung, die nicht hätte sein dürfen, traf in meiner Jugend auf erste Beziehungserfahrungen mit dem anderen Geschlecht, die mir wiederum unterschwellig vermittelten: Es müssen große Brüste sein! DAS ist das Schönheitsideal – so sollte eine Frau aussehen. Zeit meines Lebens hatte ich daher Schwierigkeiten, die Form meines Busens zu akzeptieren, immer wieder musste ich gedanklich ankämpfen gegen diese Verunsicherung, optisch niemals einem Mann genügen zu können! Ich ernte verständnisvolles Nicken. „Krass, wie klar du das siehst und alle einzelnen verletzenden Erfahrungen so vor Augen hast. Da bist du ja schon ziemlich reflektiert. Und – hast du das mittlerweile überwinden können? Hat dich die Erkenntnis, inwiefern das toxische Prägung ist, frei gemacht?“ – „Nein“, sage ich wie aus der Pistole geschossen, „es ist, als hätte ich das bis in alle Details analysiert, warum ich mich so defizitär fühle, aber ich schaffe es dennoch nicht, das loszulassen!“

Das wiederum liegt vor allem daran, dass ich das Gefühl habe, so sehr „drin“ zu sein in dieser Geschichte, die bestimmte negative Gefühle und Unsicherheiten erklärt, dass ich sie irgendwie verstoffwechselt habe. Noch stärker ist dieser Effekt, wenn wir mit unseren Geschichten anderen Menschen begegnen und uns von ihnen wahrnehmen und ein Stück weit deuten lassen. Wir empfinden als unsere Identität das, was andere Menschen uns über unser Sein spiegeln, und erkennen uns selbst auch im Innen als diejenigen, als die wir von außen durch andere erkannt werden. Jahrelang war ich das Kind meiner Eltern, das nicht gerne draußen war. Ich WAR das, weil meine Eltern so über mich sprachen. Vermutlich habe ich mich in meiner Kindheit und Jugend einfach nur vor der Gartenarbeit drücken wollen. Als ich 2019 begann, draußen zu schlafen, schrieb ich diese Geschichte neu. Plötzlich lebte ich eine neue Identität – ich verbrachte viele Stunden meines Lebens draußen. *Sieht mir gar nicht ähnlich,* dachte ich anfangs noch selbst, musste mich dann aber korrigieren: Nein, es entspricht einfach nicht der Erzählung meiner Eltern über mich.

Schon unseren Kindern erklären wir die Welt mithilfe von Geschichten, und auch als Erwachsene sind wir noch fasziniert von Geschichten, in denen wir uns wiederfinden, in denen wir unsere Erfahrungen oder sogar unsere Schicksale abgebildet sehen. Geschichten können unser eigenes Leben deuten und erklären oder uns neue Impulse mitgeben, wenn wir uns mit dem Helden einer Geschichte identifizieren. Ich bin Theologin, und bei aller wissenschaftlichen Analyse der biblischen Texte, die diese in ihren historischen Kontext verweist, ist es doch nach wie vor so, dass mich die Geschichten, die Jesus erzählt haben soll, ganz unmittelbar ansprechen. Und so wie Geschichten uns vom ersten Tag an begleiten, so ist auch unser eigenes Leben eine Aneinanderreihung von Gegenwartsmomenten, aus der eine fortlaufende Erzählung über uns selbst entsteht. Und weil das so ist, ist tief in uns der Wunsch verankert, stets kongruent zu unserer eigenen Geschichte zu leben. Wir verhalten uns gemäß den „Ich bin"- und „Du bist"-Sätzen, die wir selbst über und die auch andere von uns erzählen.

Selbst wenn ich etwas getan hatte, was vielleicht aus einem Impuls heraus geschah oder sich bei näherer Betrachtung eine Dummheit nennen lassen muss, begleitet mich wie die meisten Menschen der Impuls, zu erklären, WARUM wir etwas getan haben. In *Erzählende Affen*[6] berichten Samira El Ouassil und Friedemann Karig von neurologischen Untersuchungen aus den 1960er-Jahren, die die Forscher dazu veranlassten, sich die Tätigkeit unseres Gehirns wie einen „inneren Erzähler" vorzustellen, der sämtliche unserer Handlungen und Erlebnisse versucht in einen sinnlogischen Zusammenhang zu bringen und daraus eine stringente Erzählung zu formen. Sprich: Wir wünschen uns eine Selbsterzählung, die Sinn ergibt.

Dabei beziehen wir uns nicht nur permanent zurück auf Erlebnisse und Deutungen unserer eigenen Vergangenheit, wir setzen unsere Geschichte auch in Beziehung zu der unserer Eltern oder, noch tiefgreifender: zu der unserer Vorfahren, unseres Landes, unseres Zeitgeistes. Dabei gibt es wiederkehrende erzählerische Elemente, die uns nicht nur auf persönlich-individueller Ebene prägen, sondern viel fundamentaler Einfluss nehmen auf Gesellschaften, Subkulturen und Strömungen, dadurch, dass sie immer und immer wieder aufgenommen, rezipiert und in individuelle Lebensgeschichten eingepflegt worden sind. Solche Erzählkerne werden „Narrative" genannt. „Sie tragen unterschwellige Botschaften durch die Welt: angebliche Ursachen, Wirkungen, Verbindungen, Konflikte, die wir uns selten vergegenwärtigen und die wir doch immer wieder erzählt bekommen und nacherzählen."[7] Oft sind wir uns gar nicht wirklich bewusst, wie gravierend der Einfluss solcher schon jahrhundertelang existierenden Narrative ist – viele von ihnen werden von einer Generation zur nächsten weitergegeben und prägen uns unterbewusst, selbst wenn unser Verstand bereits über sie hinausdenkt.

Die Narrative über die Rolle der Frau, die Gesellschaften über Jahrhunderte geprägt haben, wirken auch in unserer Generation noch fort. Viele misogyne Tendenzen haben ihren Ursprung in der über lange Zeit durch das Patriarchat gepflegten Annahme, dass Männer eben das überlegene und vorgeordnete Geschlecht sind – und es gab ausreichend autoritätsschwere Geschichten, die dieses Denken immer wieder initiiert und gestützt haben, um die männliche Vorrangstellung zu zementieren.

Ich muss beispielsweise eigentlich nur das Stichwort „Apfel" nennen, und die Ersten werden sich an eines der wirkmächtigsten Narrative des christlichen Abendlandes erinnern. Die Bibel beginnt mit einer Erzählung von der Erschaffung des Menschen. Dabei ist Eva keine eigene Kreation, sondern wird gedacht als Teil des Mannes, vom Manne genommen und FÜR IHN geschaffen. Leider hat Adam Pech mit seiner Frau: Sie ist nach konservativer Lesart diejenige, die ihn gegen den Willen Gottes verführt, die Frucht vom Baum der Erkenntnis doch zu essen, und damit ist sie diejenige, die die Sünde in die Welt bringt. Sie bildet den Anfang, quasi die Idee, aller menschlichen Schlechtigkeit, und ist Schuld an der Vertreibung aus dem Paradies. Diese eindimensionale Deutung, die die Paradiesgeschichte über lange Jahrhunderte gelesen hat, als würde es sich um historische Fakten handeln, ist mittlerweile überholt. Ich würde an dieser Stelle gerne Einblick geben in die neuere, feministische Exegese dieser biblischen Erzählung, merke aber, dass ich stocke: Ja, wie deutet feministische Theologie diese Geschichte ohne misogyne Lesart eigentlich? Ich weiß es nicht. Obwohl ich dieses Fach studiert habe, und die feministische Theologie sicherlich gute Arbeit leistet, um diese alten, fragwürdigen Geschichten für eine weltoffene Kirche von heute zu retten, sind neue Lesarten einfach gänzlich unbekannt. Über die uralte Erzählung von Adam und Eva und die Idee der Frau als Ursünderin, der die Bibel zu einem späteren Zeitpunkt die sündlose, heilige (selbstverständlich sexuell reine) Maria, die

Mutter Gottes, als Antagonistin und archetypisches Frauenideal gegenüberstellt, wissen wir hingegen alle irgendwie Bescheid. „Ich möchte aber hier einmal anmerken, dass Gott für meinen Geschmack bei der Bestrafung von Eva für die Apfelnummer etwas überreagiert hat“[8], nimmt die Komikerin Carolin Kebekus die Sache zumindest mit Humor. Und „wenn man die Metapher der verbotenen Frucht erkennt und mit dem ewigen Lockruf der Triebe verknüpft, hat man den narrativen Schlüssel jahrtausendelanger Geschlechterungerechtigkeit: Frauen sind gefährlich“[9], ergänzen Karig und El Ouassil. Das Narrativ der Frau als sündhafte Hure oder reine Heilige entfaltet seine Wirkungsgeschichte über das Mittelalter, in dem Frauen als Hexen verbrannt und wegen ihrer geistigen „Minderbemitteltheit“ von Schulbildung ausgeschlossen worden waren, bis heute, wo sexuell aktive Frauen immer noch als „Bitches“ gebrandmarkt werden, während junge Männer sich auch ruhig mal die Hörner abstoßen dürfen.

Nach der Geburt meines vierten Kindes, mit dem Abschluss der Familienplanungsphase, war es mir ein Anliegen, meinem Körper Respekt zu zollen und ihn durch schöne Fotos zu ehren. Im Sommer 2020 wagte ich mich weit aus meiner Komfortzone und ließ ein erstes Mal Aktfotos von mir machen. Mit dem Fotograf meines Vertrauens war ich schon länger über Instagram in Kontakt und hatte stets seine Bilder und seinen besonderen Stil bewundert. Im ersten Kennenlerngespräch stellte er mir die Frage: „Was wünschst du dir von den Fotos?“, und ich antwortete: „Ich möchte meinen Bauch nicht mehr verstecken. Durch die große Gewichtszu- und -abnahme ist die Haut faltig, auch der Bauchnabel sieht so gar nicht mehr niedlich aus. Ach ja … und Dehnungsstreifen gibt es auch. Aber ich möchte meinen Bauch zeigen, meine Figur nach vier Kindern, wie sie eben ist. Ich möchte mich lieb haben, so wie ich bin, und hoffe, dass mir schöne Fotos dabei helfen können, einen liebevollen Blick auf mich zu kreieren." Natürlich wollte ich diese Fotos auch auf meinem Instagram-Account zeigen. Bewusste Handlungen können ein neues Selbstbild erschaffen, und ich hatte mich entschlossen, die Frau zu sein, die endlich lernt, ihren Körper so zu lieben, wie er ist. Ich wollte als eine Vierfachmama auftreten, die versöhnt mich sich und ihren Formen ist – mutig, weil es nichts zu verstecken gibt, stolz auf ihren Körper, wie wir es alle sein sollten, und mit der Botschaft in der Tasche: blicke liebevoll auf deine körperliche Einmaligkeit. Es gab viel positive Resonanz auf diese Aktfotos, nachdem ich sie öffentlich gezeigt hatte. Aber auch negative Stimmen wurden an mich herangetragen: „Als Frau eines Pastors ...? Na, das muss ja nicht sein!", „In was für ein Licht stellt sie denn da ihren Mann?", „Unter jedem Dach ein Ach" und immer wieder (auch leider von sehr vielen Frauen) die Frage: „WARUM tut sie das? Was BEZWECKT sie damit?" In all diesen Anfragen sind Spuren des alten Eva-Narrativs zu finden, auch wenn die Fragesteller sich dessen wohl nicht allzu bewusst waren. In „Als Frau eines Pastors – in welches Licht stellt sie da ihren Mann?" steckt die Idee, dass die Frau dem Mann zugeordnet ist. Wenn ein Aktmodel und ein Pfarrer verheiratet sind, würde wohl niemand umgekehrt fragen: „In was für ein Licht stellt bitte die Kirchlichkeit des Mannes und die traditionell prüde Sexualethik der Kirche ihre schönen, freien Fotos?" Nein. Ist der Mann Pastor, muss sich die Frau entsprechend verhalten. Und in der Frage nach dem Zweck von Aktfotografie schwingt immer die Annahme mit, dass eine Frau ihren nackten Körper zeigt, weil sie im Sinn von „Sex sells" Klicks generieren will. Sie bietet sich an, sie stellt sich und ihre nackte Haut zur Schau. Wenn ausschließlich die beiden Narrative von Hure und Heiliger zur Verfügung stehen, landet man mit zu viel nackter Haut eben nicht mehr in der Heiligen-Schublade. Egal, wie gut meine Absichten sind, wie sehr ich meinen gottgegebenen Körper dankbar feiern möchte und die Absicht verfolge, meine Nächste so zu lieben wie mich selbst, indem ich Mut mache, auch ihren wundervollen Körper anzunehmen. Wenn ich auf die Frage „Was bezweckst du damit?" geantwortet habe „Wenn du mir hier eine Absicht unterstellen willst, dann bist DU es, die meinen Körper sexualisiert. Mir liegt das fern. Ich habe keine Absicht. Das bin EINFACH ICH", stieß das auf Unverständnis. Eine Frau legte nach und antwortete: „Aber ich WILL doch meinem Körper gar nicht der ganzen Welt zeigen. Diese Intimität sollte allein meinem Mann vorbehalten sein!", und ich denke: Ja, die Rippe gehört zu Adam – wie sollte es auch anders sein? Narrative sind hartnäckig prägend. Selbstverständlich ist jede Frau frei, ihren Körper zu zeigen, wem sie möchte, oder eben auch nicht. Die Freiheit, seinen nackten Körper nicht jedem zu präsentieren, ist letztlich die Kehrseite der Freiheit, dies nach eigenem Gutdünken zu tun. Doch schon in der Formulierung „Meine Nacktheit sollte meinem Mann vorbehalten sein" wird deutlich, dass es in diesem Mindset nicht um die Frau und ihre Freiheit, über ihren Körper selbst zu entscheiden, geht. Die Formulierung „sollte vorbehalten sein" bezieht sich auf Glaubenssätze, die sich auf Interessen des Mannes stützen, und ob dies eine wirklich freie Sichtweise ist, sollte zumindest kritisch geprüft werden. Selbst wenn die Urknalltheorie Gott sei Dank in den meisten Köpfen die Idee der Sieben-Tage-Schöpfung abgelöst hat, sind wir im 21. Jahrhundert dennoch nicht frei von der Idee, dass die Frau die mit der bösen Absicht ist und ein Mann unter ihrem Verhalten leidet. Besonders schmerzt mich in diesem Zusammenhang immer der Mangel an Solidarität unter Frauen. Auch in unserer Zeit gibt es in christlichen Kreisen die Ansicht, dass Frauen sich bitte nicht zu freizügig kleiden sollten, weil sie ansonsten den Männern zur Anfechtung werden und diese einfach ihre Triebe nicht im Zaum halten können. Diese Einschätzung ist Victim Blaming vom Feinsten: Sollten sich Männer in irgendeiner Weise triebhaft übergriffig verhalten, dann ist am Ende die Frau, die sich zu aufreizend anzieht, selbst dran schuld. Zum anderen stellt diese Sichtweise Männer in ein denkbar schlechtes Licht: als wären sie alle triebgesteuerte Idioten, die ihrer Partnerin nur dann die (gedankliche) Treue halten können, wenn das Objekt potenzieller Begierde ihnen helfend zur Seite steht. „Aber stört es dich nicht selbst, dass es Männer da draußen geben könnte, die deinen Körper objektivieren könnten?", fragt 2020 nach dem ersten Shooting mein Mann. Nein, denke ich. Das ist deren Problem, und das lasse ich bei ihnen. Ich möchte lieber an das Gute in jedem Menschen glauben, daran, dass es möglich ist, anderen Menschen, ihren Körpern und Seelen, mit Respekt und Achtung zu begegnen. Nein, ich möchte mich nicht mehr anhängig machen von Meinungen, hinter denen uralte Narrative stehen, die wir nicht aus unseren Köpfen bekommen werden, wenn wir uns nicht entschieden gegen sie stellen.

Carolin Kebekus arbeitet in ihrem 2021 erschienenen Buch „Es kann nur eine geben" weitere Narrative heraus, mit denen Frauen und Mädchen von Beginn an konfrontiert werden: beispielsweise dem Narrativ von der hilflosen Prinzessin, die einen Prinzen braucht, um gerettet zu werden, das in unzähligen Märchen, Filmen und Romanen immer wieder aufs Neue erzählt wird. Die Prinzessin selbst bleibt in vielen Erzählungen oft sehr blass und konturenlos. „Was kann denn so eine

Prinzessin aus einem Grimm'schen Märchen Besonderes, was man unbedingt auch können will? Ich sag´s euch: Nix! Absolut gar nix."[10] Im klassischen Märchen werden Frauen als naive, hilflose (Schneewittchen) und schüchterne, ergebene Putzhilfen (Aschenputtel) gezeichnet – Happy End ist immer erst dann, wenn ihre traurige Existenz durch einen Mann ergänzt wird. Auch die titelgebende Erkenntnis von Kebekus' Buch, dass es in vielen Kindergeschichten immer nur das eine Quotenmädchen zur Identifikation gibt, macht nachdenklich: Paw Patrol hat Sky, TKKG hat Gaby, die Schlümpfe tragen nahezu allesamt Namen, die ihre charakteristische Eigenschaft hervorheben (Clumsy, Fauli, Fürchti, Handy, Hefti, Schlaubi ...), und dann gibt es Schlumpfine – sie ist das Mädchen. Weibliche Figuren sind lange Zeit in Filmen und im Fernsehen stark unterrepräsentiert gewesen. Das EINE Mädchen, das sich die Gunst der Jungs erworben hat und mitspielen darf, ist bis heute prägend für viele Frauen, die sich damit brüsten, „nicht so eine typische Frau" zu sein. Ein „Ich komme besser mit Jungs zurecht" ist eine Selbstcharakteristik, mit der wir uns gerne zu „der einen" machen wollen, die uns schon als kleine Mädchen vor Augen gemalt worden ist. Die eine, die von den Jungs akzeptiert wird. Warum ist es ein Kompliment, nicht so wie die anderen Frauen zu sein? Fallen wir damit nicht den anderen Frauen in den Rücken? Auch die immer und immer wieder zitierte Stutenbissigkeit unter Frauen ist so ein Narrativ, von dem ich denke, dass es ausgedient haben sollte. Natürlich ist es von Nutzen für die Vormachtstellung des Patriarchats, wenn die Solidarität unter Frauen dadurch untergraben wird, dass man ihnen weisgemacht hat, dass der „Platz an der Sonne" (verbündet mit und akzeptiert von den Männern) limitiert ist. Frauen werden so zu Konkurrentinnen untereinander gemacht und im geschlechtsimmanenten Konkurrenzkampf beschäftigt gehalten, um eben kein starkes und solidarisches Gegenüber zum Patriarchat aufbauen zu können. Ich unterstelle mal: Keine Frau möchte ein Klima unter Frauen, das mit „Stutenbissigkeit" gelabelt wird. Ich kenne so viele Frauen, die schrecklich finden, dass diese Feindseligkeit existiert. Vielleicht gibt es nur eine verschwindend geringe Menge von Frauen, die sich anderen Frauen gegenüber strategisch feindselig verhält. Und möglicherweise ist hier der Grund auch nur Angst vor der Stutenbissigkeit unseres Gegenübers – denn: Bevor ich ein Opfer werde, gehe ich lieber in Abwehrhaltung. Angriff ist die beste Verteidigung, das wusste schon meine Oma. Solche Narrative leben von der ständigen Wiederholung, und wir nähren sie selbst dann, wenn wir sie kacke finden und uns lediglich bedauernd daran erinnern, dass es eben so ist, wie es ist (erzählt man sich schließlich so ...). Filme und Serien, die zickigen Frauenkriegen eine Bühne bieten, tun ihr Übriges.

By the way: Wer sind eigentlich DIE anderen Frauen? Sind wir nicht alle einmalig und charakteristisch? Mit unseren sanften und aggressiven Anteilen, mit Anmut und Scharfsinn, weich und hart, wild und zahm, natürlich oder gestylt, mit männlichen, weiblichen, diversen Anteilen? Wir sollten nicht die eine sein wollen, die sich gegenüber allen anderen abgrenzt. Die Welt braucht Frauen, die einander Schwestern sind, Mentorinnen, Heilerinnen. Sie braucht uns als Netz, als Verbündete, als Komplizinnen, die einander stärken und trösten und aufhelfen. Es gibt so wenig Geschichten über liebevolle Frauenfreundschaften, über Sisterhood und Kameradinnenschaft. Frauen in Filmen und Romanen werden eher als Konkurrentinnen gezeichnet und nicht als Partnerinnen in Crime.

Die Narrative, die uns prägen, werden vermutlich auch noch einige Jahre oder gar Jahrzehnte prägend sein – machen wir uns nichts vor. Während wir unseren Kindern fleißig erzählen, „Farben sind für alle da", sind es weiterhin Serienheldinnen, Puppen und andere Identifikationsfiguren, die mehrheitlich konsequent rosa gezeichnet werden und unseren Kindern etwas anderes aufzeigen, als unsere Worte sagen. Selbst die Ritterprinzessin Nella, die sich meine Jüngste gern anschaut, kommt zwar als kleine Kämpferin daher, trägt jedoch keine silberne Rüstung, sondern einen pinken Rock. Dabei bleibt festzuhalten, dass Worte zwar kraftvoll und wirkmächtig sind, aber Geschichten und Narrative sich doch tiefer und nachhaltiger in unserem Geist und unserer Seele verankern – auch unterbewusst. Wir verschmelzen mit der Geschichte, die wir uns über uns selbst erzählen und die andere über uns erzählen. Natürlich WISSEN wir alle, dass die Sünde nicht durch Eva in die Welt kam, wegen der unsere gerechte Strafe nun ist, dass eine Geburt eben mit Schmerzen einhergeht (Danke auch, Eva!). Und trotzdem spukt in so vielen Hinterköpfen noch immer diese blödsinnige Idee, dass die Frauen die Verführerinnen sind und deswegen ihre Nacktheit nicht zweckfrei und vollkommen natürlich gedacht werden kann. Selbst in der im Jahr 2020 vollkommen ernsthaft gestellten Frage schwingt das noch mit. „Aber WILLST du denn, dass das Männer auf Gedanken bringt?" Well ... nein. Im Grunde möchte ich mich weigern, Fragen zu beantworten, die heute nicht mehr gestellt werden sollten. Ganz zu schweigen davon, dass ich mir Nacktheit und Körperliebe nicht verbieten lasse von Menschen, die sie sexualisieren. Warum? Weil ich keine Lust habe, diese toxischen Narrative von der rücksichtslos verführerischen Frau weiterzuerzählen. Und wenn ich mich von einem solchen

Narrativ verbiegen lasse und mich verstecke, mich nicht mehr zeige, weil in anderer Leute Köpfe seltsamer Kram vorgeht, dann habe ich das Gefühl, als würde ich mich einfügen in diese Erzählung von der sündigen und unkeuschen Frau. Stattdessen möchte ich neue Geschichten über Frauen schreiben.

Caroline Kebekus stellt im letzten Kapitel von *Es kann nur eine geben* anschließend die Frage: „Wie kriegen wir diesen Karren aus Neid, Missgunst und Stutenbeißerei jetzt aus dem Dreck?"[11] Für Kebekus ist im Großen und Ganzen der Feminismus die Antwort, doch sie ergänzt um Schlagworte, die noch sehr viel deutlicher machen, in welche Richtung es gehen muss. Sie schreibt über Girlsgangs, das Matriarchat, übers Vorbild und Mentorin sein: Frauen brauchen Frauen, wir müssen einander lieben, aufbauen, solidarisch sein, Kraft geben. Oder mit einem besonders schönen Bild gesprochen, das auch mich ein Tränchen verdrücken lässt: „Sei die Frau, die der anderen die Krone repariert, ohne zu erzählen, dass sie kaputt war"[12]. Die Welt verändert sich, wenn Frauen von Konkurrentinnen zu Verbündeten werden, und das können wir jeder (Ja, jeder!) anderen Frau sein. Eine einfache und doch so effektive Übung ist: Sag anderen Frauen, wie toll und großartig sie sind. Ich will nicht wissen, wie viele Mauern stillschweigend zwischen Frauen errichtet worden sind, weil wir nicht einfach freimütig verbal Liebe verteilt haben.

Ich erzähle lieber meine eigene Geschichte, immer und immer wieder. Ich bin nicht Eva, ich bin nicht Maria, ich bin Sina.

Ein Krabbelkreis: Mütter und ihre Babys versammeln sich um eine Kaffeetafel mit Hirsekringeln, Oreo-Keksen und Milchkaffes. Eine der Frauen sitzt auf dem Sofa und gibt ihrer kleinen, drei Monate alten Tochter die Flasche. Zufrieden saugend liegt die Kleine im Arm ihrer Mutter, während ihre Augen langsam schwer werden. Eine andere Frau hebt gerade ihren fast zweijährigen Sohn auf ihren Schoß – er signalisiert durch Blicke und fröhliches Zupfen an ihrem Pullover, dass er trinken möchte. Obwohl das nicht sein müsste, liegt auch in diesem Raum etwas in der Luft zwischen Müttern, die mit der Flasche füttern, und solchen, die stillen, zwischen Müttern, die einige Monate stillen, und denen, die es über Jahre hinweg tun. Eine unausgesprochene, aber spürbare Skepsis: „Was denken die anderen Mütter von mir?" Selbst wenn Urteile nicht ausgesprochen werden, wir spüren sie, weil wir sie fürchten. Und manch ein Angriff aus Gründen der Verteidigung, der sich in einem „Stillst du immer noch?" niederschlagen mag, ist vermutlich ein Scheinangriff: Wir rüsten uns zur Verteidigung gegen einen Angriff, der vielleicht nie kommt (weil sich eine Frau, die nicht oder nicht lang gestillt hat, oftmals durch den bloßen Anblick einer langzeitstillenden Mutter infrage gestellt sieht). Wir können unterschiedliche Entscheidungen kaum einfach unkommentiert als „alles gut" stehen lassen und stellen einander daher kritische Fragen und damit vielleicht auch infrage. Solche Situationen des Unbehagens lassen sich nur lösen, indem wir neue Geschichten schreiben. Nur freundliche Worte und liebevolle Handlungen vermögen es, die schweigende Skepsis (ist sie Freund oder Feind – die „andere" Frau?) aufzulösen. Ein herzliches „Es ist so schön, dass du deinen Großen noch stillst" und ein liebevolles „Wie schön innig das aussieht – deine Kleine Fläschchen trinkend in deinem Arm" bringt uns alle miteinander in Verbindung.

Wir sollten Komplimente wie Karnevals-Kamellen verteilen. Ja, wir sollten unsere Schwestern mit dem Komplimenteradar absuchen: Was ist faszinierend an ihr, attraktiv, liebenswert, anziehend, einmalig, wunderschön? Und ihr dann sagen, dass wir sie toll finden, selbst wenn sie so ganz anders ist als wir. Gegen das Narrativ der Stutenbissigkeit hilft ein neues Narrativ der Liebe und Solidarität unter Frauen. Das müssen wir kreieren und leben und davon weitererzählen. Liebe unter Frauen ist das mächtigste Tool gegen eine Vergangenheit aus misogynen Narrativen. Da, wo frauenfeindliche Erzählungen unsere Identität okkupiert haben, da, wo wir unser Selbstsein eingeschränkt und beschnitten sehen durch Narrative, die uns jahrhundertelang kleingehalten haben, gelingt der Befreiungsschlag nur dann, wenn wir es schaffen, die Identität anderer Frauen in ihrer ganzen Bandbreite zu feiern und starkzureden. Wenn wir angesichts dieser Liebe und der Schwesternschaft unter Frauen nur noch lachen, wenn wieder das Wort „Stutenbissigkeit" oder der Gedanke „Es kann nur eine geben" fällt, dann werden wir zu den Protagonistinnen neuer, ehrlicher Geschichten, die tatsächlich uns selbst meinen.

UNSICHTBAR – WENN UNSER SELBST VERSCHWINDET

Irritiert blinzle ich mit den Augen und lese den Satz der Nachricht noch mal, um sicherzugehen, dass ich ihn richtig verstanden habe: „Ich war immer der Meinung, du müsstest die glücklichste Frau der Welt sein. Ich sehe deinen Mann immer mit den Kindern beim Einkaufen – dich habe ich noch nie gesehen." Ich tippe unzählige Antwort-Entwürfe, die ich jedoch alle wieder lösche. Ich will das schräge Bild, das sich ganz offensichtlich jemand von unserer Familie gemacht hat, korrigieren, weil es so grundfalsch und realitätsfern ist, und muss mich immer wieder bremsen, um nicht irgendwas Fieses in mein Telefon zu schreiben. „Das stimmt einfach nicht", sind die ersten, spontanen und sachlichsten Worte, die sich in mir formen. Zehn Jahre lang war ich nicht erwerbstätig, sondern hauptberuflich Mama. In dieser Zeit bin ich natürlich mit den Kindern zum Einkaufen gegangen. Wenn das Jüngste jeweils etwa ins Laufalter gekommen war, ging ich nahezu täglich mit ihm zum Einkaufen, einfach weil es eine nützliche und kindgerechte Beschäftigung für uns beide war. 2013, kurz nachdem wir nach Barnstorf, einer 6000-Seelen-Gemeinde in Niedersachsen, gezogen waren, war das die tägliche Routine von meinem zweiten Kind und mir: Wir brachten die große Schwester in den Kindergarten und fuhren dann zum Einkaufen. Mein Sohn war 1,5 Jahre alt, sprach schon die ersten Worte und hatte sich neben „Mama" und „Papa" auf Automarken eingeschossen. Für mich unbegreiflich erkannte mein Sohn sämtliche Autonamen an dem Markenemblem, und so wanderten wir allmorgendlich über den Parkplatz des Supermarktes, um alle Autos zu benennen, und gingen dann einkaufen: einen kleinen Wagen schieben, Obst und Gemüse abwiegen, den Nachtisch fürs Mittagessen auswählen, an der Kasse Sachen aufs Band werfen. Wir hatten eine gute Zeit miteinander. Täglich. Warum hat man mich bei dieser Tätigkeit nie gesehen? Seit dem Beginn meiner Selbstständigkeit 2020 versuchen mein Mann und ich unsere Aufgaben rund um Kinderbetreuung und Haushalt möglichst fair aufzuteilen, wobei „fair" in diesem Fall nicht bedeutet, dass wir dieselben Dinge erledigen, sondern jeder das, was er am liebsten tat, in etwa demselben zeitlichen Umfang. Mein Mann liebte es, mit den Kindern einkaufen zu gehen, weil er gerne mit ihnen aufbrach, etwas unternahm und unterwegs einen Klönschnack hielt. Ich hingegen las lieber vor, spielte Gesellschaftsspiele und mochte aus einem mir unerfindlichen Grund das Putzen der Badezimmer (ohne Fenster und Spiegel – das ist wiederum nicht so mein Ding). Also übernahm mein Mann den großen Wocheneinkauf und ich den ein oder anderen Ergänzungseinkauf, meist mit mindestens einem, oft auch mit allen Kindern im Schlepptau. Mich hätte man wöchentlich mit der ganzen Kinderschar in der Drogerie antreffen können: Fachsimpeln über Nagellacke, das stoische Ignorieren von Spielzeug-Kauf-Wünschen und weniger Schlepperei für viele kleine „Gedönse" – mein Metier. Ich gebe zu, dass meine Basteleinheiten oder das Bauen von Höhlen hinter den dicken Wänden des Pfarrhauses niemand zu sehen bekam. Aber wie jahrelang mein Supermarkteinkauf und auch heute noch der wöchentliche Drogerie-Turn unbemerkt und ungesehen bleiben konnten, ist mir ein Rätsel.

Mein Mann und ich kommen mit unserem 50-50-Modell auf etwa gleich viele Stunden Care- und Erwerbsarbeit, nachdem wir uns in unserem gemeinsamen Heimatdorf zehn Jahre lang in einer klassischen Rollenverteilung gezeigt haben. Seitdem wir nun exakt die gleiche Arbeitslast haben, erreichen mich und uns immer mal Kommentare, die meinem Mann Bedauern aussprechen: „... und neben seinem anstrengenden Beruf sieht man ihn immer noch nachmittags mit allen Kindern. Er soll sich da bloß nicht übernehmen" und alternativ gerne: „Sag, wenn du Hilfe brauchst!" Lustigerweise höre ich solche Kommentare kaum, obwohl ich ja exakt die gleiche Arbeitslast habe. Aber die bleibt auch hier offensichtlich unsichtbar.

Nach meinem Kirchenaustritt erreichte mich der Brief eines empörten Schäfchens meines Mannes. Wie ich ihm denn so in den Rücken fallen könne? Jahrelang habe SEIN Beruf in der

Kirche mir ein bequemes Leben ermöglicht. Ich finde schön, dass der Beruf meines Mannes und sein Engagement für die Kirchengemeinde so viel Wertschätzung und Würdigung erfährt. Aber wer den Alltag mit größer werdender Kinderschar an der Seite eines Mannes, der flexible Abend- und Wochenendtermine und eine theoretische Sieben-Tage-Woche hat, als „bequemes Leben" bezeichnet, macht ganz und gar unsichtbar, was es bedeutet, 24/7 Carearbeit zu leisten, immer da zu sein, Gefühle zu begleiten, auch schwierige, und damit tagtäglich fremdbestimmt zu sein. Keine Frage: Ich liebe meine Kinder, und ich liebte diesen Vollzeitjob als ihre Mama – aber er ist nun mal fucking anstrengend. Und meine Arbeitslast? Unsichtbar.

Ich frage mich, woher das kommt, dass der Eindruck entsteht, dass nur der Papa mit den Kindern überall hingeht. Vermutlich ist eine Frau, die ihre Kinder zum Sport begleitet und einkaufen geht, mit ihnen auf Spielplätzen abhängt und sich in Krabbelgruppen tummelt, einfach ein zu normaler Anblick, der das meiste von dem, was Hausfrauen und Mütter leisten, in grundsätzliche Unsichtbarkeit hüllt. Auch die Neigung, nur das Sichtbare und Augenscheinliche zu registrieren und alles sich dahinter Verbergende aus dem Bewusstsein zu schieben, ist meiner Meinung nach eine gefährliche Verzerrung von Wirklichkeit. Mein Mann bewegte sich stets mehr in der Öffentlichkeit. Aber wer war wohl liebevoll und engagiert für die Carearbeit zuständig, wenn ER öffentlich arbeitete? Surprise: ich.

Wann immer ich über meine Erfahrungen in dieser Hinsicht spreche, bekomme ich Dutzende Rückmeldungen von Frauen, die halb mit Galgenhumor zur Kenntnis nehmen, dass ihre (Ehe-)Partner, die sich um die Kinder kümmern und mit ihnen

Zeit verbringen, stets registriert, ob ihres heldenhaften Einsatzes gelobt und zu allem Überfluss auch noch mit Hilfeangeboten überschüttet werden. Eine junge Frau schreibt mir auf Instagram, und der Subtext zu ihren Zeilen spricht von tiefer Kränkung: „Meine Mama hat mir mit den Kindern in all den Jahren nie Hilfe angeboten. Ich hätte mich so gefreut über ihre Zuwendung während des Wochenbetts, hätte so gerne ‚Oma-Nachmittage' etabliert, damit ich mal mit Freundinnen Kaffee trinken gehen kann oder einfach nur Zeit habe, einen Mittagsschlaf einzulegen. Mittlerweile sind unsere Jungs sechs und acht Jahre alt. Ich habe nächste Woche eine Fortbildung und werde zwei Nächte weg sein, während mein Mann sich um unsere Söhne kümmert. Ich bin fast aus allen Wolken gefallen, als mein Mann mir erzählte, dass seine Schwiegermutter ihm Hilfe angeboten hat für das Wochenende. Sie könne Essen vorbeibringen oder mit ihren Enkeln einen Ausflug in die Bücherei machen, wenn er anderweitig zu tun habe." Solche oder ähnliche Berichte sind kein Einzelfall. Ich wollte es genauer wissen und fragte in einer Insta-Story: „Was fällt euch ein zum Thema Unsichtbarkeit von Frauen/Müttern?" Die Resonanz war überwältigend. Es erreichten mich mehr als 1 000 kurze Antworten und über 200 ausführliche private Nachrichten, in denen Frauen erzählten, wo sie sich unsichtbar fühlen, seit sie Mama geworden sind. Das große Dilemma ist: Es herrscht ein großer Anspruch an die Frau, die Mutter geworden ist, wie sie diese Rolle auszufüllen hat. In den Köpfen der Gesellschaft herrscht ein Bild, und dieses Bild ist so normal für uns, dass unsichtbar wird, was dieser Normalität entspricht. Wir achten einfach nicht darauf. Die Mutter betreut ihre Kinder? Normal. Der Vater betreut seine Kinder? Was für ein Held!

In einem der vielen Sommerurlaube bei meiner Großtante in der Schweiz machen wir uns nach dem Frühstück auf, um mit ihrem Hund spazieren zu gehen. Wann immer ich aus dem platten Niedersachsen in Richtung Süden reise, empfinde ich den allmorgendlichen Anblick der Berge als atemberaubend. Auch an diesem Morgen gehen Lydia und ich nebeneinander her, reden angeregt, verfolgen mit unseren Augen ihren kleinen Mischlingshund, der mal hier, mal dort in fremden Gärten und im Gebüsch verschwindet, schwanzwedelnd die Nase auf den Boden geheftet. Wir wandern ein Stück den Berg hinauf, die Bäume, die uns umgeben, machen die Luft angenehm schattig. Kurz bevor der Weg zu einer scharfen Kurve ansetzt, lädt eine Bank zum Verweilen ein, unser Blick wird durch eine Baumwipfellücke freigegeben auf das Dorf unter uns und die Berge jenseits des kleinen Örtchens. Ich setze mich und atme tief beeindruckt aus. Ich liebe diesen Anblick. „Siehst du die Berge eigentlich noch?", frage ich meine Großtante, „oder sind sie dir mittlerweile einfach so normal?" Lydia nickt. „An manchen Tagen sehe ich die Schönheit tatsächlich nicht. Man schaut nicht so hin. Aber wenn ihr aus Deutschland zu Besuch seid, dann erinnert mich euer staunendes Starren regelmäßig daran, wie schön es hier doch ist. Manchmal denke ich es auch, wenn ich aus dem Urlaub zurückkehre", ergänzt sie lachend. „Ungarn ist auch sehr schön, aber wenn ich nach drei Wochen woanders zurückkomme, frage ich mich auch manchmal, warum ich überhaupt weggefahren bin."

Wir neigen dazu, über das Normale nicht mehr allzu viel nachzudenken. Das kann man der Gesellschaft fast nicht verübeln, denn wir sind alle mit demselben „faulen" Gehirn ausgestattet, das alles Wiederkehrende ausblendet, um Gedankenenergie zu sparen. Wenn über Jahrhunderte Frauen vornehmlich für die Kindererziehung zuständig waren, dann macht es einfach keinen Sinn, dass wir jedes Mal staunend stehen bleiben und registrieren: „Na hoppla, ist da etwa eine Mama mit ihrem Kind beim Einkaufen? Wie schön." Hinzu kommt mein Gefühl, dass dieses „Mutter-normal-Bild" im Laufe der vergangenen Jahrhunderte wie ein rollender Schneeball alles angezogen hat, was als mütterliche Pflicht und Aufgabe angesehen wurde. In der Zeit, als Frauen noch nicht berufstätig waren, gehörten Dinge wie Haushaltsführung, der Selbstversorgergarten, das Einmachen, Konservieren, Mahlzeiten zubereiten, Herstellen und Instandsetzen von Kleidung und die Reinigung des Haushalts zu ihren Aufgaben. Irgendwann wurde die Berufstätigkeit der Frauen, zumindest in Teilzeit, das normale Bild in den Köpfen der Menschen. Im letzten Jahrzehnt hat mit dem Siegeszug der bedürfnisorientierten Erziehung außerdem der Anspruch an die Erziehungsarbeit, die in den Köpfen noch immer mehrheitlich in den Händen der Frauen liegt, zugenommen. Frauen, die in Vollzeit für den Haushalt und die Kindererziehung zuständig sind, verbringen heutzutage statistisch viel mehr Qualitätszeit mit ihren Kindern, als Stay-at-home-Mütter dies vor 50 Jahren taten (zu diesem Ergebnis kommt die Januar-Ausgabe der Zeitschrift *Psychologie heute* aus dem Jahr 2017. Die Dauer stieg demnach von 54 auf 104 Minuten pro Tag). Sicher ist dies auch der Tatsache geschuldet, dass der Anspruch an Erziehung sich gewandelt hat. Ich möchte zu einem späteren Zeitpunkt noch näher darauf eingehen.

Der Aufgabenschwerpunkt von Frauen und Müttern hat sich also im Laufe der Jahrhunderte ausdifferenziert, zum Teil verschoben, und unterliegt dem gesellschaftlich-feministischen

Wandel. Aber in der Erwartungshaltung und dem stillschweigenden Maßstab, der an Frauen angelegt wird, hat diese Ausdifferenzierung kaum stattgefunden. Kumuliert haften alle neuen und zusätzlichen Idealbilder an dem Schneeball „Mutterschaft“, der größer und unhandlicher und bedrohlicher wird und uns letztlich nur erschlagen kann. Die Entwicklung in den Köpfen, das Umdenken und Modifizieren von Idealen geschieht nur sehr schleppend. Wir hinken der faktischen Entwicklung hinterher. Das, was wir als „normal“ empfinden, verschiebt sich scheinbar nicht mit der neuen Realität, sondern kombiniert das alte und das neue Ideal zu „normal“. Frauen sehen sich einer immer größer werdenden Anspruchshaltung ausgesetzt, dem Vergleich mit dem, was die Generationen vor uns doch noch alles locker geschafft haben (was ein Trugschluss ist – deren Alltag war ein ganz anderer als unserer heute), und unterliegen dabei dennoch der Unsichtbarkeit des Normalen.

Eine Mutter, die berufstätig ist, einen Haushalt organisiert, die Kinder nah und zugewandt begleitet und nebenbei sogar noch bastelt, backt und bebaut – das ist doch alles irgendwie normal. Und damit nicht der Rede wert. Und deshalb unsichtbar. Wen wundert es, dass immer mehr Frauen unter dem Mehr an Anspruch und dem Weniger an Gesehenwerden langsam aber sicher zusammenbrechen? Und sich selbst dabei gar nicht mehr richtig wiedererkennen ...

Wenn wir uns dieses Dilemma vor Augen führen, wird deutlich, dass Identität und Selbstwerdung ganz viel mit „gesehen werden“ zu tun hat. Unsere Partner, unsere Elterngeneration und die Gesellschaft müssen den überhöhten Anspruch und den Druck, unter dem Frauen heutzutage stehen, wirklich sehen und erkennen und erfassen, denn nur auf diese Weise können Wege der Unterstützung entstehen und Veränderungen einen Ort schaffen, an dem Frauen wieder sie selbst sein können – ohne fremde Einflüsse und unausgesprochene Ansprüche. Statt Räumen der Erwartung, die unser wahres Selbst in Unsichtbarkeit verschwinden lassen, brauchen wir Räume der Entfaltung, in denen wir uns sehen und sichtbar werden.

Bevor es später darum gehen wird, was wir selbst tun können, um sichtbar zu werden, um uns selbst zu sehen und zu wertschätzen und mutig auch für andere sichtbar zu werden, möchte ich an dieser Stelle Frauen sichtbar machen, die mir ihr Herz geöffnet und erzählt haben, wo sie sich in ihrem Leben unsichtbar fühlen, ungesehen und bedeutungslos. Denn das kann der erste Schritt sein: hinsehen, einander erkennen und im Sehen der erlittenen Unsichtbarkeit anderer Frauen einen neuen Blick auf sich selbst bekommen. Frauen jammern nicht, Frauen halten durch – das ist eine unserer vermeintlichen Kernkompetenzen. Außerdem schaffen das die anderen alle auch, oder? Wozu also über meine Enttäuschung, meine Belastung, meine Frustration sprechen? Deswegen, weil jede Frau, die sich selbst sichtbar macht, einer anderen Frau mit ähnlicher Story das Gefühl gibt, gesehen zu werden. Als ich nach der „Du hattest wegen deines Mannes ein bequemes Leben"-Nachricht fassungslos im Auto sitze und mir in meiner Insta-Story die Wut von der Seele quatsche, erreichen mich zahlreiche Nachrichten mit dem Tenor „Oh, das kenne ich nur allzu gut!", und je mehr Geschichten ich lese, desto stärker wird das unsichtbare Band, das sich zwischen uns knüpft. Sisterhood – Schwesternschaft. Wir werden sichtbar, indem wir einander sehen. Und das ist eine viel größere Superpower als Unsichtbarkeit. Versprochen. Ich sehe Nina, 28, zum ersten Mal Mama. Ihr Mann hat nach eigener Einschätzung einen anstrengenden Job und braucht seinen Schlaf. Deswegen ist er vier Wochen nach der Geburt aus dem Familienbett ausgezogen ins leer stehende Kinderzimmer. Nina rockt seitdem die Nächte allein. „Ich glaube, manchmal schlafe ich nachts nur drei Stunden", schreibt sie. „Mein Mann schläft durch, der sieht nicht, was ich nachts leiste und wie viele Nerven es kostet, wenn Elin stundenlang schreit und nicht weiterschlafen will. Er sieht zwar meine Augenringe, aber er sieht nicht, wie sehr ich versuche, für unsere Tochter da zu sein, und wie unfähig ich mich dennoch dabei fühle, wenn sie mal wieder nicht aufhören will zu schreien. Und manchmal möchte ich ihm vor den Latz knallen: Ich brauche auch meinen Schlaf, ich habe tagsüber auch einen anstrengenden Job – ohne Mittagspause und einsame Klogänge. Aber dann fängt er wieder von seiner Mama an. Meine Schwiegermutter schwärmt immer wieder in den höchsten Tönen davon, wie entspannt die Babyzeit war mit ihren Kindern und dass sie sich in dieser Zeit das Stricken selbst beigebracht hat. Aber ihre Kinder schliefen auch schon kurz nach der Geburt durch, ich will gar nicht wissen, wie sie das geschafft hat. Die Ansage ‚Ich brauche mit meinem anstrengenden Beruf eine ruhige Nacht' macht nicht nur meine Nächte, sondern auch die Leistung meiner Tage unsichtbar. Und der Schatten meiner Schwiegermutter. Der macht auch unsichtbar."

Ich sehe Julia, die krank im Bett liegt. Ihr Mann musste heute zum Elternabend in die Schule gehen. Dort sind mehrheitlich die Mütter anwesend, außerdem ein offenbar sehr engagiertes Elternteam, das für die Betreuung des siebenjährigen Sohnes die Oma hat kommen lassen, um gemeinsam am Elternabend teilnehmen zu können. „Die Lehrerin hat extra betont, wie toll das sei, dass auch Männer sich kümmern. Sie sehe das immer häufiger, und das hätte mal einen kleinen Applaus verdient. Ich kann nicht verstehen, warum das einen Applaus verdient hat – ich glaube, mein Mann weiß nicht einmal, welche Lehrer welches Fach unterrichten. Ich kaufe Schulsachen und achte darauf, dass das Material vollständig ist. Ich begleite Hausaufgaben inklusive mancher Wutanfälle, die es diesbezüglich schon gegeben hat. Ich nehme mir Zeit, um unsere Tochter zur Schule zu bringen, und bin diejenige, die sich ihre Sorgen und Geschichten anhört. Ich übe für Arbeiten und schmiere Pausenbrote. Wofür zur Hölle bekommt mein Mann Kümmer-Applaus? Für Anwesenheit? Bitte versteh mich nicht falsch: Mein Mann ist ein toller Mann, er macht in seiner Firma einen super Job und ist gerne für unsere Tochter da. Aber wie übertrieben er gefeiert wird für die bloße Anwesenheit in einem Bereich, der sonst zu 100 % mein Ressort ist?!?“

Ich sehe Ulrike, die mir schreibt, dass sie sich regelmäßig selbst unsichtbar macht. Die Stimmung von allen Familienangehörigen hängt von ihr ab: Wenn sie happy und ausgelassen ist, fühlt sich der Familienalltag leicht an. Wenn ihre Stimmung kippt, kippt die Laune aller. „Ich vermisse meinen Mann als Gegengewicht“, bedauert sie. Frauen wird traditionell die Aufgabe zugewiesen, für emotionale Dinge zuständig zu sein. Ein bisschen mag auch das 50er-Jahre Eheideal noch in den Hinterköpfen sein: Das absurde Narrativ vom Ehemann, der von der Arbeit nach Hause kommt, und die Frau empfängt ihn mit gewärmten Pantoffeln, einem warmen Essen und möglichst nicht allzu nervigen Gesprächen. Leise soll es sein – auch die Kinder bitte schön. Noch von meiner Mama ist mir das sehr stark im Bewusstsein – und meine Erinnerungen betreffen die späten 80er- und 90er-Jahre. Eine Frau macht sich zur Superheldin und fängt alle Gefühle ab: Den ehemännischen Frust von der Arbeit und die unterschiedlichsten Emotionen, mit denen drei Kinder aus der Schule kommen. Das ist manchmal ein Minenfeld, aber eine entschärft alles und gleicht aus: Mama. Dabei ist ihr eigener Frust unerwünscht, ihr Wunsch nach Pause schwer zu realisieren, ihr leerer Akku ein Zustand, der bitte auf keinen Fall eintreten möge. In diesem Sinne verkneift sich auch Ulrike alle Emotionen, pflegt ihr Pokerface und macht sich unsichtbar. Was wie eine Superpower klingt, ist in Wahrheit ein Supergau.

Der Mensch ist nicht seine Emotionen, er HAT Emotionen. Dennoch ist das Erspüren, das Durchleben und das Verarbeiten von Emotionen ganz zentral für unsere seelische Gesundheit. Und damit ein wesentlicher Baustein für unsere Identität. Die Art und Weise, wie wir IN der Emotion agieren und wachsen, steht in engem Zusammenhang mit unserem Selbst-Bewusstsein, denn in der Emotion spüren wir unser Selbst, sind uns unseres Selbst bewusst, nehmen wahr, wie sich unser Innerstes bewegt und formt und wächst. Unsere Emotionen sind wie unsere kleine Schaltzentrale, die meldet, dass wir genug haben, dass da gerade unsere Grenzen unfair übergangen wurden, dass wir dringend an unsere Powerbank müssen. Wenn all das in Unsichtbarkeit verschwindet, weil wir es uns verkneifen, gewöhnen wir uns langsam aber sicher den Kontakt mit uns selbst ab.

Ich habe im Laufe meines Lebens viele Freundschaften gepflegt. Manche über Jahre hinweg, manche mit kürzerer Laufzeit. Heute habe ich nicht viele sehr enge Freunde, denn Freundschaften brauchen (das ist kein Geheimnis) Pflege und Zeit. Und die zwei oder vielleicht drei Freundschaften, in die ich auf regelmäßiger oder sogar täglicher Basis investiere, sind mir tatsächlich auch die engsten und wichtigsten. So wie ich spüre, dass bewusstes Investment freundschaftliche Bindungen verfestigt und ihnen eine solide Basis verleiht, habe ich auch schon die gegenteilige Erfahrung gemacht, dass Freundschaften durch ein Nachlassen und irgendwann ein Einstellen des bewussten Investments komplett eingeschlafen sind. Das ist völlig legitim, so ist der Lauf der Dinge. Aber niemals sollten wir zulassen, dass dies mit unserer Freundschaft zu uns selbst passiert. Dass wir aufhören, unseren Emotionen Raum zu geben und sie wichtig sein zu lassen. Dass wir uns selbst unsichtbar machen, um der Ruhepol inmitten des vielgestaltigen Gefühls-Chors der Familie zu sein.

Lasst uns sichtbar werden, einander unsere Gefühle zeigen, öffentlich darüber sprechen, was Unsichtbarkeit mit unserer Seele macht. Lasst uns selbst strahlen und leuchten. Und lasst uns wahrnehmen, zuhören, korrigieren, wenn das Licht einer Schwester in den Schatten gestellt wird.

Von überhöhten Idealen und Versagensängsten

Meine große Tochter kam 2009 per Notkaiserschnitt zur Welt, drei Wochen vor dem errechneten Termin. Ein im wahrsten Sinne des Wortes einschneidendes Erlebnis, denn obwohl ich wusste, dass sich die meisten Babys nicht an Entbindungstermine halten, war ich doch total überrumpelt, als am 2. Dezember gegen Abend meine Fruchtblase platzte. Ich vernahm das innere „Plopp" und wusste Sekundenbruchteile, bevor es „lief", was passiert war. Und dann ging alles viel zu schnell. „Sofort per Liegendtransport ins Krankenhaus!", hatte meine Gynäkologin angeordnet für den Fall, dass es zu einem vorzeitigen Blasensprung kommen sollte. (Vor 13 Jahren war das die

Empfehlung, um einen Nabelschnurvorfall zu verhindern. Mittlerweile gilt dieser Rat als veraltet.) Innerlich stellte ich mich auf eine lange Geburt ein, wie das bei Erstgebärenden so ist, doch ich hatte kaum mehr als 1,5 Stunden sanfte Eröffnungswehen im Krankenhaus erlebt, da wurde es hektisch um mich herum: „Sofort Kaiserschnitt – die Herztöne sind besorgniserregend." Nur wenige Stunden nach dem Plopp in unserer Studentenbutze hielt ich meine Tochter im Arm. Nicht mal in meinen kühnsten Träumen hatte ich am Morgen damit gerechnet, dass der Abend so enden würde. Mir war das alles viel zu schnell gegangen. Zwischen dem Wechsel der Wöchnerinneneinlagen, wechselweise Brüste kühlen und wärmen und wechselnden Hebammenschichten weinte ich viel und wollte einfach nur die Zeit zurückdrehen. Ich fühlte mich als Versagerin. Nicht ein einziges Mal in neun Monaten hatte ich es für nötig erachtet, mich näher mit der Option „Kaiserschnitt" auseinanderzusetzen, so überzeugt war ich davon, dass Frauen eben gemacht sind, um Kinder zu gebären. Es erschien mir das ureigenste, bestimmungsgemäße Talent einer Frau, ihren Teil von „Seid fruchtbar und mehret euch" zu erfüllen.

Es nicht „geschafft" zu haben war ein nagendes Gefühl, das ich erst viele Jahre später nach der Geburt meines vierten Kindes ablegen konnte. 2019 kam Tara in unserem Wohnzimmer im Geburtspool zu Welt, und das, was ich in all den Jahren in meinem Kopf als „Ideal" mit mir herumgetragen hatte, hatte ich vollbracht: Gebären aus eigener Kraft. Ein Kraftakt von gerade mal 1,5 Stunden, nach dem ich mich fit und mental gut fühlte. Erst in diesem Moment dämmerte mir, dass eigentlich jede meiner Geburten auf ihre ganz eigene Weise ein Kraftakt und ein absoluter Akt der Hingabe gewesen war. Erst viele

Jahre später, nach meiner Alleingeburt, war ich versöhnt mit diesem ersten Kaiserschnitt, weil ich ihn liebevoll ansehen konnte und im direkten Vergleich nicht mehr als die „schlechtere Leistung" definierte. Auch damals schon hatte ich so vieles gegeben: meine körperliche Unversehrtheit, eine Bauchnarbe, die bleibt – für mein Baby.

Gute Mutter?

2009 konnte ich das noch nicht sehen. Ich fühlte mich wie eine Idiotin, die die ihr ureigenst zugeschriebene Aufgabe, Kinder zur Welt zu bringen, nicht auf die Kette bekam (toxisches Mutterideal lässt grüßen). In dem irrwitzigen und unmöglichen Wunsch, mein kleines Mädchen wieder im Bauch mit mir herumtragen zu können in trauter, verschworener Einheit, kramte ich das Tragetuch hervor, das meine Patentante mir anlässlich meiner Schwangerschaftsverkündung im letzten Sommer geschenkt hatte, band mir meine Tochter wieder vor den Bauch – und trug sie. Stunden über Stunden, wann immer sie nicht gerade trinkend an meiner Brust hing. Und während ich stundenlang mit diesem kleinen, zarten Wesen im Arm und im Tragebuch verbrachte, las ich. Vermutlich um meinen vermeintlichen Faux-pas einer nicht spontanen Geburt wiedergutzumachen, belas ich mich darüber, was das Beste für Babys sei, und wurde vertraut mit dem Thema „Attachment Parenting", der sogenannten „Bindungserziehung", die in ihrer Ausdifferenzierung später im deutschsprachigen Raum unter dem Begriff „Bedürfnisorientierte Erziehung" breit rezipiert wurde.

Unter Attachment Parenting versteht man eine im amerikanischen Raum in den 80er-Jahren entstandene Erziehungslehre, die gezielt die Mutter-Kind-Bindung fördern soll. Der Kinderarzt und Autor vieler Bücher zum Thema, William Sears, hatte ihn geprägt. Um dieses Bindungsziel zu erreichen, ist es wichtig, dass das Baby über viele Stunden des Tages (und der Nacht) körperliche Nähe erfährt und die Mutter sich gegenüber ihrem Kind maximal „responsive" verhält, also auf die Bedürfnisse des Kindes achtet, umgehend reagiert und diese nach Möglichkeit erfüllt, um schon dem Säugling das Gefühl von Geborgenheit, Sicherheit und Liebe und ein Grundvertrauen in seine Kommunikationsfähigkeit zu vermitteln (schreien und andere subtilere Arten, seine Bedürfnisse mitzuteilen). Zu den Säulen der frühkindlichen bindungsorientierten Erziehung gehören somit das Stillen nach Bedarf, das Tragen des Kindes, Schlafen im Familienbett und die sogenannte „Ausscheidungskommunikation", also dem Baby die Möglichkeit zu geben, sich frei erleichtern zu können (ohne störende Windel am Körper), wenn es Signale von sich gibt, die darauf hindeuten, dass es eben „mal muss". Das Stillen nach Bedarf löste das Stillen nach der Uhr ab (üblich war ein Vier-Stunden-Fütter-Rhythmus, der recht streng eingehalten werden sollte). Für die Mutter hatte dies den Vorteil, dass sich auf diese Weise der Milchbedarf sehr einfach und immer wieder einem größer werdenden Bedürfnis anpassen konnte. Das Baby bekam zurückgemeldet: Ich sehe dein Bedürfnis nach Nahrung und kümmere mich umgehend darum, weil du wichtig bist und bei mir geborgen sein sollst. Ich belas mich zum Thema „Der menschliche Säugling als Tragling" und lernte, dass Menschen anatomisch darauf ausgerichtet sind, am Körper ihrer Bezugsperson getragen zu werden. Babys sollten nach neun Monaten IM Körper der Mutter wiederum neun Monate AUF dem Körper der Mutter leben, weil sie als biologische Frühgeburten (sie sind weder Nestflüchter noch Nesthocker) diese Zeit zum „Nachreifen" brauchen, bis sie in der Lage sind, sich ihren

Lebensraum auf eigene Faust zu erobern. Die körperliche Nähe, die durch das Tragen am Körper entsteht, soll hier Kontinuität vermitteln: Das Baby hört den vertrauten Herzschlag der Mutter, ihre Körpergeräusche, und spürt ihre Bewegungen, die ihm aus der Schwangerschaft vertraut sind. Dem Bedürfnis des Babys nach Schlaf sollte durch eine sichere Schlafumgebung und ebenfalls die Nähe seiner Bezugsperson begegnet werden. Der Theorie nach soll es Babys sicher fühlen lassen, wenn sie im Übergang zwischen verschiedenen Schlafphasen (zumindest unterbewusst) merken: Mama ist da! Das vermittelt Sicherheit und die Gewissheit, dass auch die Nahrungsquelle stets zugänglich ist. In der Theorie sind in dieser Weise sicher gebundene Babys ruhiger und ausgeglichener – in der Praxis kann ich nach viermal zwölf Babymonaten sagen: Es ist durchaus möglich, dass Kinder durch Attachment Parenting innerlich beruhigter sind, sie zeigen dies aber nicht zwangsläufig immer. Auch der irrige Satz „Entspannte Eltern – entspannte Kinder" ist wohl schon millionenfach in der Praxis widerlegt worden. Der positive Aspekt eines ruhigen und zugewandten Umgangs mit dem Kind wird wohl niemand leugnen, doch dass diese Art des Umgangs „gut" ist, führt nicht in einer Art Kausalität dazu, dass Kinder sich „gut" (richtig, erwartungsgemäß ...) verhalten. Denn dies hat auch viel mit dem Charakter eines Kindes zu tun, das zudem ja unter vielfältigen Einflüssen, nicht nur dem des eigenen Elternhauses, steht.

Der bindungsorientierte Ansatz überzeugte mich damals, und ich halte ihn heute noch für richtig und alternativlos, aber er war in dieser Zeit schon Wasser auf meine Mühlen der Selbstkritik. Ich hatte es bei der ersten Geburt verkackt, also war es hinfort meine Aufgabe, mir zumindest mit allem Weiteren maximal Mühe zu geben und es gutzumachen, mich als „gute

Mutter" zu rehabilitieren. In vielen Gesprächen mit Müttern auf meinem Instagram-Account und in der Seelsorge merke ich, dass dieser Ansatz vielen Müttern zu eigen ist. Aus den unterschiedlichsten Gründen haben sie das Bedürfnis, es besonders richtigzumachen. Ich wollte meine Kaiserschnitt-basiert gefühlte Unfähigkeit, ein Kind natürlich zur Welt zu bringen, ausgleichen. Andere Mütter können nicht stillen, hadern in oft stillschweigendem Leiden und inneren Kämpfen damit, dass ihr Körper doch das vermeintlich „Natürlichste der Welt" nicht zustande bekommt und geben sich daher in sämtlichen anderen Facetten des Attachment Parenting besondere Mühe. Ein weiterer großer Faktor, der Mütter antreibt, ihr Bestes zu geben, ist das Bedürfnis, sich mit der eigenen Kindheit und dem eigenen inneren Kind auszusöhnen. Frauen, die in ihrer Kindheit einen Mangel an Liebe und sicherer Bindung erfahren haben und diesen noch als Erwachsene schmerzlich spüren, sind oft beseelt von dem Gedanken, es bei ihren eigenen Kindern besser zu machen. In der Erinnerung daran, als Kind zu wenig gesehen worden zu sein, wollen sie ihre Kinder sehen und ihnen einen besseren Start ins Leben ermöglichen. Dabei geschieht in dem oft nicht mal bewusst reflektierten Wunsch einer Wiedergutmachung innerhalb der Generationenfolge etwas, das zur Basis vieler verzweifelter Versagensgefühle wird: Mütter (und auch Väter natürlich, aber hier soll der Fokus bewusst bei den Frauen bleiben) verbinden sich oft wie schicksalhaft mit ihren Kindern. Es „muss" gut werden, weil die Zufriedenheit des Kindes sicherstellt, dass keine neuen Verletzungen in eine Welt aus verletzten inneren Kindern hineingetragen wird.

Beim Scrollen durch meinen Social-Media-Feed fällt mir immer wieder auf, mit was für einem positiven Selbstverständnis junge Menschen zur Therapie gehen, um negative Erlebnisse aus Kindheit, Jugend und jungem Erwachsenenalter aufzuarbeiten. Junge Frauen, die mitten im Leben stehen, lächeln in ihrer Insta-Story in die Kamera und sagen selbstbewusst: „Ich war bei der Therapie, es war herausfordernd, aber es hat so gutgetan!“ Eine Therapie zu machen, scheint in der Mitte der Gesellschaft angekommen zu sein und hat meiner Erfahrung nach in meiner Generation absolut das Stigma von „kommt nicht klar“ verloren, sondern ist ganz im Gegenteil Zeichen für einen sich-seiner-selbst-bewussten und reflektiert-verantwortlichen Umgang mit dem eigenen Leben und den eigenen Baustellen. „Wir gehen zur Therapie, um die Dinge zu bearbeiten, die uns von Menschen zugefügt worden sind, die nicht zur Therapie gegangen sind, es aber vielleicht besser getan hätten!“, bringt es eine junge Frau auf den Punkt: Das Problem, dass in der Eltern-Kind-Beziehung eben nicht nur die Basis für einen guten Start ins Leben gelegt werden kann, sondern auch für allerhand Wunden und Verletzungen, haben viele in ihrer eigenen Kindheit erfahren: Schlaftraining durch Schreien lassen, Bestrafungen, die das Gefühl von Hilflosigkeit hinterlassen haben, eine gewisse Unsicherheit im Umgang mit den eigenen Gefühlen, und eine Erziehung, die wie selbstverständlich Kinder hat spüren lassen, dass die Erwachsenen eben das Sagen haben. Gewalt – körperliche und seelische. Wie viele von uns tragen verletzende Sätze und Urteile aus der eigenen Kindheit wie einen schweren Rucksack mit sich herum, ohne recht zu wissen, wie wir nur anders über uns denken sollen, als wir es durch die Zuschreibungen unserer Eltern gelernt haben: Du bist so faul! Ja, bekommst du denn das nicht besser hin? Das ist doch so einfach! Aus dir wird nie etwas werden! Und manchmal sind es nur vermeintliche Kleinigkeiten,

Randbemerkungen, die schnell daher gesagt sind, die jedoch weitreichende Auswirkungen haben: Einer jungen Frau, deren Vater in ihrer Kindheit ihr neues Kleid mit den Worten kommentierte: „Mmmh, Hosen stehen dir irgendwie besser – so ein Kleid sieht irgendwie befremdlich aus an dir“, war es zeit ihres Erwachsenenlebens nicht möglich, Kleider oder Röcke zu tragen. Natürlich muss das auch niemand – aber wie tragisch, wenn einen auch 30 Jahre später die Worte „Das steht dir nicht“ daran hindern. Meine Mama sagte ab und zu „Steiger dich da nicht so rein“, und ich empfinde heute noch manchmal Scham, wenn Gefühle mich so stark übermannen, dass es mir schwerfällt, mich im Griff zu haben: Ist es überhaupt legitim, das so nach außen zu tragen, oder steigere ich mich rein?

Eines Abends hatte mein Vater wohl keine Lust mehr, mit seiner Teenagertochter Debatten zu führen. Ich stelle es mir heute, wo ich selbst Mama bin, oft so vor: 20 Uhr, man möchte zur Primetime vor dem Fernseher entspannen, und die Kinder mögen sich doch bitte friedlich auf ihren Zimmern beschäftigen – gute Nacht, bis morgen. Stattdessen hatte ich nach dem Abendessen eine Diskussion angezettelt, an deren Inhalt ich mich heute nicht mal mehr erinnere. Irgendwann hatte mein Vater die Faxen dicke und bewegte sich mit den Worten „Jetzt lass doch mal gut sein. Du willst IMMER NUR recht haben!“ in Richtung Wohnzimmer. Das hatte gesessen. Ich erinnere mich, dass ich immer schon gerne und engagiert meine Meinung vertreten hatte, fast sogar ein bisschen stolz, endlich auf Augenhöhe mitreden zu können. Vermutlich war ich engagiert, vermutlich wollte ich auch im Recht bleiben. Aber dass mein Vater das Gespräch so abrupt beendete mit „Immer bist du so“, hinterließ in mir großen Schmerz – es fühlte sich an wie eine

Disqualifikation, ein „seine Zeit nicht wert sein“. Heute denke ich: Er wollte sicher einfach seine Ruhe haben, wie alle Eltern irgendwann am Ende des Tages. Wahrscheinlich hatte er sich nichts weiter dabei gedacht. Mir jedoch geht dieser Satz bis heute nach, und ich merke, wie mich Angst beschleicht, wenn jemand meine Art zu diskutieren kritisiert. In meinen Ohren klingt das dann nach mehr als nur Kritik, es fühlt sich an, als hätte jemand einen großen Makel an meiner Persönlichkeit entdeckt, der mich weniger liebenswert macht – an dieser Stelle bin ich wahnsinnig dünnhäutig. Diese Beispiele aus meiner eigenen Kindheit und Jugend sind eher harmlos, aber selbst ich, die ich jederzeit sagen würde, dass ich eine sehr glückliche Kindheit mit liebenden Eltern erlebt habe, trage aus dieser Zeit Irritationen meines Selbstbildes auf meiner Seele. Wie sehr müssen massivere Wunden auch noch Jahrzehnte später schmerzen und in den Ehrgeiz münden, es besser machen zu wollen? Der gute und respektvolle Umgang mit unseren eigenen Kindern ist für viele sicherlich auch ein Akt der Heilung für das eigene innere Kind: Wenn ich meinen Kindern stets das Gefühl von Respekt, Wertschätzung und Gesehenwerden entgegenbringe, dann sagt diese Botschaft zugleich meinem inneren Kind: Diese Behandlung hättest du auch verdient. Und langsam heilen wir innerlich durch die Zuwendung gegenüber unseren Kindern.

Umso gravierender empfinden es viele Eltern, wenn sie hinter ihrem eigenen Anspruch zurückbleiben. In vielen Ratgebern zur bedürfnisorientierten Begleitung von Kindern, aber vor allem auf Social Media wimmelt es nur so von Tipps zur Bewältigung schwieriger Situationen mit den Kindern: Wie verhalte ich mich korrekt, damit die Seele meines Kindes keinen Schaden nimmt? Teils mustergültige Dialoge, teils spielerische

Musterlösungen helfen einem da auf die Sprünge, wie man das autoritäre Machtwort oder fragwürdige Methoden wie Erpressung oder Strafen vermeiden kann. Diese praktische Herangehensweise ist hilfreich, inspirierend und auch motivierend, denn natürlich stehen viele andere Eltern vor den gleichen Problemen und Herausforderungen wie ich (Wie geht man damit um, wenn das Kind das Zähneputzen verweigert oder der Geschwisterstreit handgreiflich wird?). Die Kehrseite dieser mannigfaltigen beispielhaften Lösungsstrategien ist jedoch, dass sie leicht den Eindruck von „Machbarkeit" hinterlassen. Als gäbe es zu jedem erdenklichen Struggle den passenden Schlüssel, der den Konflikt zur Zufriedenheit aller zu lösen vermag. Wessen Schuld ist es dann, wenn am Ende des Abends das Kind noch immer die Einnahme der Medizin oder die Kooperation verweigert, obwohl doch sein „Liebestank" ganz aufgefüllt sein müsste? Mütter suchen den Fehler in einer solchen Situation häufig bei sich: zum einen, weil Beziehungsangelegenheiten immer noch klassischerweise in ihr Ressort fallen, zum anderen, weil oft sie es sind, die sich aus eben diesem Grund belesen und fortbilden. Obwohl es mittlerweile viele aktive Väter gibt, fühlen sich doch vermehrt Frauen durch ihre weibliche, patriarchale Sozialisation gedrängt, hier in die Verantwortung zu gehen. Franziska Schutzbach setzt in ihrem Buch *Die Erschöpfung der Frauen* ein deutliches Fragezeichen hinter diese Annahme und eröffnet ein neues interessantes Überlegungsfeld, wenn sie schreibt: „Entgegen dem Vorurteil, Frauen wären stark am Sozialen und an Beziehungen orientiert, erzählen mir in der Recherche für dieses Buch viele Frauen, dass sie – vor allem, wenn sie in heterosexuellen Familien- und Beziehungskonstellationen leben – diejenigen sind, die mehr Rückzug brauchen als die Männer und mehr

Zeit für sich."[13] Meiner Meinung nach widerspricht sich dies nicht: Gerade in dem Wunsch, dem tief verankerten Narrativ von der weiblichen Superpower zu entsprechen, verausgaben sich Frauen und sind erschöpft von der empfundenen Verantwortung, aber auch von dem Gefühl des Scheiterns, das zum Leben und Muttersein dazugehört, weil es schlichtweg menschlich ist. Ich war an vielen Tagen über Stunden hinweg eine bemühte, ziemlich zugewandte Mutter, aber mit zunehmender Erschöpfung und einem langen Tag im Rücken wurde ich unwilliger, wütender und rückzugsbedürftiger: Ich wollte nicht mehr zuständig sein und hasste mich regelrecht dafür, dass ich (gerade nach einem „guten" Tag) am Abend dann doch unfair und ruppig mit meinen Kindern umging. Die „Negativity Bias", die sogenannte „Negativitätsverzerrung", besagt, dass uns deutlich stärker als unsere guten Momente die negativen Momente hängen bleiben und wir darum (und weil das eben so sehr ein „Frauending" ist, sich um Kinder zu kümmern) besonders kritisch mit uns ins Gericht gehen, wenn wir dem Ideal bedürfnisorientierter Erziehung nicht entsprechen.

Aus der Seelsorge weiß ich, wie viele Frauen sich als Versagerinnen empfinden, wenn sie die Nerven verlieren, sie laut werden, ungerecht, es sich „leicht" machen und mit Bestechung oder Belohnung agieren oder sogar einen dieser Sprüche droppen, unter denen sie selbst in ihrer Kindheit gelitten haben. Wie oft habe ich im Streit und aus Wut und Überforderung meinem Kind den mir verhassten Satz „Steiger dich da nicht so rein" an den Kopf geworfen und es schon in der nächsten Sekunde bitter bereut? Wir sind in vielen dieser kritischen Mama-Momente beides: unsere inneren Kinder und unsere inneren Mütter. Sind in der Auseinandersetzung mit unserer eigenen Vergangenheit und im Ringen um eine heilere Gegenwart. Das innere Kind in mir, das selbst gemaßregelt wurde, dass es sich bitte nicht so reinsteigern soll, ist empört, dass nun dieses, mein eigenes Kind, sich offenbar rausnehmen darf, sich reinzusteigern (was ich ja nie durfte) und dabei auf Augenhöhe begleitet werden sollte. Immer wieder bricht sich das, was ich selbst als Kind als schmerzhaft erfahren habe, Bahn, und das innere Kind, das Lektionen des Zusammenreißenmüssens schmerzhaft verinnerlicht hat, ist im Wettstreit mit der inneren Mama, die alles besser machen will. Am Ende passiert etwas völlig Normales: Wir machen Fehler. Was in vielen Fällen nicht normal ist, ist, wie stark uns diese Fehler aus der Bahn werfen und unsere mütterliche Identität formen: Wir fühlen uns unfähig und unzulänglich, literally als Versagerinnen. Und wenn wir uns die Frage stellen „Wer bin ich eigentlich?", drängt sich dieser Gedanke laut in den Vordergrund.

Wie schon erwähnt ist es eine Auswirkung der Negativity Bias, dass sie uns negative Erfahrungen viel stärker wahrnehmen lässt als positive. Evolutionsbiologisch war das eine ganze Zeit lang sinnvoll, weil das Abspeichern von negativen Erlebnissen (ich habe mich von der Gruppe isoliert und stehe allein dem Säbelzahntiger gegenüber) uns vor lebensbedrohlichen Gefahren bewahren konnte. Wir MUSSTEN stärker abspeichern, wenn etwas Negatives geschah, denn dies rettete unsere Existenz. Heute ist dieser Tiefenspeicher-Mechanismus eher von Nachteil, denn alles, was wir mit starken emotionalen Eindrücken (und die Scham, das eigene Kind nicht gut begleitet zu haben, ist ein SEHR starkes Gefühl) abspeichern, bildet synaptische Mega-Autobahnen in unserem Gehirn, die fortan gerne und viel befahren werden. Die „Ich bin einfach keine gute Mutter"-Gedankenautobahn gehört vermutlich zu den am besten ausgebautesten Denkwegen in unserem Kopf.

Und diese Gedanken über uns prägen und formen schließlich unsere Identität, unser Ich-bin. Viele Mütter sind heutzutage so erschöpft und ausgebrannt, weil der Spagat aus viel leisten, alles geben, aber sich am Ende des Tages immer wieder ein schlechtes Zeugnis ausstellen einfach so irre zermürbend ist.

Wenn wir versuchen, alles zu geben, und trotzdem frustriert und unzufrieden sind, dann wundert es nicht, dass uns das Gefühl umtreibt, uns selbst „irgendwie verloren" zu haben: Denn dieses verlorene Gefühl beginnt schon damit, dass die Liebe, die wir geben, und die Liebe, mit der wir dafür gesehen, geachtet und wertgeschätzt werden, in keinerlei Verhältnis zueinander stehen. Und wenn ich jahrelang versuche, friedvoll mit meinen Kindern zu agieren, liebevoll, ruhig, auf Augenhöhe, respektvoll, klärend – dann schmilzt ein handgreiflicher Geschwisterstreit mit Beleidigungen, Tritten und zügelloser Aggression mein Selbstbild zusammen auf die ängstliche Frage: „Ist das meine Schuld?" Wer sind wir, wenn vieles, was wir anpacken und mit dem wir die äußere Welt ein Stückchen besser und unsere innere Welt ein Stückchen heiler machen wollten, menschelt (Fehler, Streit und Versagen sind menschlich)?

Am Ende sind es natürlich nicht die Erziehungsideale an sich, die zum Identitätsverlust der modernen Mutter führen, sondern vielmehr die Tatsache, dass gute Ideale auf den Gedanken mütterlicher Perfektion („Wir sind eben Experten in Beziehungskram"), idealisiertem Selbstanspruch („Ich muss noch kurz die Welt retten") und Negativity Bias („Heute habe ich es wieder KOMPLETT verkackt") treffen und uns mit einem zweifelnden und dementsprechend zweifelhaften Selbstbild hinterlassen. Wer bin ich, wenn ich trotz aller Erstens-bis-fünftens-Anleitungen, wie ich meinen Kindern maximal bedürfnisorientiert begegne, am Ende immer noch auch scheitere? Um dieser Frage nachzugehen, möchte ich im zweiten Teil des Buches der bedürfnisorientierten Erziehung den Gedanken der „vergebungsorientierten" Erziehung zur Seite stellen.

SMARTPHONE – ENERGIERÄUBER ODER RETTUNGSANKER?

Selbsttest

Während ich diese Zeilen hier tippe, stecke ich mitten in einem Experiment. Einem spontanen inneren Impuls, einer Idee für die Zeit zwischen den Jahren folgend, habe ich vorgestern ein paar letzte Nachrichten beantwortet, mein Handy ausgeschaltet und es einer vertrauenswürdigen Person in die Hand gedrückt mit den Worten: „Versteck es und gibt es mir erst wieder, wenn ich danach frage!" Und dann war mein Handy weg. Bis jetzt, mittlerweile 48 Stunden später.

Ich arbeite in einem Beruf, der zum einen sehr kopflastig ist und der zum anderen das Handy als Arbeitsgerät benötigt: für schnelle Recherchen, für Kontakte, für E-Mail-Verkehr. Die sozialen Medien nutze ich als Plattform, um Werbung für mein Business zu machen. In der Regel sieht meine Erwerbsarbeit also so aus, dass ich tippend an meinem Laptop sitze, aber mein Smartphone in Reichweite habe. Ich nehme es zur Hand, wenn ich es für meine Arbeit brauche, aber auch, um mich von der Arbeit abzulenken. Wenn ich eine halbe oder sogar eine ganze Seite getippt habe, dann gönne ich mir zur Entspannung ein bisschen Scrollen durch meine Instagram-Timeline. Leider bleibt es oft nicht bei den „nur fünf Minuten", die ich mir selbst auferlegt habe. Um möglichst konzentriert arbeiten zu können, lege ich mein Handy manchmal bewusst in einen anderen Raum. Das macht die Hürde hin zur schnellen Ablenkung etwas höher. Ganz selten habe ich das Handy auch schon ausgeschaltet, um bei der Sache zu bleiben, mich ganz auf einen Ausflug oder das Spielen mit den Kindern fokussieren zu können. Aber – wie gesagt – selten. In den meisten Fällen bilde ich mir ein, das Smartphone aus guten Gründen zu brauchen, dass es griffbereit sein muss, um schnell mal Fotos zu machen oder auf dem Klo ein paar unwichtigere Nachrichten abzuarbeiten.

Nun bin ich also seit zwei Tagen ohne Smartphone unterwegs – Ende offen. Ich habe mich bei niemandem abgemeldet und gebe zu, dass mich die Vorstellung, dass selbst enge Freunde darauf warten, dass das zweite Häkchen bei WhatsApp erscheint, und sie sich vermutlich mittlerweile langsam fragen, was denn los ist, etwas nervös macht. Vor 6,5 Jahren musste mein Vater nach einem schweren Herzinfarkt ins künstliche Koma versetzt werden. Am dritten Tag seines Krankenhausaufenthalts erreichte mich die Mail einer guten Freundin meines Vaters, mit der er gemeinsam Romane las und besprach. Ihr Kontakt war rein virtuell. Dass ihr „Lesefreund" sich so lange nicht meldete, kam der Dame höchst seltsam vor – mein Vater scheint da sehr pflichtbewusst in seiner Kontaktpflege und ignoriert Nachrichten nicht ohne Grund. Diese Freundin hatte also über meine Website meine Mail-Adresse ausfindig gemacht, um sich nach dem Wohlergehen ihres Freundes zu erkundigen: dass er sich so gar nicht melde, habe sie alarmiert. Und tatsächlich musste ich leider ihre sorgenvolle Vorahnung bestätigen. In Gedanken an diese freundschaftlich besorgte Recherche denke ich mir, dass sehr enge Freunde vermutlich Wege finden, um sich zu erkundigen, wie es mir geht.

Zwei Tage ohne das Smartphone, und ich kann jetzt schon sagen, dass mein Leben ein anderes ist. Ich würde jedem dringend dazu raten, mal ein paar Tage das Handy wirklich zur Seite zu legen – idealerweise macht ihr das anders als ich und informiert wenigstens eure engen Freunde und eure Eltern. Ich sitze auf dem Sofa im Wohnzimmer, wo über den Beamer die Vierschanzentournee über die Wand flimmert. Wir sind alle zusammen, es gibt Kekse und Kakao, meine Tochter häkelt, mein Sohn notiert sich die Weltcupliste der Skispringer, mein jüngerer Sohn sortiert seine Fußballkarten. Ich tue nichts außer die Absprünge der Schanze von Oberstdorf zu verfolgen und spüre immer und immer wieder den Impuls, mein Handy zur Hand zu nehmen, um mich irgendwie zusätzlich abzulenken. Es ist nicht da, und ich sitze und gucke fern und kann kaum glauben, dass ich das in meiner Jugend, als es noch kein Smartphone gab, immer so gemacht habe. Ich beobachte meine Kinder – das ist schön. Und ich esse zu viele Kekse, weil ich irgendwie das Gefühl habe, etwas mit den Händen tun zu müssen. Ich bin überrascht, wie viel ich im Haushalt geschafft habe in den letzten beiden Tagen – ich habe sogar den Entschluss gefasst, das Badezimmer zu streichen, schließlich muss man ja irgendwas tun, wenn die dringendsten Pflichten erfüllt sind. Kurz frage ich mich am Abend, wie ich denn nur einschlafen soll, denn meist höre ich entweder eine Meditation zum Einschlafen oder (was sicher weniger sinnvoll ist) hänge so lange auf Instagram ab, bis meine Augen müde sind vor lauter konsumierendem Nichtstun. Nun greife ich nach einem Buch. Ich habe tatsächlich so nebenbei schon 80 Seiten geschafft, obwohl permanent alle vier Kinder um mich herumwuseln. Heute Mittag bin ich sogar ganz ohne alles kurz eingenickt, weil ich das Gefühl hatte, dass mein Gehirn gar nicht erst runterkommen muss von seiner High-End-Beschäftigung mit 1000 kleinen Nichtigkeiten (und „1000“ meine ich hier im wörtlichen Sinne). Ich bin ruhiger, fokussierter, lese mitten am Tag ein paar Zeilen, und heute Morgen bin ich um fünf Uhr aufgestanden und habe die Montagskolumne, an der ich sonst in der Regel mindestens einen halben Tag tippe, in gut anderthalb Stunden runtergeschrieben. Ich bin selbst überrascht, wie sehr ich bei der Sache bleiben kann, wenn das Thema Smartphone-Prokrastination plötzlich keines mehr ist. Es gehen nicht mal Zeit und Fokus dadurch flöten, dass ich mich zusammenreißen muss, nicht zum Telefon zu greifen. Es ist nicht da, und ich weiß auch nicht, wo es ist. Das Smartphone ist so richtig weg aus meinem Bewusstsein, und das Gefühl von nervöser Unruhe, weil ich instinktiv danach suche, lässt langsam nach.

Welcome to Mama-World 2.0!

Mein erstes Smartphone hatte ich mir kurz nach der Geburt meines Sohnes vor zehn Jahren gekauft. Und ich versuche gerade angestrengt, mich zurückzuerinnern, wie ich die stundenlange Einschlafbegleitung bei meiner Ältesten gewuppt habe ohne Smartphone. Ich vermute, dass ich es verdrängt habe, weil das stundenlange Liegen in der Dunkelheit und Hoffen, dass der Atem meines Babys bitte bald so regelmäßig geht, dass ich die Flucht aus dem Bett wagen kann, an vielen Abenden einfach nur schrecklich war. Ich habe sehr dunkle Erinnerung daran, dass ich manchmal völlig mit den Nerven am Ende vom Schlafzimmer ins Wohnzimmer stampfte und meinen Mann anherrschte: „Jetzt übernimm doch endlich auch mal.“ Das Smartphone hat diese untätigste aller elterlichen Aufgaben in der bedürfnisorientierten Erziehung erheblich erleichtert. Ich konnte nun chatten, lesen und Hörbücher hören während der

Einschlafbegleitung. Das Gefühl, etwas TUN zu können, erleichterte mir das stundenlange Rumliegen in der Dunkelheit ganz erheblich. Schon nachdem ich drei Jahre zuvor das erste Mal Mutter geworden war, hatte ich die virtuellen Mütter-Communitys für mich entdeckt. Egal, was die Eltern für Ratschläge parat hatten, egal wie es die beste Freundin handhabte – im Internet fand ich Gleichgesinnte, die meine Erziehungsideale teilten, und mit denen ich mich austauschen konnte. Ein solidarisches „Ich liege auch gerade bei der Einschlafbegleitung – dieses Dauernuckeln raubt mir den letzten Nerv!" schaffte ein Gefühl von Verstandensein, Support und Orientierung. Das Smartphone hat mein Mamasein und meine Mutter-Identität auf der einen Seite sehr positiv geprägt. Aber jetzt, inmitten der Handyabstinenz, merke ich auch, wie sehr wir Teile unseres Seins vergessen und verleugnen, weil wir uns mehr und mehr auf die Welt in unserem Handy fokussieren als auf das, was gemeinhin als „Bauchgefühl" bekannt ist.

Von Vergleichen und Ansprüchen an das eigene Selbst

Durch das Smartphone hat der Faktor „Vergleich" ein erhebliches Mehrgewicht in meinem Leben und vermutlich im Leben der meisten Menschen bekommen. Ich schaue tagtäglich anderen Mamis über die Schulter, wie sie mit ihren Kindern spielen, reden, wie sie sie einkleiden, was sie mit ihnen unternehmen. Natürlich ist dieses Thema ambivalent, denn es gab in 13 Jahren Mutterschaft auch viel guten Input und Rückhalt in meiner virtuellen Hood. Gerade in den Anfangsjahren, als ich noch wegen dieser bedürfnisorientiert-typischen Dinge wie Familienbett oder Stillen ohne Zeitplan in meinem Reallife-Umfeld auch kritische Anfragen bekam, hat das gegenseitige

Sichbestärken in Online-Foren oder Facebook-Gruppen gutgetan. Als ich 2015 auf der Suche nach einem Krankenhaus war, das meinen Wunsch nach einer VBA2C (vaginal birth after two caesarean sections, also einer Vaginalgeburt nach zwei Kaiserschnitten) unterstützte, war dieser Background unfassbar wichtig. „Sie können hier nur einen Termin für einen dritten Kaiserschnitt bekommen", klärte mich der Arzt auf. „Ich bin kurz vor meinem Ruhestand, da mache ich keine Experimente mehr. Nach zwei Kaiserschnitten spontan ein Kind zur Welt bringen, das gibt es so selten – das gibt es quasi gar nicht!" Tapfer schluckte ich meine Tränen runter und begab mich in meine virtuelle Hood, eine Facebook-Gruppe, in der Frauen berichteten, die eine VBA2C erlebt hatten. Es gab sie also.

Da digitale Eltern-Communitys ein zweischneidiges Schwert sind, möchte ich an dieser Stelle den unglaublichen Support dieser neuen Art der Vernetzung betonen. Ja, es hat mir in vielen Facetten gutgetan, mich zu connecten und Rückendeckung zu bekommen. Aber gerade deshalb habe ich in manchen Momenten vielleicht die Schattenseiten dieses Universums in meinem Smartphone gar nicht richtig wahrgenommen und auch nicht gesehen, wie Teile meines Ichgefühls und meiner Identität in Nachahmung und Copy & Paste verschwunden sind.

Wo bin ich?

2017: Mein Sohn Jesaja ist mittlerweile fast 1,5 Jahre alt und mit Abstand das meiner Kinder, das am wenigsten Talent zum Schlafen hat. Das erste Babyjahr und halbstündliches Wieder-in-den-Schlaf-Stillen hatte mich zumindest kuriert vom Jammern über Kinder, die alle zwei Stunden wieder wach werden. Im ersten Babyjahr mit Jesaja waren zwei Stunden Schlaf am

Stück der absolute Luxus. Nun liegt der kleine Knirps in meinem Arm und soll Mittagsschlaf machen, seit circa einer halben Stunde versuche ich ihn einschlafzustillen und zu kuscheln, doch wann immer ich meinem Blick von meinem Handybildschirm abwende, um nach meinem (hoffentlich mittlerweile) schlafenden Kind zu schauen, erblicke ich zwei wache, strahlende Augen, die mich anlächeln. Jesaja sollte jetzt schlafen, ansonsten wird er am Spätnachmittag im Stehen wegnicken. Und dann ist der Feierabend verloren, und die Nacht wird für uns alle unruhig und schlaflos werden. Ich kenne dieses Dilemma schon. „Schlaf jetzt", flüstere ich ihm eindringlich entgegen und wende mich wieder meinem Smartphone zu, um weniger genervt zu sein in dieser Situation. Mein schlafverweigerndes Kind im Arm surfe ich durch Internetblogs zum Thema „Montessori mit Kindern". Ich habe einen wunderschönen Blog mit pastellig harmonischen Bildern gefunden, die den zweijährigen Sohn der Bloggerin in zig Szenen freundlich-fokussiert mit seinem Montessori-Tablett zeigen, auf dem Mama Beschäftigungsangebote macht, die das Kind freundlich-interessiert wahrnimmt. „Und wenn nicht, dann ist es auch nicht so schlimm!", schreibt sie freundlich-verständnisvoll, weil ihr kleiner Schatz sich dann eben eine andere, sinnvollere Tätigkeit innerhalb seiner vorbereiteten Umgebung[14] sucht und einfach ein Kind im Flow ist. Es ist eine völlig bescheuerte Übersprungshandlung, aber ich lege ein Tablett in meinen Amazon-Warenkorb und ein Holzspielzeug, das aus 12 regenbogenfarbigen Eierbechern, 12 regenbogenfarbigen Kugeln und einem Schöpflöffel besteht. In meinen Gedanken bin ich die gute Mama, die ihrem Kind ästhetisch ansprechendes Holzspielzeug zur Verfügung stellt. Der kleine Junge der Bloggerin beschäftigt sich so vertieft und angeregt mit den frei zugänglichen

Spielangeboten, dass ich das Gefühl habe, dass hier der Heilige Gral für mehr Zufriedenheit für Mutter und Kind zu finden ist. Und wie gut, dass es Affiliatelinks gibt, die ebendiese familiäre Harmonie kaufbar machen.

Die Mutter, die ich in Gedanken beim Scrollen durch mein Smartphone werde, hat bloß so gar nichts zu tun mit der Mama, die erneut in zwei völlig wache Augen schaut und kurz vorm Explodieren ist. Verdammt, eine frei zur Verfügung stehende Milchbar und kuschelige Arme sind doch eine super vorbereitete Umgebung für einen Mittagsschlaf. Also SCHLAF ENDLICH! Die Wahrheit ist, dass ich mich heute morgen vier Stunden lang mit Jesaja beschäftigt habe. Wir haben gespielt (nicht mit Holzspielzeug), wir haben zusammen Wäsche in die Waschmaschine gestopft, und Jesaja durfte den roten Knopf drücken. Wir haben die Reizüberflutung Supermarkt zusammen gewuppt, und Jesaja durfte Kartoffeln in den Topf mit Wasser schmeißen. Jetzt habe ich schlicht keine Lust mehr und bräuchte mal kurz eine richtige Pause. Nicht Mama sein, sondern Sina, nicht zuständig sein, sondern abschalten. Menschen sind unterschiedlich gestrickt, das ist kein Geheimnis. Manche von uns blühen auf, wenn sie inmitten von anderen sozial interagieren können. Manche sind so richtig by heart Mütter und verbringen extrem gerne ihre ganze Zeit mit den lieben Kleinen. Ich bin auch gerne Mama, aber ich bin auch introvertiert. Ich werde nervös und angespannt, wenn ich nicht regelmäßig allein sein kann, um meinen Akku wieder zu laden. Obwohl ich mir das über ein Jahrzehnt lang nicht eingestanden habe, entspricht es gar nicht meiner seelischen Konstitution, 24/7 für Kinder zuständig zu sein, denn in dieser Zuständigkeit ist man natürlich nur äußerst selten allein.

Wenn ich mir damals schon ehrlich zugestanden hätte, mich selbst und meine Bedürfnisse wahrzunehmen, hätte ich meine Tage anders strukturieren müssen. Ich hätte verstehen müssen, dass ich als introvertierte Mama keine Power habe für durchgehende Kinderbetreuung, weil mein Haupt-Entspannungs-To-do, nämlich Zeit alleine zu verbringen, nicht zugänglich war. Unser Lebensmodell und der Beruf meines Mannes hätten es theoretisch hergegeben, dass er um die Mittagszeit eine Stunde lang die Zuständigkeit für die Kinder übernimmt. Aber so wie mein Mann einfach vollkommen verliebt war in die Vision, ein für alle seine Gemeindeschäfchen immer erreichbarer Pastor zu sein, so war ich verliebt in die Idee, dass das Zusammensein mit Kindern mir weniger Power raubt, wenn ich eine von diesen Montessori Moms werde, die Regenbogen-auf-Holz eine vorbereitete Umgebung schafft. In meiner Traumvorstellung würde mein Sohn den ganzen Vormittag über im Flow in pastelliger Umgebung spielen und dann fast von selbst in sein frei zugängliches, bodennahes Bett krabbeln und Mittagsschlaf machen (selbstbestimmt). Wenn das Leben als Montessori Mom es hergibt, die top aufgeräumte Wohnung aus allen Winkeln zu fotografieren, um Eindrücke des lieben Friedens auf dem Internet-Blog zu posten, dann ermöglicht dieser Lifestyle sicher auch das ein oder andere Tässchen Kaffee, das die Nerven in eine entspannte „Wenn nicht, dann nicht, dann was anderes“-Milde versetzt.

Versteht mich nicht falsch: Montessori ist sicher großartig. Aber ich bin einfach eine Mom, die ab Mittag platt ist und eine halbe Stunde Pause will und keine Kraft mehr hat für stundenlange Mittagsschlafbegleitung. Alles, was ich tat, war durch das World Wide Web mit dem Siegel für gute, kompetente Mutterschaft belegt worden: Ich familienbettete, ich bedarfsstillte, ich kommunizierte gewaltfrei. Aber statt zu registrieren, wie es mir eigentlich ging, wie genervt, wie unwillig, wie auszeitbedürftig ich war, verschwand mein Bewusstsein in meinem Smartphone. Ich las, verglich, wurde Dauerbesucherin in fremden Wohnzimmern und versuchte herauszufinden, wie die das nur alle auf Insta & Co. machen, dass es immer so schön einfach aussieht. Ich suchte nach Antworten in meinem Handy. Nach Antworten auf alles. Und verlernte über die Jahre irgendwie, mich selbst, mein Herz, mein Bauchgefühl zu befragen, was *ich* jetzt brauche. Doch selbst wenn ich mich getraut hätte, nach Antworten in meinem Inneren zu suchen, ich wäre doch wohl nicht so mutig gewesen, einfach danach zu handeln. Sabine vom Blog @immerfrohhhhh schafft dieses 24/7 mit den Kids schließlich auch. Ich googelte also nicht „Wie bekomme ich als Mama meine wohlverdiente Mittagspause?" (Spoiler: darauf gibt es keine Antwort in den Untiefen des Internets), sondern „Wie bekomme ich meine Aggression als Mutter in den Griff?" (Spoiler: dazu findet man ganze Enzyklopädien).

Wie wir das Smartphone für unsere Elternschaft nutzen, das ist natürlich ganz uns überlassen. Wir können uns auch angewöhnen, nur die Dinge zu konsumieren, die uns guttun. Aber so einfach ist das dann doch wieder nicht, denn unser Unterbewusstsein nimmt viel mehr auf, und die vielen kleinen Informationen, die wir nebenbei aufschnappen, prägen uns oft viel tiefer, als es uns bewusst ist. Früher hätte ich vielleicht einfach ein Buch zum Thema „Gewaltfreie Kommunikation mit Kindern" gelesen, hätte das klug und richtig gefunden, im Hinterkopf behalten und immer wieder versucht, das Beste draus zu machen. Heute folge ich Menschen auf Instagram, die täglich

Reels produzieren zum Thema „Gewaltfreie Kommunikation mit Kindern". Die Tatsache, dass ich Menschen folge, deren Inhalte mich interessieren, klingt so nach Selbstbestimmung und bewusster Aktivität. Tatsächlich ist es aber so: Die Inhalte, denen ich folge, verfolgen ab einem gewissen Zeitpunkt mich. Sosehr ich das Thema GFK schätze und umsetzen möchte, sosehr stimmt auch, dass ich jetzt täglich einfach diesen Input serviert bekomme, weil er in meiner Timeline erscheint. Das Thema wird mir nun in 100 Variationen in zig Reels serviert, die alle möglichen Alltagssituationen mit Kindern beleuchten. Es ist täglich präsent, es geht mir nach, es erscheint machbar, es suggeriert, dass es in jedem Moment die richtige Vorgehensweise gibt. Ich versuche, mir Dinge zu merken, sie abzuspeichern. Im Alltag frage ich mich: „Was würde wohl Sabine sagen?" oder „Wie würde das Sabine lösen?"

Das Internet bietet rund um die Uhr Antworten auf und Lösungen für jedes meiner Probleme. Mit der Zeit habe ich immer mehr verlernt, wie es sich anfühlt, dem eigenen Bauchgefühl zu vertrauen. Ich habe vergessen, wie es sich anfühlt, Fehler machen zu dürfen. Weil „Schwamm drüber, Fehler passieren" eben selten vorkommt in einer virtuellen Welt, die in kleinen Instagram-Quadraten Musterlösungen präsentiert. Ich lerne Tipps für besseren Babyschlaf, auch um die Mittagszeit. Ich lerne, wie ich mehr Harmonie in unseren Alltag bringe, wenn mein Kind eine vorbereitete Umgebung vorfindet. Ich lerne, wie ich meine Aggression in den Griff bekommen kann. Ich lerne atmen, ich lerne, dass zuckerfreie Ernährung dazu führt, dass Kinder besser abschalten und leichter in den Schlaf finden. Ich finde Rezepte für zuckerfreie Snacks und ein kindgerechtes Montessori-Messer, damit mein Kind bei der Zubereitung helfen kann.

Dass ich kurz die Zeit nutzen sollte, um meinem Kind in die Augen zu schauen und mich zu freuen, dass es friedlich in meinem Arm liegt und sich lächelnd über bildschirmfreie Face-to-face-Momente freut, finde ich da nicht. Dass ich mit meinem Bedürfnis nach einer Mittagspause und meiner Angst vor einer weiteren schlaflosen Nacht einfach knallhart Unterstützung brauche, finde ich da auch nicht. Ich finde im Internet so ziemlich alles, aber mich selbst finde ich da nicht.

SECONDHAND-EMOTIONEN – ODER: DAS GLÜCK DER ANDEREN

Weihnachten 2020, spätabends: Nahezu zeitgleich lassen mein Mann und ich uns auf das Sofa plumpsen und atmen ein paar Minuten in die Ruhe hinein, die das vorausgegangene Drama krass kontrastiert. „Das war echt scheiße", sagt er. Mein Gefühl ist ähnlich, aber innerlich krame ich in meinem Kopf, was der Abend noch bringen kann: ein schöner Matcha Latte und ein paar Minuten Tagebuch-Session, ein Weihnachtsbier und ein flotter Diskofox zu Wolfgang Petrys Weihnachts-CD, die mir jahrelang Stimmungskiller im Haus meiner Eltern war, aber jetzt in den Status „Nostalgie" geswitcht ist. Oder eine heiße Schokolade und ein Weihnachtsfilm? Mein Blick wandert Richtung Uhr: 22.30 Uhr ... na ja, unter Umständen etwas zu spät. Vielleicht eine Folge aus irgendeiner Weihnachtsserie? „Ja, das war echt scheiße", connecte ich mich mit meinem Mann und versuche ihn in meine Überlegungen einzubeziehen: „Und was machen wir jetzt aus dem Restabend?", frage ich ihn erwartungsvoll, doch sein versteinerter Blick wird in keiner Facette weicher. „Mir ist die Lust auf Weihnachten vergangen", murmelt er und sieht dabei echt tieftraurig aus. Ich weiß, woraus sich sein Stimmungstief speist, aber mit dem Moment, wo alle Zimmertüren verschlossen und die Kinder vollkommen übermüdet in den Schlaf gefallen waren, hatte sich bei mir ein inneres Aufatmen ergeben, und anders als er hatte ich den anstrengenden Tag vollkommen abschütteln können.

Weihnachten. Das Fest, an dem die Vorfreude von sechs Individuen in unserer Familie eine Erwartungshaltung wie Flitzebögen um diesen besonderen Tag spannt, der nur im Supergau enden kann. Die Kinder erwarten insgeheim den perfekt inszenierten Ablauf, den Mama und Papa aufs Parkett legen. In ihrer vorfreudigen Erinnerung gibt es diesen Tag nur in tollen Ritualen und Mahlzeiten, die alle mühelos auf die Bühne gebracht werden. Sie denken an reich gedeckte Tische und musikalisch toll untermalte Momente. Dass diese Inszenierung für zwei Eltern stundenlanges Rotieren in der Küche bedeutet, können sie ausblenden. Dass eine freudvoll schwärmende Ansage wie „Und unter den Tellern liegen am Heiligmorgen-Frühstück immer Fußballsammelkarten, deswegen ist das Frühstück schon besonders!“ bei uns am Vorabend panische Schnappatmung verursacht, sehen sie nicht. Auch nicht, dass stundenlanger Geschwisterstreit dadurch zu vermeiden wäre, würde sich jeder um seinen eigenen Kram kümmern und einem sich anbahnenden Drama einfach aus dem Weg gehen. In ihrer kindlichen Perspektive mag es ein Erfolgsmodell sein, die Dinge in „Du bist schuld! Nein, du!“-Manier verbal auszufechten, um dann in der zehnten Runde dieses Gefechts noch die Fäuste dazuzunehmen. Im Grunde genommen ist niemand schuld an diesem Gebrüll, das sich schon über Stunden hinzieht, alle Kinder waschen ihre Hände in Unschuld, aber keiner das schmutzige Geschirr mit ab. Es entsteht Verwunderung über die Tatsache, dass alles unerwartet langweilig ist, weil in ihrer Erinnerung vermutlich irgendwelche Heinzelmännchen den Esstisch abräumen und nicht die Eltern, die dadurch das Happening Baumschmücken immer wieder auf „gleich, wenn die Küche sauber ist“ vertrösten müssen.

Mein Mann ist zudem frustriert, weil niemand Lust auf Singen hatte. In seiner Kindheit waren die Abläufe am Heiligen Abend vollkommen entschleunigt dadurch, dass erst das halbe Weihnachtsliederbuch geträllert und anschließend um das Auspacken der Geschenke gewürfelt wurde. Wie anders für uns beide der Heilige Abend ablief, bemerkte ich schon in unserem allerersten Beziehungsjahr mit Anfang 20, als wir die Weihnachtstage noch nicht miteinander, sondern im Schoß unserer jeweiligen Ursprungsfamilien verbrachten. Der Moment vom Betreten der guten Stube bis zu „Alle Geschenke sind ausgepackt – jemand ein Bier?“ dauerte bei uns in der Regel 30 knackige Minuten, in denen die Geschenkpapierfetzen flogen. Anschließend wurde es gemütlich. Ich nutzte den Auftakt dieser „Leerlaufzeit“, um meinen (damals noch) Freund anzurufen: „Hey, wie isses bei dir? Feiert ihr schön?“, fragte ich und bekam etwas drucksend zur Antwort: „Ja, also, wir haben gerade gegessen und fangen an zu singen. Magst du vielleicht später noch mal anrufen?“ Ich versuchte es also eine Stunde später und war dezent überrascht zu hören: „Ja, also, wir singen gleich noch die letzten Liedvorschläge meiner Oma, und dann werden die Geschenke ausgepackt. Probierst du es später noch mal?“ Ich rief also nach weiteren 60 Minuten erneut an, und er entschuldigte sich vielmals: „Wir können gerne zehn Minuten quatschen, aber dann muss ich zum Auspacken zurück. Es zieht sich. Heute sind so wenig Sechsen dabei, dass wir beschlossen haben, dass auch bei einer Eins ein Geschenk ausgepackt werden darf. Wir sind bei gut einem Drittel, aber jetzt macht Mama erst mal Feuerzangenbowle."

Wie wir selbst Weihnachten als Kinder erlebt haben, prägt die Vorfreude und Erwartungshaltung, mit der wir auch als Erwachsene noch dem Heiligen Abend begegnen. Mit unseren Kindern war es ganz klassisch so gelaufen, wie ich es von früher kannte: Die Ungeduld war zu groß, als dass irgendwer Lust auf Gesang gehabt hätte, die Geschenke wurden parallel und unkoordiniert aufgerupft, und dann ging die übergroße Anspannung in eine Art gemütlicher Melancholie über. Statt Heilige Nacht eher Katerstimmung nach einer Überdosis Geschenke. Ja, ich kenne dieses „Oh nein, jetzt ist alles vorbei"-Gefühl bei meinen Kindern, und es bricht sich Bahn in Genörgel über Geschenke, deren Aufbauanleitung erst noch ein Erwachsener studieren muss, und einem „Mir ist langweilig"-Refrain, der im Laufe des Abend heuliger wird. Frohe Weihnachten.

Mein Mann ist mehr als frustriert, der Frust der Kinder nimmt ihn emotional mit. Mehr als für mich ist es für ihn so, dass weihnachtliche Vorfreude sich auf die Erwartung leuchtender Kinderaugen bezieht. Wenn die Kinder glücklich sind, ist er es auch. Idealerweise ähneln die Dinge ein wenig dem Weihnachtsgefühl seiner Kindheit. Dass unsere Kinder und ich weder lange singen noch würfeln wollen, weil wir dabei nicht weihnachtsrummelig, sondern ungeduldig werden, ist für ihn traurig, denn er freut sich, wenn die Kinder sich freuen, und ein bisschen vermuten Eltern sicher immer, dass ihre Kinder sich über das freuen, was ihnen als Kindern auch Freude gemacht hat. Ich nenne diese vorfreudige Erwartung gerne „Secondhand-Emotionen": Wir freuen uns, wenn sich die Kinder freuen. Wir sind glücklich, wenn sie glücklich sind. Wir denken an unsere eigene Kindheit, als wir selbst noch in der Lage waren, uns so richtig in die Vorfreude auf bestimmte Ereignisse reinzusteigern, ohne Verantwortung für das Gelingen des besonderen Tages tragen zu müssen, und wünschen uns das für unsere Kinder auch, um noch einmal verbunden zu sein mit den Emotionen der eigenen Kindheit, die uns in ihrer kindlichen Intensität mit dem Erwachsenwerden irgendwie flöten gegangen sind. Natürlich ist das eine verklärte Sicht. Auch damals hat es schon Geschwisterstreit, Anspannung, Knatsch und Gemecker gegeben, aber die starken und freudigen Emotionen haben sich einfach stärker eingebrannt.

Und auch wenn mein Mann den Heiligen Abend 2020 enttäuscht beendet: Ich glaube, dass unsere Kinder so wie wir früher auch die guten Erinnerungen behalten und im nächsten Jahr nichts mehr wissen von Tränen und Langeweile und Ungeduld über komplizierte Gebrauchsanweisungen. Für unsere Kinder werden diese Tage in guter Erinnerung bleiben, selbst wenn sie nicht so viel zu tun haben mit unserer eigenen verklärten Erinnerung von damals und den kitschigen Weihnachtsfilmen mit Bullerbü-Attitüde, die in Wirklichkeit auch ein Trugschluss sind. Hand aufs Herz: Wie oft haben wir schöne Ausflüge, Feiern und besondere Events geplant FÜR DIE KINDER und mussten am Ende des Tages einsehen: Man bekommt es nicht nur gedankt mit strahlenden Kinderaugen und freundlich überschwänglichem Dank. Alltag und Reallife sind eben auch im Urlaub, auch im Zoo, auch im Freizeitpark an der Tagesordnung. Wie oft habt ihr insgeheim gedacht: „Na toll, da macht man extra was Schönes für die Kinder, und das ist nun der Dank!“, und Enttäuschung macht sich breit. Ich möchte nicht davon abraten, sich Mühe zu geben, um den Kindern eine wundervolle Kindheit mit schönen Erinnerungen zu bereiten. Aber wir sollten unsere Erwartungen herunterschrauben und vor allem daran arbeiten, als Eltern die eigenen Gefühle deutlich weniger an die Gefühle und die Zufriedenheit unserer Kinder zu knüpfen.

Besonders Mütter neigen aufgrund der patriarchalen traditionellen Rollenverteilung und der gesellschaftlich sanktionierten Annahme, sie wären für die Zufriedenheit aller in der Familie zuständig, zu Secondhand-Emotionen: Sie wollen Glück empfinden im Glück anderer. Und ich werde nicht müde zu betonen, dass wir natürlich alles erdenklich Gute für unsere Kinder möglich machen und wollen sollen. Und ja, das darf auch uns glücklich machen. Aber mir begegnen in der Seelsorge immer mehr Mütter, die sich die Sorge um ihr eigenes Glück, das Kreieren echter Firsthand-Emotionen regelrecht abgewöhnt oder gar verboten haben.

Susanne schrieb mir kurz vor dem Jahreswechsel: „Es soll in meinem Leben nicht mehr immer um die Kinder gehen. Ich will wieder Ich sein, ich möchte dieses Unzufriedene, Zweifelnde in mir loswerden. Ich will nicht mehr abhängig sein von den ‚Launen‘ meiner Kinder!“ Ich vermute, dass diese Gleichung für viele Mütter gilt, die sich Mühe geben, es „gut“ und „richtig“ zu machen: Wenn die Kinder gut gelaunt und zufrieden sind und gerne kooperieren, dann sind auch die Mütter zufrieden mit sich und innerlich ausgeglichen. Wenn jedoch die Kinder vermehrt streiten, die Kooperation verweigern oder Wutanfälle und Unzufriedenheit eher an der Tagesordnung sind, beginnt bei vielen Mamas die Fehlersuche: Was müssten sie anders machen und optimieren? Was haben sie übersehen oder außer

Acht gelassen? Wo haben sie nicht die richtige Strategie angewandt? Mütter neigen also nicht nur dazu, die Freude ihrer Kinder als eigene Freude zu empfinden, sondern sich auch von deren negativen Emotionen mitreißen zu lassen.

Evolutionsbiologisch ist es natürlich von zentraler Bedeutung, dass Eltern oder erwachsene Bezugspersonen das Schreien eines hilflosen Babys alarmiert und zum Handeln nötigt. Auf diese Weise sichern Säuglinge ihr Überleben. Aber wenn meine schon größeren Kinder deswegen hysterisch schreien, weil sie im Geschäft die Schlittenbarbie nicht bekommen, dann ist mir bewusst, dass es sich um eine riesige Enttäuschung handelt, in der sie sich nicht selbst regulieren können, und dass keine existenziellen Nöte hinter dem Geschrei stecken. Und dennoch spüre ich, wie das Schreien meiner Kinder der pure Stress für mich ist: Mein Herzschlag erhöht sich, ich werde nervös, bin innerlich in Alarmbereitschaft, geflutet von Adrenalin im Flucht-oder-Kampf-Modus und spüre die Last des Wissens, wie man Kinder gut begleitet in Stressmomenten: Ich müsste wissen, was zu tun ist, wie ich mit meinem Kind reden sollte, welche Taktik oder Strategie hier greift. Und wenn es mir nicht gelingt, den Konflikt adäquat zu händeln, dann macht sich ein Gefühl von Scheitern breit.

Wie ich mich fühle, ob ich mich stark und souverän, ausgeglichen und fröhlich fühle oder gestresst, voller Selbstzweifel, nah am Wasser gebaut und unfähig – das hängt zum großen Teil an meinen Kindern, ihrer Stimmungslage und ihrer Zufrieden- beziehungsweise Unzufriedenheit. Diese innere Abhängigkeit ist eine gute und wichtige Secondhand-Emotion. Dennoch finde ich wichtig, dass wir unterscheiden lernen zwischen Gefühlen, die wir für, wegen und stellvertretend für andere haben (Secondhand-Emotionen), und Gefühlen, die wir aus uns selbst heraus kreieren und für die wir auch die Verantwortung übernehmen können (Firsthand-Emotionen). Für mehr Selbstsein und Zufriedenheit kann es wichtig sein, diese Unterscheidung im Bewusstsein zu behalten, um Secondhand-Emotionen als logische Folge der Verbundenheit mit unseren Kindern anzunehmen, aber nicht überzubewerten und uns stattdessen darauf zu fokussieren, dass wir nur unsere Firsthand-Emotionen, unsere eigenen Gefühle, wirklich beeinflussen können. Menschen sind soziale Wesen, unser Gefühlsleben wird immer verknüpft sein mit der Frage, wie es den Menschen geht, die uns nahestehen. Wenn wir aber immer stärker und vielleicht ausschließlich in eine mitfühlende Seelenhaltung geraten, dann wird diese Abhängigkeit zunehmend zum Problem werden.

Gerade am Beispiel von Weihnachten lässt sich zeigen, dass Secondhand- und Firsthand-Emotionen sehr gut nebeneinander existieren können und sich nicht ausschließen müssen. Natürlich darf man sich an diesem Tag mit den Kindern mitfreuen und muss dennoch als Erwachsener bei dem Alltags-Shit bleiben, der nun mal anfällt. Aber es ist ohne Weiteres möglich, wieder ins direkte Fühlen hineinzufinden, wenn wir uns darum bemühen, Firsthand-Emotionen bewusst zu gestalten. Es spricht nichts dagegen, Weihnachtstraditionen und Familienmomente für die Kinder zu schaffen, aber diese sind eben kein Gute-Laune-Garant für uns selbst. Gleichzeitig spricht ziemlich viel auch dafür, eigene Eltern-Traditionen und Erwachsenen-Glücksmomente zu kreieren, auf die ihr euch unabhängig von kindlichen Launen freuen könnt: Geht Weihnachtsoutfits shoppen mit der besten Freundin jedes Jahr wieder in der Woche vor den Feiertagen. Macht einen einsamen Waldspaziergang zur Wintersonnenwende, der immer mit einem kleinen Feuer auf der Terrasse endet. Ladet euch selbst zum Brunchen ein am letzten Schultag der Kinder und beginnt den „Weihnachtsferienroman" zu lesen, den ihr euch jedes Jahr für die Zeit zwischen den Jahren gönnt. Kommt selbst ins Fühlen – das ist kein „Entweder-Oder", sondern ein „Und". Was braucht dein Herz, um wieder Firsthand-Emotionen zu spüren?

Im Leben mit Kindern ist es normal und gut, dass wir mit ihnen fühlen und uns ihre Emotionen zu Herzen gehen lassen. Es ist jedoch ebenso wichtig, dass wir es nicht so weit kommen lassen, dass es zu einer Abhängigkeit von den Gefühlen unserer Kinder kommt und unser Wohlergehen steht und fällt mit der Frage: „Wie geht es den Kindern?" Das zunehmende Raumnehmen von Secondhand-Emotionen kann einen ganz maßgeblichen Anteil daran haben, dass uns das Gefühl von Identitätsverlust in unserer Mutterschaft packt und wir unter der Erkenntnis leiden, gar nicht mehr zu wissen, wer wir eigentlich sind. Das ist kein Wunder, wenn wir uns selbst weniger fühlen, uns weniger darum kümmern, positive Gefühle in uns selbst zu finden und autark von den Kindern zu kreieren. Auch wenn wir als Eltern viele, viele Jahre lang den Wunsch haben, unseren Kindern eine glückliche Kindheit zu schaffen, entlassen wir sie doch irgendwann in ein Leben, in dem sie die Kompetenz brauchen, selbst zuständig zu sein. Wir lehren sie regelmäßiges Zähneputzen, Höflichkeit, Rücksichtnahme und eine gute Streitkultur durch unser Vorbild. Aber Kinder brauchen ebenso unser Vorbild, wenn es um die Frage geht: Wie kann ich dafür sorgen, dass mein seelisches Wohlbefinden stabil und mein Herz glücklich bleiben? Stellen wir uns die egoistische Frage „Was macht mich glücklich, und wie kann ich es in mein Leben integrieren?"

für unsere Kinder. Denn die Last, für die gedrückte Stimmung der Eltern die Verantwortung zu tragen, hat eine Schwere, die wir unseren Kindern nicht zumuten dürfen. Und, ja, ich habe meinen Kindern auch schon ganz offen gesagt: „Hört mal, der Nachmittag mit eurem ständigen Gestreite war anstrengend für mich. Ich werde mir jetzt eine Badewanne einlassen und was lesen. Falls ihr den Nachmittag mit mir auch anstrengend fandet, holt euch ein Eis und macht die Glotze an. Wir treffen uns in 40 Minuten zum Abendessen. Bis dann!"

TRÜGERISCHE SCHÖNHEITSNORMEN

2018 im Supermarkt: „Wow, Sina, du hast aber wahnsinnig viel abgenommen! Steht dir!", lobt eine Bekannte, die ich beim Einkaufen treffe. Wir haben uns länger nicht gesehen, und ich freue mich über ihre Worte. „Danke", erwidere ich lächelnd, dann reden wir noch eine Weile über dies und das und gehen schließlich unserer Wege. Ein netter Moment? Jein. Wohl eher ein Fall von „gut gemeint und schlecht gemacht". Denn mich hinterlässt diese Begegnung mit dem Bewusstsein von „Menschen schauen mich an und bewerten mein Äußeres. Und schlank sein ist gut." Eine Leistung, wenn man bedenkt, dass ich 2018 bereits Dreifachmama bin und mein Körper in jeder Schwangerschaften etwa 15 Kilogramm zu- und anschließend wieder abgenommen hat. Jedenfalls nahezu. Nach den beiden ersten Schwangerschaften sind mir ein paar Kilos geblieben, die ich nun, nach Schwangerschaft Nr. 3, durch viel Sport und der Umstellung meiner Ernährung auf „hauptsächlich pflanzlich" wieder losgeworden bin. Die Menschen hier im Dorf kennen mich nur schwanger oder mit „Rest-Kilos“, dass ich plötzlich schlanker bin, wird wahrgenommen und kommentiert, dabei hatte ich eigentlich den Entschluss gefasst, mir meinen „alten“ Körper halbwegs zurückzuerobern, gerade weil ich nicht mehr so oft angesprochen werden wollte: In allen Schwangerschaften hatte mein Bauch einen beträchtlichen Umfang, so dass schon beim ersten Mal Bekannte im sechsten Monat kommentierten: „Alles Gute für die bevorstehende Geburt – ist ja sicher bald so weit!“ Geblieben ist mir von diesen Ausmaßen meines Bauches eine Rektusdiastase, also ein bleibendes Auseinanderrücken der vorderen geraden Bauchmuskeln, quasi eine Lücke im muskulären Stützkorsett. Ich sah durch die Vorwölbung des Bauches immer ein wenig schwanger aus und wurde zwischen den Schwangerschaften auch immer schamlos darauf angesprochen oder hinter meinem Rücken für schwanger erklärt. Das ging so weit, dass meinem Mann ein Jahr nach der Geburt unseres zweiten Kindes beim Bäcker zur erneuten Schwangerschaft seiner Frau gratuliert wurde. Und ich dachte mir: „Wtf – wer setzt solche Gerüchte in die Welt? Und wie sehr muss ein solches Gerücht die Runde machen, bevor man sich so in Sicherheit wiegt, dass man einfach mal zwischen ‚drei Käsebrötchen und zwei Croissants‘ eine solche Gratulation ausspricht?“ Ich begann mich unwohl zu fühlen in meinem Körper, weil ich, seitdem ich Mama bin, das Gefühl hatte, noch stärker als sonst den Blicken und Bewertungen der Menschen ausgeliefert zu sein: In den Schwangerschaften wurde die Größe des Bauches kommentiert und aufgrund seiner Form Rückschlüsse auf das Geschlecht des Kindes gezogen. „Darf ich mal anfassen“, fragten Menschen, die vermutlich in anderen Umständen nicht mal zu denken gewagt hätten, dass das erlaubt sei. Meine Schwiegermutter strich über meinen Bauch, als sei dieser schon mehr Enkel als Körperteil von mir. Die ständigen „Ist Frau Schröder wieder schwanger?“-Gerüchte führten dazu, dass ich routinemäßig den Bauch einzog und später begann, Bauchbandage zu tragen. Nach der dritten Schwangerschaft begann ich gezielt zu trainieren, um nicht mehr ständig mit dem „Baby-Scanner-Blick“ gemustert zu werden. Doch nun war ich offensichtlich so schlank wie seit Jahren nicht mehr – und erntete wieder Kommentare. In mir machte sich das wütende Gefühl breit, dass ich nicht mehr von den Menschen bewertet werden wollte. Niemand sollte mich schlank oder dick finden, schwanger oder „gut in Form“. Ich wünschte mir oft Unsichtbarkeit, vor allem an Orten, wo man mich und unsere Familie kannte, und begann Happenings wie Kirmes oder Weihnachtsmarkt zu meiden. Da, wo ich zu wenig wertschätzende Anerkennung für meine Leistung und auch meine Belastungen durch Gesehenwerden erfuhr, wurde mir das kritische Beäugtwerden schnell zu einer unerträglichen Last. Wann immer die Kinder darauf drängten, auf ein Volksfest zu gehen, sagte ich: „Ja, aber dann drei Orte weiter, wo uns niemand kennt!“, denn ich empfand den Gedanken als angenehm, nicht erkannt zu werden, also gesehen zu werden, ohne gesehen zu werden. Ich entwickelte eine tiefgreifende Abneigung gegen Blicke und Bewertungen und wäre in manchen Momenten lieber ein körperloses Wesen gewesen.

Sobald wir Mütter werden, verändern sich unsere Körper, die wenigsten Frauen behalten am Ende einer Schwangerschaft keine sichtbaren Spuren zurück: Geburtsnarben, Pölsterchen, Schwangerschaftsstreifen, Krampfadern, weichere Brüste. Von den eher unsichtbaren „Zeichnungen“ wie verschobenen Muskeln, inneren Verwachsungen nach Bauchoperationen und einer Trampolin-Inkontinenz mal ganz zu schweigen. „Für den kurzen Zeitraum einer Schwangerschaft ist ein Bauch erlaubt; danach fügen sich alle wieder den Schönheitsnormen“[15], bringt Mareice Kaiser in *Das Unwohlsein der modernen Mutter* den Anspruch an weibliche Körper auf den Punkt, dass diese sich zwar verändern dürfen durch eine Schwangerschaft, aber eben nicht dauerhaft bleibend. Ich möchte behaupten, dass „Optik“ der Lebensbereich ist, in dem wir am stärksten mit Normen und Erwartungen konfrontiert sind, einfach deshalb, weil das äußere Erscheinungsbild von Menschen eben das ist, was einem sofort ins Auge fällt und Grundlage für den ersten Eindruck und die erste Einschätzung ist. In keinem anderen Bereich sind wir über Jahrzehnte hinweg an die Tatsachen gewöhnt worden, dass es erstens eine bestimmte Norm gibt und diese uns in Magazinen, Film und Fernsehen und jeglicher Form von Print beständig vor Augen gemalt wird, und dass es zweitens völlig normal ist, dass Körper nicht aus der Innenschau, sondern durch die Außenwahrnehmung bewertet werden. Die Unsicherheit der Frauen in diesem Bereich macht sie zu Kundinnen eines ganzen (Schönheits-)Industriezweigs und hält sie in der Abhängigkeit zur patriarchalen Deutungshoheit über das Äußere einer Frau. In keinem anderen Bereich, der die Identität des Menschen betrifft, ist es stillschweigend so akzeptiert, dass man schamlos Bewertungen über andere Menschen abgeben darf, wie im Bereich Äußerlichkeit und Körper.

Wenn wir über Identität sprechen, dann vermute ich, dass kaum eine Frau in ihrem Leben eine echte „Körper-Identität“ entwickelt hat, also ein Selbstgefühl, ein Erkennen, Lieben und Annehmen der eigenen äußeren Hülle. Die liebevolle Erkenntnis „Das bin ich, und so möchte ich sein“ ohne Maßstäbe von außen. Da, wo wir unseren Charakter irgendwann in der

Pubertät vielleicht auch stolz entdecken und unseren Eigensinn mutig nach außen hin verteidigen, gibt es wohl niemanden, der feststellt: „Oh, ich habe also runde Hüften und einen weichen Bauch. Wie schön." Wir lernen schon als Heranwachsende nicht, unsere Körpermaße anhand unseres Selbst-Gefühls zu bewerten (Wie fühle ich mich in und mit diesem Körper?). Ob unser Gewicht passt, sagt uns eine Waage und nicht etwa das Hineinhorchen in unsere Eigenwahrnehmung, wenn wir z. B. Sport treiben, uns bewegen oder essen. Ich frage mich, ob es in meinem Leben je eine Zeit gab, in der ich mich im Spiegel nur mit meinen Augen angesehen habe, oder ob es eigentlich immer schon so war, dass ich mich stets auch mit dem gefürchteten Blick der anderen, der vermeintlichen Normen und Ideale angeschaut habe. Bewertend. Ich weiß es nicht.

Letzte Woche war ich mit meinen beiden Töchtern im Drogeriemarkt. Die Große ist mittlerweile 13, die Kleine 3. Wann immer die beiden Zeit miteinander verbringen, bewegt mich das sehr, weil diese Verbindung so viel von Fürsorge und Innigkeit hat. Meine große Tochter wächst in ihrer Weisheit und mitfühlenden Art und ist für ihre kleine Schwester eine echte Bezugsperson und ihr Vorbild, während die jüngere in ihrem Bewusstsein aufwächst, gesehen und angenommen zu sein. Im Drogeriemarkt also haben die beiden lange kichernd in der Spielzeugabteilung gehockt und schließlich beschlossen, dass es toll wäre, Kinderschminke zu kaufen und einen Mädelsabend mit schönen Kleidern, gegenseitigem Schminken, Pizza und *Frozen 2* zu veranstalten. Wenn das Schwesterngespann etwas ausheckt, bin ich stets sehr gewillt, „Ja" zu sagen zu allem, einfach weil ich dieser besonderen Sisterhood-Dynamik nicht im Weg stehen möchte. Ich kaufte also ein dreistöckiges

Kinder-Schmink-Set in dem Wissen, dass ich mir am Abend pinken Gloss und hellblauen Lidschatten würde zaubern lassen müssen. Zu Hause angekommen wollte meine kleine Tochter ihre neueste Errungenschaft natürlich umgehend testen, setzte sich an den Küchentisch und bat um einen Schminkspiegel, den ich ihr wie gewünscht vor die Nase stellte. Und dann fiel ein Satz, der mich innerlich tief bewegt hat, denn mein Kindergartenmädchen sagte: „Stimmt's, Mama, Spiegel sind da, damit man sieht, wie schön man ist!" Ich bejahte, obwohl ich wusste, dass die übergroße Mehrheit der Menschen einen Spiegel vermutlich nicht in dieser Absicht der wertschätzenden Selbstbestätigung nutzt, sondern um sich kritisch unter die Lupe zu nehmen.

Gab es eine Zeit in meinem Leben, in der ich mit neutralem Blick oder nur meiner eigenen, ungeprägten Wahrnehmung vor dem Spiegel stand? Ich erinnere mich nicht. Sehr wohl erinnere ich mich aber daran, dass ich schon als kleines Mädchen ein Bewusstsein dafür hatte, dass meine Mama sehr kritisch mit ihrem Körper war. Ich wusste, welches Gewicht sie auf der Waage anpeilte, nahm wahr, dass sie sich regelmäßig wog, und war darüber informiert, was die Waage am Morgen angezeigt hatte. Meine Mama sprach offen darüber. Ebenso über die Form ihres Körpers. Ich wusste, dass sie ihre Beine sehr mochte, mit ihrem Bauch hingegen auf Kriegsfuß stand. Ich selbst begann im zarten Alter von 12 Jahren das erste Mal, meine Mahlzeiten zu regulieren, um nicht zuzunehmen, und trug in der Orientierungsstufenzeit eine ganze Weile ausschließlich Pullover in Größe XXL aus der Herrenabteilung. Obwohl ich in meiner Jugend immer recht schlank war, hatte einer meiner Mitschüler meine langsam wachsenden Rundungen mit

„Sina hat einen dicken Arsch" kommentiert, also entschloss ich mich, das Körperteil des Anstoßes unter einem weiten Zelt zu verbergen. Und weil dieses toxische Spiel aus Bewertung und Anpassung mich noch vor der Pubertät unheilvoll gecatcht hat, habe ich – 30 Jahre später und mittlerweile selbst Mama – zur Regel in unserer Familie gemacht, dass NIEMAND schlecht über seinen Körper redet. Ich selbst hütete mich, über mein Gewicht zu sprechen, machte Sport auch nach den Schwangerschaften nie, um in Form zu kommen oder Gewicht zu reduzieren, und achtete meinen Kindern gegenüber sehr auf meine Sprache. Ich sagte „Ich will wieder fit werden" oder „Ich möchte mich wieder in meinem eigenen Körper gut und zu Hause fühlen" statt „Die Babypfunde müssen runter!" Selbst wenn mein Mann, der grundsätzlich ein Hort an Selbstzufriedenheit ist, mal einen Spruch verlauten ließ wie „Meine Pizzahüften werde ich in diesem Leben wohl nicht mehr los", brachte ich ihn mit strengem Scannerblick zum Schweigen: In unserer Familie werden Körper und Optik nicht bewertet beziehungsweise nicht mit negativen Worten behaftet.

Mittlerweile wissen dies auch die Kinder. Gestern Mittag berichtet beim Essen mein Mann über den Impftermin unserer Katzen und ließ uns wissen: „Die Tierärztin meinte, wir sollen das Trockenfutter genau abmessen und es nicht rund um die Uhr zur Verfügung stellen. Unser Kater ist zu dick. Er hat schon einen richtigen Schwabbelbauch!" Daraufhin richtet sich entrüstet mein neunjähriger Sohn auf und protestiert: „Papa, so redet man nicht. Du hast Carlos (unseren Kater) beleidigt!" Und auf die Beschwichtigungsversuche seines Vaters („Er ist doch nur eine Katze!") kontert mein Sohn: „Egal, solche Wörter sind fett-shaming!" Schmunzelnd drehe ich meine Spaghetti auf die Gabel und bin stolz, dass mein Sohn Begriffe wie „fatshaming" kennt.

In den letzten Jahren hat eine Bewegung viele Anhänger gefunden, die sich „Body Neutrality“ auf die Fahnen geschrieben hat. Im Gegensatz zu zahlreichen Ansätzen, die die vorhandenen Schönheitsideale dadurch aufzubrechen versuchen, dass „Schönheit“ weniger festgelegt auf bestimmte Normen angesehen wird (#allbodiesarebeautiful), versucht die Body-Neutrality-Bewegung den Blick der Fixierung auf Körper und deren Aussehen wegzulenken. Das Selbstwertgefühl soll unabhängig vom Aussehen bestehen, und wir sollen uns nicht länger dem Zwang unterwerfen, uns selbst schön finden zu müssen. Stattdessen geht es darum, sich von jeglicher Bewertung (positiv wie negativ) freizumachen und seinen Körper einfach im Sinne von „nicht so wichtig“ zu respektieren, wie er ist. Ich kann diesen Ansatz sehr gut verstehen. Nachdem ich mit neuem Gewichtstief plötzlich aus heiterem Himmel Komplimente bekam und mir der Tatsache des ständigen Bewertetwerdens wieder unangenehm bewusst war, erschien es mir als eine riesige Erleichterung, dass plötzlich jemand forderte: „Hört doch mal auf mit euren Scheiß-Bewertungen. Ist doch egal, wie ein Körper aussieht!“ Erleichterung, die mitschwingt in „Wie gut, dass ich mich nicht mehr zwingen muss, plötzlich meine Dehnungsstreifen schön zu finden. Ich habe mir das nie wirklich abnehmen können!“

Es ist auch ziemlich komisch, dass uns jahrzehntelang in allen Werbungen Produkte angepriesen worden sind, mit denen man Dehnungsstreifen vermeiden oder hinterher gar verblassen lassen kann, und plötzlich sind Oberschenkel und Bäuche mit Schwangerschaftsstreifen in Werbungen zu sehen, die NICHT Antimittel an die Frau bringen wollen. Dehnungsstreifen in der Werbung für … Dessous. Okay … was? Da sind Dellen und Streifen, und niemand will mir verraten, wie ich sie wegbekomme? Man darf das jetzt einfach zeigen? Echt wahr? Ja, die Dinge ändern sich, und das ist auch gut so. Aber so normal es ist, dass Körper unterschiedlich aussehen und die Bandbreite riesig ist, sosehr ist es dennoch für uns noch nicht normal, das zu sehen. Wir stocken, wir bleiben hängen, wir denken: „Krass, die machen Werbung mit normalen Frauen!" Doch solange wir noch überrascht sind, ist es eben noch nicht normal, dass alle Körper gezeigt werden. Auf Instagram folge ich einigen Frauen, die selbstbewusst ihre Falten, ihre grauen Haare, ihre Rundungen, ihre Behaarung, ihre Cellulite zeigen und nicht müde werden zu verkünden: „Alle Körper sind schön!" Ich hoffe, dass diese Wahrheit sich verbreitet wie ein Virus und irgendwann das neue Normal wird. Noch ist es eine Art anstößige Revolution, anstößig deshalb, weil wir uns daran stoßen, innehalten und, ja, auch noch ein bisschen komisch finden, dass jemand das, was uns jahrelang als Makel verkauft worden ist, nun als „schön" tituliert.

Optische Ideale sind für mich nichts weiter als Gewohnheiten. Seh-Gewohnheiten verknüpft mit stereotypen Bewertungen, die wir so oft vorgelegt und vorgekaut bekommen, geschluckt und schwer verdaut haben, bis sie gedanklich verstoffwechselt sind. Die positive Psychologie macht sich die Erkenntnis der neueren Hirnforschung zu eigen, dass unser Gehirn neuroplastisch ist. Darunter versteht man die Eigenart von Synapsen oder Nervenzellen bis hin zu ganzen Gehirnarealen, sich zu Optimierungszwecken nutzungsabhängig zu verändern. Einfach ausgedrückt kann man sagen, dass sich häufig genutzte Gedanken-Wege zu regelrechten Gedanken-Autobahnen entwickeln, die leichtgängig sind und manchmal so automatisch genutzt werden, dass sie zu echten Nobrainern werden. Ich erinnere mich noch sehr gut an den ernüchternden Moment in der Fahrschule, als nach etlichen Stunden mein Fahrlehrer zu mir sagte: „Du fährst Auto, als hättest du noch keine einzige Fahrstunde gehabt!“ Ups, das hatte gesessen. Aber vermutlich musste ich einfach über die einzelnen Handgriffe viel zu lange und umständlich nachdenken, weil mir Dinge wie „Kupplung treten – schalten“ noch nicht in Fleisch und Blut übergegangen waren. Dieses Wissen (dass ich die Kupplung treten und dann in den höheren Gang schalten kann) ist heute so selbstverständlich, dass ich darüber überhaupt nicht mehr nachdenken muss. Im Gegenteil: Es ist mir ein so vertrautes und automatisiertes Wissen, dass ich beim Autofahren nebenbei komplexe Unterhaltungen führen und Hörbücher hören kann. Ähnliches gilt für viele Abläufe in unserem Alltag, aber – wie die Psychologie betont – auch für Glaubenssätze, die wir ständig wiederholt haben: Wir denken nicht mehr bewusst darüber nach und stellen sie nicht jedes Mal infrage, sondern nehmen sie als gegeben an. Wer als Kind ständig zu hören bekommen hat: „Ach, du bist immer so faul“, der wird, wenn er nicht ein sehr stabiles Selbstbewusstsein hat, den Eltern hier zu widersprechen, dieses Urteil annehmen und sich zumindest unterbewusst entsprechend verhalten. Dieser Effekt ist mittlerweile bekannt, ebenso wie das Wissen darum, dass wir solche Glaubenssätze, Gedanken und tiefverankerte Learnings aber auch wieder umprägen können. Wenn Gehirnsynapsen je nach Gebrauch entstehen, stark werden und Gedanken zu Automatismen werden lassen, dann ist es auch möglich, diese Gedanken-Autobahn veröden zu lassen und stattdessen neue Denkwege zu beschreiten – so oft, bis neue Glaubenssätze verankert und neue Autobahnen gebaut sind. Wer schon mal Deutschlands längste Baustelle, die A1, befahren hat, der weiß, dass das keine

Tagesaufgabe ist, sondern mitunter Training und Disziplin erfordert, neue gedankliche Wege zu beschreiten. Die Ansage „Denk doch mal ein bisschen positiver“ ist dabei ein unsinniger Schnack, der in etwa auf die gleiche ratlose Verständnislosigkeit und Unfähigkeit stoßen würde, wie wenn man einem blutigen Klavieranfänger in seiner ersten Stunde ein Notenbuch mit der Aufschrift „Vivaldi – Vier Jahreszeiten“ vorlegen würde mit der Aufforderung: „Du hast ein Klavier, und du hast Noten. Alle Voraussetzungen sind gegeben – also spiel!“ Ja, sicher, irgendwann nach vielen Jahren des Übens ist theoretisch jeder fähig, Vivaldi oder Mozart zu spielen, aber man kann eben das Üben nicht auslassen. Die Hände brauchen viel Training, um schneller zu werden und die Tasten nahezu im Blindflug zu treffen. Dass die Augen eine Notenfolge erfassen und die Finger mühelos wissen, was zu tun ist, das dauert. Ebenso dauert es, wenn wir Glaubenssätze abschütteln wollen. Und ebenso wird es dauern, eingeprägte Schönheitsideale abzuschütteln. Wir müssen diese visuellen Glaubenssätze regelrecht verlernen und neue Sichtweise erlernen – und das geht nicht von heute auf morgen.

Gleichzeitig macht es mir auch immer wieder Mut, mir vor Augen zu führen: „Nein, 90-60-90 und ein symmetrischer C-Körbchen-Busen sind nicht die objektive Definition von Schönheit. Es handelt sich lediglich um einen durch das Patriarchat transportierten und manifestierten Glaubenssatz.“ Eine ganze Gesellschaft ist geprägt dadurch, dass uns immer wieder dieselbe Form von Weiblichkeit vorgesetzt worden ist mit dem Hinweis „Das ist schön“! Und je öfter wir es hören, desto mehr glauben wir es. Dass das mitnichten objektiv ist, merkt man allein schon daran, dass sich solche Ideale auch schnell wandeln können. Haben in den 90er-Jahren, in meiner Jugend, sich Frauen wie verrückt die Augenbrauen in Form gezupft, um sie möglichst schmal zu halten (manchmal wurden die Augenbrauen sogar komplett abrasiert, weil ein akkurat gezogener Strich aus dem Schminkkasten ein besseres Ergebnis erbrachte, als die Natur zu bändigen), ist es heutzutage schick, die Augenbrauen zu liften, zu färben, farblich aufzufüllen. Natürlich ist das immer auch ein bisschen Geschmackssache, aber es ist doch zu beobachten, dass wir in der Frage, was wir schön finden, leicht dazu neigen, uns wie Herdentiere zu verhalten. Dies gilt für viele augenfällige Trends und ist im Bereich „Lifestyle“ schneller durchschaut als im Bereich „Schönheit“, wo wir Trends immer eher als übergeordnete Norm und nicht als Zeitgeist-Phänomene einordnen, auf die wir uns „eingucken“. Die ersten Male, als mir die weißen Plastikstühle vermehrt in Wohnungen hipper YouTuber auffielen, war dies noch ein seltsamer Anblick für mich. „Aha“, dachte ich, „*d*as scheint jetzt modern zu sein.“ Als ich etliche Monate später ebendiese Art Stühle für unsere eigene Küche angeschafft hatte, waren mein Mann und ich auf unterschiedlichen Levels unterwegs. Ich hatte mir die Stühle hunderte Male auf Instagram, Pinterest und in Zeitschriften angeschaut und abgespeichert: „Ah, das finden die Leute jetzt schön. Ja, stimmt, je häufiger ich sie sehe, desto besser gefallen sie mir auch!“ Mein Mann war noch auf einem sehr ungeprägten Bewertungsniveau, und seine Gesichtsentgleisung beim Anblick der neuen Küchenstühle untermalte er mit: „Sina, das sind Wartezimmerstühle. Klinisch weiß und aus Plastik, um da einfach ... Körperflüssigkeiten abwischen zu können, die beim Arzt schon mal eine Rolle spielen mögen!“ Ich war beleidigt – er würde sich an den Anblick gewöhnen.

Wir sind uns des Kommens und Gehens solcher Trends bewusst. Schönheitsideale sind hartnäckiger, einfach weil sie uns so subtil überall untergejubelt werden: Schauspielerinnen sind mehrheitlich normschön, Covergirls selbst auf Fernsehzeitungen sind normschön, Frauen in der Werbung sind normschön – außer sie halten das in die Kamera, wofür man sich gefälligst schämen sollte. Zum Beispiel rissige Fingernägel, denn da gibt es ein Produkt, das Abhilfe zu schaffen verspricht. Dass Trends wechseln, ist nicht weiter verwunderlich: Man kann ein Heidengeld damit machen, dass uns in jeder Saison wieder weisgemacht wird, dass nun ein neuer Einrichtungsstil angesagt ist und die Klamotten aus dem letzten Sommer nicht mehr der heiße Scheiß sind. Im Bezug auf die vermeintliche „Norm"schönheit ist das nicht so: Da lassen sich nämlich krasse Gewinne einfahren, je unzufriedener die Menschen sind. Je öfter uns scheinbar perfekte Menschen gezeigt werden, je mehr wir uns schämen dafür, wie wir aussehen, desto mehr Produkte zur Körperoptimierung lassen sich verkaufen. So konsummaximierend der schnelle Wechsel von allerlei Trends ist, so katastrophal wäre es für unsere Konsumgesellschaft, wenn sich plötzlich das Wissen durchsetzen könnte: „Jeder ist auf seine individuell eigene Weise schön." Denn mit Zufriedenheit lässt sich nichts verdienen. Das ist nun mal so.

Schönheitsideale sind visuelle Glaubenssätze, mit denen sich Geld machen lässt. Eine Gedankenautobahn, die sich dadurch in meinem Bewusstsein gebildet hat, dass es mir, seit ich mich als Frau denken kann, immer wieder vor Augen gemalt wird: „Das ist schön – dieses jedoch nicht." Es ist Gewohnheit, Prägung, Manipulation, aber mitnichten eine objektive Wahrheit. Und doch glauben wir alle irgendwie dran. Ich begrüße, dass sich hier mittlerweile etwas tut: dass auf Social Media, in der Werbung und in Film und Fernsehen die Tendenz zu erkennen ist, dass Körper in ihrem ganzen wunderschönen Variationsreichtum gezeigt werden. Die zaghaften Ansätze von „Jeder Körper ist schön“ und „Normalize normal bodies“, mit denen Cellulite, Rundungen und Behaarung gezeigt werden, empfinden die meisten von uns jedoch als „mutig“, als außergewöhnlich und (noch) nicht als normal. Es verwundert daher nicht, dass wir mit unserer Orangenhaut vor dem Spiegel stehen und skeptisch sind. Seit Jahrzehnten wird uns eingeimpft, dass dieses Relief nicht schön ist, dass es Mittelchen gibt, um die Dellen loszuwerden – Cremes, Sportübungen oder eben zur Not Shapewear. Diese generelle Tendenz verschärft sich, wenn Frauen Mütter werden, denn „Mütter sind ein Markt, den der Kapitalismus selbstverständlich bereits entdeckt hat“[16], weil hier Geld mit einer Unzufriedenheit und Unsicherheit gemacht wird in einer Lebensphase, in der körperliche und seelische Veränderungen eh schon überfordern können und sehr verletzbar machen.

Nachdem ich das erste Mal Mutter geworden war, war ich vollkommen überfordert: Stillen war kompliziert, mein Baby schrie, ohne dass ich einen Grund festmachen konnte, niemand hatte mir gesagt, dass die Toilettengänge nach der Geburt eine Tortur sein würden. Ich saugte das Internet leer auf der Suche nach Antworten auf meine „Wie mache ich das denn jetzt?“-Fragen. Und neben der Herausforderung „Baby“ das Wissen darum, dass mein Körper nun die Aufgabe „Rückbildung“ vor sich hatte – ein Begriff, der mir suggerierte, dass es einen Zielpunkt geben würde, an dem er wieder seine Vor-Schwangerschaftsform haben müsse. „Dahin muss frau zurück“ steht zwischen den Zeilen sämtlicher Kurse und Kaufanreize für Mütter mit After-Baby-Body, der besser nicht zu sichtbar sein sollte, wenn das Baby schon auf der Welt ist.

Diese Stimmen sind auch noch nicht verstummt und die Stimmen, die anderes sagen, noch sehr verhalten. „Das ist normal“, verkünden sie, „du bist wunderschön nicht TROTZ, sondern MIT dieser Cellulite und den Dehnungsstreifen!“ Und wir schauen sie uns an, die Dellen, und WOLLEN sie aufrichtig schön finden, aber nehmen uns selbst dieses „Ich bin schön so, wie ich bin“-Mantra nicht ab. Verständlich, denn umzudenken ist schwer. Neue Gedanken fühlen sich oft lange fremd an, weil die alten, schnellstraßenartigen Gedanken nun mal so viel leichtgängiger und gewohnter sind. Nach jahrelangem Selbsthass und Kämpfen gegen den eigenen Körper mit der Denkaufgabe konfrontiert zu sein, ihn aufrichtig schön finden zu dürfen, gleicht der Herausforderung an den Klavieranfänger, Vivaldi spielen zu sollen: Richtig, das geht nicht ad hoc. Ein neues Instrument zu lernen, braucht sehr viel Übung. Sich selbst lieben lernen auch.

Mich wundert daher nicht, dass der Hashtag #bodyneutrality trendet, denn er nimmt die Last von unseren Schultern, etwas annehmen zu müssen, was wir über einen so langen Zeitraum anders gelernt und verinnerlicht haben. Wir können uns nicht auf Anhieb schön finden, so wie wir sind, dafür ist unser Denken und Fühlen zu lange okkupiert worden von toxischen Idealen. Die Ansage „Du musst dich nicht schön finden! Das Verhältnis zu unseren Körpern ist neutral, und wir zeigen einfach jeder Art von Zwang und Bewertung den Stinkefinger!“ Ergo: Stinkefinger geht raus an alle, die viel zu lange versucht haben, mir einzureden, dass ich nicht genüge. Aber auch: Stinkefinger geht raus an alle, die neuerdings versuchen, mir einzureden, dass ich mich schön finden muss. Stattdessen: Es ist nur ein Körper, nur meine äußere Hülle – ich bin okay damit und muss mich weder hassen noch lieben.

Klar, auch ich selbst stehe immer mal wieder vor dem Spiegel und zweifle. Allerdings würden wir, so nachvollziehbar eine neutrale Haltung ist, diese NIEMALS dulden, wenn es um unser Innenleben, unsere Seele und unseren Charakter geht. Ob wir intro- oder extrovertiert sind, hypersensibel oder aufbrausend, Perfektionisten, Choleriker, Nerds, Kreativlinge ... Wir sehnen uns danach, sein zu dürfen, wie wir sind, und gesehen und angenommen zu werden als diejenigen, die wir sind. Wir sehnen uns nach aufrichtiger Liebe für das Wunder an Individualität, das in unserer Brust schlägt. Und die äußere Hülle? Egal???

Ich bin ehrlich: Mir ist eine neutrale Haltung mir selbst gegenüber zu wenig. Seit ich mir immer wieder bewusst mache, dass toxische Ideale mein Denken über mich okkupiert haben, will ich wieder liebevoll über mich selbst denken lernen – und wenn es mein ganzes restliches Leben lang dauern wird. Die Haltung „Ist mir egal – ich scheiße auf Bewertung“ klingt erst mal sehr rebellisch, aber ich finde, die Schwäche dieser Haltung ist, dass sie das Vorhandensein von Idealen anerkennt und angesichts der Übermacht des Gegners den Kampfplatz verlässt. „Ich muss mich ja auch nicht schön finden!“ bedeutet nichts anderes als: „Ich bekomme die Ideale nicht raus aus meinem Kopf!“ – und diesen Kampf will ich nicht einfach aufgeben. Irgendwelche Idioten haben es mir gründlich versaut, dass ich den Körper mag, der mich jeden Tag begleitet und mir so gute Dienste erweist. Nein, ich will mich nicht einfach nur annehmen, ich möchte mich richtig, richtig gern haben. So wie ich auch meinen Charakter nicht nur annehme mit „So bin ich halt, kann man nicht ändern“, sondern stolz sein möchte auf die Frau, die ich bin, so möchte ich auch lernen, meinen Körper liebevoll anzuschauen. Man sagt, dass jeder Mensch mit

10 000 Stunden Übung ein „Experte" in seinem Fachgebiet werden kann. Da ich mein halbes Leben lang den Einflüsterungen der Werbeindustrie geglaubt habe, dass ich nicht einer vermeintlichen Norm entspreche, kann es schon sein, dass es 10 000 Stunden bewusster Selbstliebe und positiver Gedanken braucht, bis ich mich selbst und meinen Körper aufrichtig lieben kann. Wenn ich also täglich drei Stunden freundliche Gedanken über mich habe, dann dauert es zehn Jahre, bis die Selbstliebesynapsen in meinem Gehirn Expertenviveau erreicht haben. Sprich: Ich werde 50 sein, bis ich eine Virtuosin vor dem Spiegel bin. Nun gut. Challenge acceptet. Was auf diesem Weg ganz praktisch helfen kann, darüber möchte ich im zweiten Teil des Buches noch ausführlicher eingehen.

DIE MEINUNG DER ANDEREN

6.53 Uhr. Der Bus, der meine Tochter zur Schule bringt, startet von der Bushaltestelle, und ich setze mich in Bewegung Richtung Park und Fluss – der allmorgendliche kurze Spaziergang an der Hunte entlang gehört seit 2,5 Jahren zu meiner morgendlichen Routine, seit meine große Tochter auf die weiterführende Schule geht und mit dem Bus in die Nachbarstadt fährt. Das ist meistens meine Zeit der „Freundschaftspflege". Ich führe wenige, dafür aber sehr verbindliche Freundschaften, mit zwei engen Vertrauten tausche ich nahezu auf täglicher Basis Gedanken aus per Sprachnachricht. Ich setze meine Kopfhörer auf und starte die Voicemail, während ich meine Hände in die Taschen meines Mantels vergrabe. Zwei wichtige Gedanken nehme ich heute mit von meinem Partner im Gedanken-Sparring. Er sagt: „Sina, du teilst große Teile deines Lebens mit einer Menge Menschen auf Social Media, aber überleg mal, wer die Menschen sind, die genau Bescheid wissen, wie es dir gerade geht: Wer kennt deine innersten Gedanken und Beweggründe? DAS ist die Handvoll Menschen, denen DU die Macht gegeben hast, auch mal kritisch in dein Leben hineinzusprechen. Liebevoll kritisch. Das sind die Menschen, die die Macht haben, mit dir Klartext zu sprechen!“ True. Meine Freunde kennen mich, und ich öffne ihnen meine unfertigen Gedanken und auch solche Überlegungen, von denen ich insgeheim weiß, dass es sich um Irrwege handelt, für die ich vermutlich auf den Deckel bekomme. Aber ich fühle selbst diese Rüffel und kritischen Töne stets eingebettet in Wohlwollen, Verständnis und echte freundschaftliche Liebe. Ein zweiter Gedanke, der mir aus der morgendlichen Sprachnachricht meines anderen Freundes hängen bleibt, ist ein Sinnzitat, das er an mich weiterleitet: „Wir sind so bedacht, mit wem wir unseren Körper teilen, wen wir physisch an uns heranlassen, und würden da bei Übergriffigkeiten schnell entschieden Grenzen setzen. Aber unsere Seele, unser Bewusstsein und unsere Aufmerksamkeit stellen wir tagtäglich ungeschützt so vielen Menschen zur Verfügung, die uns vielleicht gar nicht guttun.“ Zunächst finde ich den Vergleich etwas weit hergeholt, aber dann merke ich, dass er in mir resoniert: Niemals würde ich dulden, dass mir fremde Menschen körperlich nahe kommen, aber seelisch lasse ich das oft zu: Kritik, Meinungen, „Sorry, aber …“-Kommentare zu einer meiner Insta-Storys. Klammer auf: Sätze, die mit „sorry, aber … “ anfangen, sollte man in der Regel gar nicht erst weiterlesen. Diese Phrase ist charakteristisch für Dinge, die ein Sorry echt bitter nötig haben, weil sie meist übergriffig sind und deren „aber“ safe ein Widerspruch ist, der höchstens an der Oberfläche kratzt. Klammer wieder zu.

Wenn wir auf der Suche nach unserem authentischen Selbst und unserem inneren Kern sind und uns die Frage stellen, was es uns so schwer macht, diesen zu sehen und nach unserem eigenen Herzschlagrhythmus zu leben, dann sind wir schnell bei diesem Punkt: die Meinung der anderen. Das Internet ist voll von Aufforderungen, die uns Mut machen wollen: „Lass dir egal sein, was andere von dir denken!" Und „lassen" ist hier das richtige Stichwort, denn natürlich ist das alles andere als einfach, sich von der Meinung anderer Menschen freizumachen, weil zunächst nämlich für die meisten von uns stimmt: Es IST uns nicht egal. Weil wir so ziemlich alle schon früh in unserer Kindheit gelernt haben, dass die Meinung anderer Menschen wichtig ist. Und dabei handelt es sich um ein Problem, das in der Regel so sicher wie das Amen in der Kirche von einer Generation zur nächsten weitergegeben wird.

An einem Dienstag am frühen Nachmittag sitze ich mit meiner jüngsten Tochter im Warteraum der Logopädie-Praxis, wir warten auf meinen Sechsjährigen. Uns gegenüber sitzt auf plastikweißen Stühlen eine Mutter mit ihrer Tochter, die vom Alter her in etwa zwischen meinen beiden jüngsten Kindern sein müsste – spätes Kitaalter. Das Mädchen baumelt mit den Beinen und klackt in einem sich verstetigenden Rhythmus mit ihrem Hacken gegen die Stuhlbeine des Wartezimmermobiliars. Tock – tock – tock. Das Geräusch fesselt die Aufmerksamkeit meiner Dreijährigen. Die Mutter der kleinen Percussion-Freundin legt sanft, aber bestimmt ihre rechte Hand auf das linke Knie ihrer Tochter, um ihr zu bedeuten, dass sie die Füße besser stillhalten sollte. Unbeirrt und vielleicht angespornt durch den Augenkontakt mit meiner Tochter verstummt zwar ihr linkes Bein, aber das rechte tockt weiterhin rhythmisch-konsequent gegen das Stuhlbein. „Hör auf damit", verstärkt ihre Mutter nun das nonverbale Signal mit einer klaren Ansage und ergänzt ein vielsagendes „Was sollen die Leute denken? Niemand außer dir benimmt sich so!" Die baumelnden Beine verstummen augenblicklich – diese Ansage hat offenbar Wirkung gezeigt. Dabei ist die mütterliche Warnung vor der Meinung der anderen vollkommen aus der Luft gegriffen, denn die anderen sind in diesem Moment meine kleine Tochter, die wohl im nächsten Moment begonnen hätte mitzujammen, und ich – zwar in der Tat etwas geräuschsensibel, aber in diesem Moment entspannt: Ich hatte mich nicht an dem Geräusch gestört, sondern im Gegenteil daran gedacht, dass ich mit meinen nur knapp 1,63 Metern auch als erwachsene Frau noch manchmal auf Stühlen sitze, auf denen Beinebaumeln angesagt ist. Während also die Mama ihrer Tochter (vielleicht zum wiederholten Male, denn die Reaktion des Mädchens kam prompt und reflexartig) eine subtile Angst vor der Meinung der anderen ins Herz pflanzt, sind die anwesenden anderen in Wirklichkeit freundlich/solidarisch/zugewandt. „Kein Thema", sage ich knapp, „uns hat das Geräusch überhaupt nicht gestört!" Dennoch bleibt das fremde Mädchen wie angewurzelt sitzen.

Menschen SIND soziale Wesen – wir sind auf die Gemeinschaft, in der wir leben und zu der wir uns zugehörig fühlen, mehr oder weniger angewiesen. Kinder brauchen die Liebe ihrer Eltern oder anderer naher Bezugspersonen, um sich gesund zu entwickeln, denn die Zuneigung und das Zugewandtsein enger Vertrauter garantiert einem Säugling das Überleben. Babys spüren, dass allein ihr Sein genügt, damit ihre zentralen Grundbedürfnisse erfüllt werden: Nahrung, Wärme, Schlaf, Sauberkeit und Geborgenheit. Dieser Wunsch nach bedingungslosem

Gesehen- und Versorgtwerden bleibt auch im Heranwachsen bestehen. Aus diesem Grund wird in der neueren Erziehungsliteratur immer wieder davor gewarnt, Kinder durch Lob unterbewusst zu manipulieren. Nun könnte man meinen, dass Lob doch etwas Positives ist, etwas, das dem Kind sagt, dass es gut ist oder etwas gut gemacht hat. Fühlt sich das nicht toll an, und ist es nicht unser zentrales Ansinnen, dass unsere Kinder sich gut fühlen? Jein. Kinder brauchen die Gewissheit, dass wir sie sehen und schätzen und uns für sie interessieren. Das geht auch vollkommen ohne jedes Lob! Wenn mein Kind mir ein Bild malt, dann muss ich nicht wertend sagen: „Das hast du schön gemacht“, sondern kann mich stattdessen in einem interessierten Gespräch mit meinem Kind verbinden und ihm meine Aufmerksamkeit und Zeit schenken: „Wer sind denn die vielen Menschen, die du da gemalt hast? Ist das eine Familie?“ oder auch „Du hast sehr viele Farben verwendet. Das Bild sieht fröhlich aus. Magst du es, wenn Bilder besonders farbenfroh sind?“ Lob ist ein zweischneidiges Schwert, denn es transportiert für kleine Kinder schon eine zweifache Information: 1. Andere Menschen bewerten dich und das, was du tust! 2. Die spürbare Zuwendung ist abhängig von dem, was du TUST, und nicht von dem, was du BIST. So konditionieren wir mitunter schon unsere Kinder darauf, dass die Zuwendung, Wertschätzung und das Wohlwollen anderer Menschen abhängig ist von ihrem (einem ganz bestimmten, nämlich lobenswerten) Verhalten.

Das brave, angepasste Verhalten galt zudem über einen langen Zeitraum (und teilweise ist das auch heute noch in den elterlichen Köpfen) als Indiz für eine gelungene Erziehung. Mir wird das immer wieder bewusst, wenn ich über schöne geschwisterliche Situationen berichte, in denen meine Kinder füreinander da waren, und die Reaktion lautet: „Sina, alles richtig gemacht!" – als sei das mein Verdienst. Natürlich ist unser Einfluss als Vorbilder für unsere Kinder nicht von der Hand zu weisen, aber es handelt sich dabei eher um eine mögliche Kausalität und keinen Automatismus. Dass diese Gleichung nicht stimmt, ist also offensichtlich, aber dieser Hinterkopf-Glaubenssatz hält sich dennoch hartnäckig: Ich habe in der Erziehung alles richtig gemacht, deswegen sind meine Kinder so lieb miteinander. Aus diesem Grund kann es passieren, dass Eltern den Druck, in den Augen der Menschen gute Erziehungsarbeit leisten zu müssen, an ihre Kinder weitergeben. „Was sollen die Leute denn denken?" oder „Jetzt benehmt euch doch mal, die Leute gucken schon!" sind typische Aussprüche, mit denen wir unseren Kindern auf subtile Weise mitgeben, dass die Gesellschaft eine Idee hat, wie wir uns zu verhalten haben und dass mit Missbilligung zu rechnen ist, wenn wir gegen den unsichtbaren Verhaltenskodex „Norm" verstoßen. Das Fiese an solchen Ansagen ist (wie das Erlebnis im Wartezimmer der Logopädin deutlich macht), dass wir es eben nicht mit einer konkreten Kritik von konkreten Menschen zu tun haben, sondern dass uns das Zusammensein mit Menschen generell unsicher gemacht wird. Da sagt die Mutter zu ihrem Kind „Was sollen die Leute denken?", als wäre es eine ausgemachte Sache, dass alle Anwesenden sich ein Urteil über das Verhalten des Kindes erlauben, welches natürlich negativ ist. In diesem Fall eine komplett falsche Annahme: keine Bewertung und kein Urteil von unserer Seite – und dennoch eine subtile Angst beim Kind, es könnte so sein.

Wenn meine Eltern zu Besuch sind, kann ich den Kindern das sehr konkret sagen: „Ihr seid gerade sehr laut, das tut Opa nicht gut. Könntet ihr euer lautes Spiel in eure Kinderzimmer oder in den Garten verlegen?" In diesem Fall schult das Bewusstmachen, dass Menschen mit Bedürfnissen anwesend sind, denen ein bestimmtes Verhalten meiner Kinder schwerfällt, ihre Empathiefähigkeit. Das Mitgeben eines Verhaltensvorschlags oder Kompromisses („Wenn ihr rausgeht, kann euer Spiel weitergehen, und Opas Nerven werden geschont") hilft ihnen, sicherer zu werden im Umgang mit Menschen und in Lösungen zu denken. Meine Kinder fühlen sich kompetent. Ein allgemeines „Was sollen denn die Leute denken" führt zu Verunsicherung, im schlimmsten Fall zu sozialen Ängsten und Handlungsunfähigkeit.

In meiner Seelsorgearbeit begegnet mir diese unterbewusste Angst vor anderen Menschen und ihren Meinungen immer wieder. Eine junge Frau schrieb mir: „Immer, wenn ich Menschen in meiner Nähe lachen höre, denke ich, sie lachen über mich. Wenn irgendwo abseits zwei leise reden, ist mein erster Gedanke: Die lästern über mich!" Ich vermute sehr stark, dass solche tief sitzenden Unsicherheiten die Folge davon sind, dass uns als Kindern die Meinung und das Urteil anderer als Bedrohung vor Augen gemalt worden sind. Wir wissen nie: Was denken die Menschen wirklich? Und lernen statt ganz konkreter Handlungsoptionen ein umfassendes Vermeidungsverhalten: Besser all das lassen, was anecken könnte. Und dieses Vermeidungsverhalten bleibt uns bis ins Erwachsenenalter häufig erhalten.

Wer sich dieser Zusammenhänge bewusst ist, merkt schnell, dass die Meinung der anderen eine Scheinautorität ist, die wir aus kindlich geprägter Angst noch immer fürchten, jedoch ohne Grund und Konsequenzen. Denn mal ehrlich: Was macht es schon, wenn andere (mir unbekannte) Menschen schlecht über mich denken, weil ihr Bewertungssystem „Was man macht und was nicht“ von dem meinigen abweicht? Für mich hat das doch keinerlei Konsequenzen. Ich brauche weder ihre Zustimmung noch ihre guten Gedanken, denn die bedeuten mir nichts, spielen in meinem Leben keine Rolle. Die Menschen, die wichtig für mich sind, werden sich bemühen, offenherzig, tolerant und verständnisvoll mir gegenüber zu sein und Kritik vorsichtig und liebevoll zu formulieren. Alle anderen haben keine Autorität, mich zu kritisieren, weil sie gar nicht alle Facetten meines Lebens kennen.

Wenn wir Mütter werden, dann scheint die Meinung der anderen plötzlich sehr viel gegenwärtiger zu sein als sowieso schon, und selbst Frauen, die sonst nicht so viel auf die Meinung anderer geben, spüren, dass ihre Mutterschaft sie in dieser Hinsicht empfindlicher macht. Das liegt vermutlich daran, dass wir so tief verinnerlicht haben, dass „Mutterschaft“ eben DIE beglückende weibliche Existenzform zu sein hat und das Dasein für Kinder unseren innersten Begabungen entspricht. „Was ist das Schlimmste am Elternsein? ‚Die anderen Eltern‘“, antworte ich grinsend[17], bringt es Mareice Kaiser auf den Punkt. Und ich vermute, dass es nicht nur die Urteile und Kommentare der anderen Eltern sind, die wir tatsächlich zu hören bekommen, sondern auch die, die wir als stumme Schreckgespenster wittern. Wenn ich mir die Frage stelle, wie ich eine gute Mutter sein kann, dann stellen sich andere Mütter diese Frage auch. Und wenn ich dann im Krabbelkreis auf andere Eltern treffe, großzügig unsere Brotdose mit Butterkeksen herumreiche und stolz darauf bin, dass ich überhaupt daran gedacht habe, einen Nachmittagssnack zu richten, dann trifft mich die Ansage „Nein, danke, wir versuchen auf Industriezucker möglichst zu verzichten, und unsere Ida fragt auch Gott sei Dank nicht ständig nach Keksen" auf einer Ebene, auf der sie mich vielleicht nicht treffen müsste. Ich fühle mich kritisiert dafür, dass ich meinen Kindern nachmittags Kekse serviere. Die „Wie bin ich eine gute Mutter?"-Frage hat da offensichtlich jemand anders beantwortet als ich. Ich fühle mich infrage gestellt mit meiner Pro-Kekse-Entscheidung, obwohl ich das vielleicht gar nicht müsste. Eigentlich wissen wir doch alle, dass die Mutter aller Gretchenfragen – „Nun sag, wie hast du´s mit dem Industriezucker?" – gar nichts darüber aussagt, ob ich eine gute Mutter für meine Kinder bin. Uneigentlich fühlen wir uns aber ständig infrage gestellt dadurch, dass andere Eltern andere Entscheidungen für ihre Kinder treffen.

Ich hatte nie proaktiv die Entscheidung getroffen, eine langzeitstillende Mama zu werden, ich wurde es dadurch, dass ich mich für das Stillen nach Bedarf entschied und der Bedarf meiner Kinder offenbar auch über das erste Babyjahr hinaus noch vorhanden war. Bei meiner großen Tochter stillte ich ab ihrem ersten Geburtstag nur noch heimlich, zu Hause oder lediglich in der Gegenwart SEHR, sehr guter Freunde. Warum tat ich das? Weil ich Angst hatte, dafür kritisch angeschaut zu werden. Während eines Sommerurlaubs an der Nordsee hatten wir es uns nach einem ausgiebigen Strandspaziergang mit unseren damals noch zwei Kindern in einem kleinen Café mit Meerblick gemütlich gemacht. Mein kleiner Sohn hatte im Tragetuch auf meinem Rücken geschlafen, vorsichtig seilte ich ihn von dort ab und küsste ihn zum Aufwachen. Er nörgelte – ja, so fühle ich mich auch manchmal, wenn ich mitten am Tag einschlafe und dann erst mal vollkommen benebelt wieder zu mir kommen muss. Wir bestellten zwei Cappuccino, warmen

Kakao mit Sahne und Waffeln mit heißen Kirschen für alle. Auch mein damals 2,5-jähriger Sohn bekam einen Kakao, den er aber laut protestierend ablehnte. „Ich will lieber Babu!“, erklärte er. Same procedure as every afternoon also: Wenn er aus dem Mittagsschlaf aufwachte, stillte ich ihn, um seine Laune etwas aufzufangen. Normalerweise hätte ich das vermutlich vehement abgelehnt und mich lieber darauf eingestellt, mitten in der Öffentlichkeit das Gejammer meines Kindes auszuhalten, aber die Urlaubssituation ließ mich freier sein im Schutz der Anonymität, in der wir uns befanden. Ich stillte also meinen Sohn mitten in einem öffentlichen Café. Die Kellnerin brachte unsere Waffeln, platzierte die Teller neben unseren Getränken und blieb einen Moment unschlüssig stehen. „Entschuldigung“, brachte sie schließlich hervor, „darf ich mal fragen, wie alt das Kind ist, das Sie da stillen?“ Ich war zu perplex, um schlagfertig zu sein, und antwortete daher einfach ganz neutral: „Mein Sohn ist 2,5!“ „Ah, das ist aber ungewöhnlich“, bekam ich zur Antwort, gefolgt von einem „Na dann – guten Appetit!“, und schon war sie wieder hinter dem Tresen verschwunden. Obwohl die Situation durch und durch sachlich gewesen war, fühlte ich mich bloßgestellt. In Gedanken wiederholte ich das Wort „ungewöhnlich“, das die junge Frau verwendet hatte, und mein Verstand machte augenblicklich daraus: „Das ist aber nicht normal.“ Faktisch hatte sie nichts weiter gesagt, als dass dieser Anblick nicht unseren Sehgewohnheiten entsprach, und das war objektiv vermutlich zutreffend. Theoretisch wäre es sogar möglich gewesen, dass sie positiv überrascht war von diesem Anblick, aber mein Gefühl war: Wie übergriffig! So was darf man nicht fragen. Wenn mein zweijähriger Sohn am Tisch mit Messer und Gabel gegessen hätte, hätte mich die Nachfrage „Entschuldigung, darf ich mal fragen, wie alt das Kind ist, dass es schon mit Messer und Gabel isst?“ mit Stolz erfüllt und ebenso der Kommentar „Na, das ist aber mal ungewöhnlich!“ Warum? Weil ich selbst vermutlich mit einem gewissen Stolz auf die Essmanieren und Besteck-Skills meines Kindes geschaut hätte. „Die anderen Mütter spiegeln schrecklich unausweichlich die eigenen Ängste, Unzulänglichkeiten, den eigenen Struggle“[18], sich in der eigenen Mutterrolle wohl- und richtig zu fühlen.

Was die Meinung und die potenzielle Einmischung der anderen angeht, leben wir mittlerweile in einem mutigen Mindset der Abgrenzung: „Das ist total übergriffig!“ weisen wir Anfragen zurück. Etwa die Frage nach (gewollter oder ungewollter) Kinderlosigkeit. Mitunter habe ich aber manchmal das Gefühl, dass hier das Kind mit dem Bade ausgeschüttet wird. Es gibt auf Instagram das Story-Tool „Fragensticker“, mit der Instagrammer ihre Audience regelmäßig auffordern: „Frag mich irgendwas“. Es stimmt: Es gibt sie, die übergriffigen Fragen. Diejenigen, die der Form nach mit einem Fragezeichen enden, aber in Wirklichkeit nichts weiter als ein schlecht getarntes Urteil sind. Ich lese die an eine Kollegin gerichtete Frage: „Warum hast du denn dann Kinder bekommen, wenn du die gar nicht gerne um dich hast und sie eh bis nachmittags in die Fremdbetreuung abgibst?“ Dieser „Frage“ quillt aus allen Poren: Unverständnis, Urteil, Deutungen, für die man keinerlei Autorität besitzt, und vermutlich der dringende Wunsch, sich selbst zu erhöhen durch die Erniedrigung anderer. Diese Frage ist eindeutig Kritik und, ja, das ist absolut übergriffig. Gleichzeitig ist es aber auch so, dass manche Fragen, die einen deutlich neutraleren Beigeschmack haben, ebenfalls schnell als übergriffig gelabelt werden, und ich frage mich, ob wir uns an dieser Stelle nicht die Möglichkeit nehmen, in der Auseinandersetzung mit ihnen auch selbst zu wachsen. Wir haben Angst vor den Urteilen anderer. Ich habe Angst vor den Urteilen anderer, deswegen lese ich die nach meinem Auszug aus dem Familiendomizil an mich gestellte Frage „Bist du nicht manchmal traurig, dass du nachts nicht bei deinen Kindern bist?“ als Urteil, Frechheit, Einmischung. Ich lese: „Du bist nicht für deine Kinder da!“ Ich lese „Du müsstest darüber doch traurig sein, aber man sieht dich nie angemessen traurig!“ Ich lese „Eventuell kann eine Mutter, die von zu Hause auszieht, keine gute Mutter mehr sein!“ (obwohl ich diese Entscheidung zutiefst FÜR das Wohlergehen meiner Kinder getroffen hatte). Und anhand dieser vielen, vielen Urteile, die ich höre, die aber NICHT EXPLIZIT in der Frage stecken, denke ich: *Übergriffig!* Was fällt denn den Menschen ein, so private Fragen zu stellen – geht doch keinen was an? Doch möglicherweise ist diese Sichtweise übereifrig, wenn wir uns nicht bemühen, die allgegenwärtige These „Mütter bewerten Mütter“ langsam aus unseren Hinterköpfen zu verbannen und zumindest als Arbeitshypothese mal mit der Annahme zu arbeiten, dass Mütter anderen Müttern zutiefst support sein können. Mareice Kaiser schreibt, dass sie andere Mütter liebt, die ihr Vorbild sind, ohne Druck zu erzeugen, „weil es sich nicht um einen konkurrierenden Vergleich handelt, sondern um einen solidarischen“[19]. In der Frage „Bist du nicht manchmal traurig, dass du nachts nicht bei deinen Kindern bist?“ könnte auch folgender Subtext stecken: „Wie geht es dir?“, „Magst du erzählen, wie es dir wirklich geht, selbst wenn es sich um negative Gefühle handelt?“, „Ich versuche mich in dich hineinzuversetzen“ oder sogar „Ich bin in einer ähnlichen Situation und wüsste gerne, ob ich mit meinen Gefühlen allein bin.“ Ja, das sind nur Hypothesen, aber ich glaube, dass wir nur halb den Ausstieg aus der Angst vor der Meinung anderer geschafft haben, wenn wir durch entschiedenes Zurückweisen von vermeintlichen Übergriffigkeiten überall noch Urteile und Bewertungen wittern. Lasst uns doch mal annehmen, die anderen würden es gut mit uns meinen.

Ich folge auf Instagram hauptsächlich solchen Accounts, die sich durch gute Texte auszeichnen. Sehr beliebt ist unter den schreibenden Müttern ein literarisches Stilmittel, das ich gerne als „Perfektionismusbashing“ bezeichne. Der Tenor vieler dieser Texte ist: Wir können es gar nicht richtig machen, also lassen wir es doch gleich. Zu lange stillen ist falsch – zu kurz auch. Kinder nachts nicht bei sich schlafen lassen ist falsch – Kinder im Familienbett auch. Für die Kinder zu Hause bleiben ist falsch – arbeiten gehen auch. Je nachdem, wen wir fragen, werden wir von irgendeiner Seite immer das Label „nicht gut“ bekommen. Das Ganze gibt es jedoch auch in positiver Formulierung: So wie du es machst, ist es gut!, versehen mit dem Hashtag #coolmomsdontjudge. Ja, wir dürfen zurückweisen, was wir als Urteil empfinden, denn das ist 1000 Mal besser, als sich durch Selbstzweifel verunsichern zu lassen. Und, ja, wir dürfen einander sagen: „Du machst das gut!“ Auch das ist 1000 Mal besser, als argwöhnisch auf andere zu gucken. Schließlich gilt für viele: Wer einen Fehler im System der anderen gefunden hat, der kann sich selbst etwas mehr auf der richtigen Seite wähnen. Die Frage ist jedoch: Hängen wir nicht sowohl mit „Man kann es gar nicht richtig machen“ als auch mit „Du machst das super!“ in einer Spirale aus Bewertungen fest, deren Vorhandensein wir als gegeben annehmen? Es bleibt zu hinterfragen, ob Mutterschaft die Kategorien „richtig“ und „falsch“ überhaupt braucht.

Immer mal wieder schrieben mir in der Vergangenheit Mütter, die wussten, dass ich meine Kinder lange gestillt hatte, was sie denn den Menschen entgegnen können, die kritische Fragen stellen: „Wie??? Du stillst IMMER NOCH?“ Wahrheitsgemäß antwortete ich: „Ich habe mir durch das Zitieren von Expertenmeinungen aus aktuellen stillrelevanten Büchern Autoritätsargumente auf meine Seite geholt.“ Doch mit dem Abstand einiger Jahre reflektiere ich: Expertenargumente pro Langzeitstillen sind doch ebenso wertend wie die kritische Anfrage selbst. Wir sind unterschiedlicher Meinung, aber wir gehen davon aus, dass es einen Mutter-Gold-Standard gibt, ein „richtig“ und „falsch“ oder zumindest ein „gut“ und „besser“. Mit unserem Selbstanspruch und dem Suchen nach der guten Mutter in uns haben wir eine Idee davon, wie dieses Ideal auszusehen hat. Die Meinung der anderen, die auch auf der Suche nach dem besten Weg, Eltern zu sein, eventuell andere Entscheidungen getroffen haben als ich, wird hier immer kritische Anfrage an meinen Weg sein, notwendiges Übel und gefürchtetes Urteil. Und diese Meinung der anderen bleibt deshalb immer ein wenig identitätsbildend für mich, weil ich mich nach ihr richte, ihr aus dem Weg gehe oder die Konfrontation suche: Ich stille öffentlich oder nicht, ich rede darüber freudig oder wie eine Advokatin – je nachdem, wo ich bin und wie das befürchtete Urteil über mich ausfallen mag, wähle ich meine Maske. Warum ist unser Herz so labil, und warum haben wir so feine Antennen gegenüber kritischen Äußerungen? Weil wir ständig hyperkritisch mit uns selbst sind. Weil es in unserem Kopf die „gute Mutter“ gibt und den richtigen Weg in der Mutterschaft, sind andere Wege als der unsrige automatisch Infragestellungen. Wir wittern Urteile, die es vielleicht gar nicht gibt, die wir uns vielmehr einbilden, weil die Unterscheidung nach richtig und falsch eben notwendigerweise bedeutet, dass andere Wege den meinen infrage stellen.

Manchmal sehne ich mich statt „Wir können es also gar nicht richtig machen“ und „Du bist gut (genug)“ nach: „Ich bin ich und als solche eben Mutter geworden.“ Nichts weiter.

Wenn ich mich heute als erwachsene Frau frage, ob meine Mama eine gute Mama war, würde ich ohne mit der Wimper zu zucken sagen: Ja, das war sie. Vermutlich überrascht das niemanden, aber dieses innere Gefühl verbindet sich nicht mit den Fragen „Wie lange wurde ich gestillt?“, „Schlief ich im eigenen Bettchen?“, „Durfte ich Süßigkeiten oder nicht?“ oder „Wie viel Fernsehen hat mir meine Mama erlaubt?“ All diese Dinge sind total ambivalent. Vermutlich spüren das auch schon Kinder. Ich haue mal mutig die These raus, dass Kinder mit ihren feinen Antennen wissen, ob sie vor dem Fernseher geparkt werden, weil ihre Eltern keinen Bock auf sie haben, weil die Mama eine Pause braucht oder weil die Eltern sich mal kurz ins Schlafzimmer zurückziehen, um Liebe zu machen. Junkfood kann ebenso vernachlässigend sein wie auch das Signal für „Wir feiern das Leben und lassen heute Abend mal fünfe gerade sein.“ Das entscheidende Kriterium sind immer wir selbst. Wir selbst geben den Entscheidungen, die wir treffen, eine Seele.

Wenn ich mich frage, ob ich mich an „gute Mutter-Momente“ mit meiner eigenen Mama erinnere, dann denke ich an: Sie entschuldigt sich, dass sie mich angebrüllt hat, und bringt mir einen Cappuccino vorbei. Sie lädt uns zum Eis essen ein. Sie sagt „So bin ich“ und lacht so sehr aus tiefstem Herzen, dass ich Lust habe, in exakt diesen Facetten zu sein wie sie. Sie steckt mir einen Zettel in meine Zeugnismappe, auf dem steht: „Wir haben dich lieb, nicht dein Zeugnis!" Sie lässt mich und meine Geschwister am Samstagmorgen Cartoons gucken, um ausschlafen zu können, und hat genau drei Stücke Schokolade vom Vorabend im Wohnzimmer liegen lassen (ein Move, von dem meine Mama immer wieder erzählt hat, dass sie dafür sehr kritisiert worden sei von *den anderen* Müttern). Sie sagt nichts, als ich viel zu früh von der Schule nach Hause komme, obwohl sie vermutlich weiß, dass ich mal wieder den Sportunterricht geschwänzt habe. Sie sagt in der schwersten aller denkbaren Lebenskrisen zu mir: „Sina, ich wünsche mir, dass DU glücklich wirst" und stellt sich einfach mal stabil und kompromisslos auf meine Seite. Die besten Mama-Momente waren für mich die, als meine Mama einfach sie selbst war und mich auf ihre eigene Weise liebte. Ich verbinde mit der Liebe meiner Mutter heute ein aufgeräumtes Zuhause, das sie für uns geschaffen hat. Braucht es aber ein sauberes Zuhause, um eine gute Mutter zu sein? NEIN! Diese Facette fühlte sich deshalb nach Liebe an, weil das SIE war. Meine Mama hat Dinge anders gemacht, als es der Meinung der Leute entsprach. Lächelnd, verschmitzt, ohne den Anspruch, einem „gute-Mutter-Standard" zu entsprechen, war sie einfach die beste Mama, die ich mir wünschen kann.

TEIL 2:

SELBST-WERDUNG

REBIRTHING: NEUGEBURT

Mai 2019: „Das ist doch nicht dein Ernst? Du kannst doch jetzt nicht weggehen?!“ Mit weit aufgerissenen Augen starre ich entsetzt meinen Mann an, der sich zum Gehen anschickt. „Weißt du was Besseres?“, fragt er achselzuckend. Doch angesichts der Wehe, die gerade unausweichlich auf mich zusteuert und all meine Aufmerksamkeit fordert, habe ich keine Kapazitäten, um irgendwelche schlauen Strategien zu entwickeln, und bringe gerade noch ein „Okay“ heraus, bevor mich der Fortlauf der Geburt zwingt, mich ganz auf mich zu fokussieren. Ich habe keine genaue Vorstellung davon, wie weit der Prozess schon fortgeschritten ist. Es mag etwa 1.30 Uhr sein, vor einer Stunde hatte mich die erste Wehe geweckt, aber danach ging alles furchtbar schnell. Falls das jetzt die Geburt ist, brauche ich warme Füße, war mein erster Gedanke, und ich weckte meinen Mann, der mir assistieren sollte, denn Wollsocken gehen natürlich nur mit gewaschenen Füßen – ist ja klar. Schon auf dem Wannenrand hockend bemerkt mein Mann, die Stirn in staunende Falten gelegt: „Die Wehen sind aber in ZIEMLICH kurzen Abständen – kann das sein?“, und wir beschließen, Wasser in den Geburtspool im Wohnzimmer zu lassen und die Hausgeburtshebamme zu verständigen, die einen etwa einstündigen Anfahrtsweg hat. „Das dauert sicher noch“, sagt die Hebamme m Telefon angesichts der Tatsache, dass ich im Hintergrund noch zu Scherzen aufgelegt bin. Doch offensichtlich stimmt das nicht. Ich spüre schon den deutlichen Druck nach unten, als sich unser damals Dreijähriger per Babyphon meldet und mein Mann beschließt, ihn wieder einschlafzubegleiten, was aber auch bedeutet, dass ich und das Baby jetzt im fortgeschrittenen Geburtsprozess alleine sind. Auch wenn ich heute, mittlerweile fast vier Jahre nach dieser für mich so besonderen Nacht, daran denke, sind mir alle Gefühle des Moments noch deutlich bewusst: Wie blitzschnell aus der schockierten Erkenntnis „Es ist gerade niemand da, der dir helfen kann, du bist ganz allein, und es kann sein, dass du hier gleich ein Baby bekommst!“ die sichere Erkenntnis wurde: „Du schaffst das schon. Du schaffst das jetzt auch ohne Hilfe – eine andere Möglichkeit gibt es ja nicht!“

Als ich mich zwischen zwei Presswehen traue, nach unten zu fühlen, spüre ich bereits das Köpfchen und schreie wie aus Leibeskräften „Tooorben!“, damit mein Mann das Finish nicht etwa verschläft. Wie durch ein Wunder schläft unser Dreijähriger weiter, mein Mann kommt angeschossen und kramt, alarmiert durch mein „Es kommt“, hektisch nach dem Handy, um die Hebamme noch mal anzurufen. Die ist immer noch tiefenentspannt, coacht fernmündlich und spricht uns Mut zu: „Ihr macht das schon – ich komme zum Abnabeln!“ Und dann wird unser viertes Kind, ein kleines Mädchen, nicht mal 1,5 Stunden nach der ersten Wehe zu Hause geboren. Alles ist gut gegangen, ich bin glücklich und so perplex wie stolz, es alleine geschafft zu haben – ein Wunder.

„Hattest du denn keine Angst?“ ist eine der häufigsten Fragen, die mir in den folgenden Wochen gestellt wird. Und ich kann ehrlich antworten: „Nein, dazu war gar keine Zeit!“ Deutlich und gegenwärtig erinnere ich das Gefühl absoluten Bei-mir-Seins und den Mut der Alternativlosigkeit: Da waren plötzlich ein Vertrauen in meine eigene Kraft, ein Selbstbewusstsein und ein Fokus auf mich selbst, intensive Gefühle, wie ich sie noch nie zuvor in meinem Leben so deutlich gespürt hatte. Meine ersten beiden Geburten 2009 und 2013 waren Bauchgeburten gewesen, also Kaiserschnitte. Unser drittes Kind erblickte 2016 in einer Spontangeburt das Licht der Welt, nachdem die geplante Hausgeburt ins Krankenhaus verlegt worden war. So unterschiedlich alle meine vier Geburten gewesen waren, so sehr eint die ersten drei, dass ich permanent die Frage „Was ist jetzt zu tun?“ mit mir herumtrug und von meinen Geburtsbegleitern eine Antwort erwartete: Wo sind die Hebammen? Was muss ich jetzt machen? Wer zeigt mir, wie ich atmen muss? Was lindert die Schmerzen? Wie lange dauert es noch? Meine vierte Geburt zwang mich auf eine heilsame Art und Weise, Antworten auf all diese Fragen in mir selbst zu suchen. Und aus diesem Grund verhielt ich mich bei meiner letzten, bei meiner blitzschnellen Alleingeburt, auch ganz anders als bei den Vorgängergeburten. Niemand schaute mir zu, niemand bewertete mich. Und ich begann unter der Geburt, zärtlich zu mir zu sein, was ich als schmerzlindernd und sehr angenehm empfand. Niemals hätte ich mich getraut, diese Geräusche zu machen und mir diese selbstliebenden Gesten zu erlauben, wenn mir jemand zugeschaut hätte. Diese einsamen Momente unter der Geburt verbanden mich in einer so tiefgreifenden und wohltuenden Art und Weise mit meiner inneren Weisheit und dem ruhigen, gewissen Gefühl, dass ich selbst am besten weiß, was ich brauche, dass ich mit Gewissheit sagen kann, dass in jener Nacht Ende Mai der Grundstein gelegt wurde für ziemlich viele Umdenkprozesse und Veränderungen in meinem Leben. Ich hatte etwas gespürt davon, was es bedeutet, ganz bei sich selbst zu sein und anzudocken an einer Quelle innerer Kraft, die durch nichts, wirklich nichts, im Außen zu ersetzen ist.

Wann immer ich von meiner ungeplanten Alleingeburt schreibe oder erzähle und deutlich mache, was sie für mich und meine inneren Prozesse bedeutet hat, ist es mir wichtig zu ergänzen, dass ich damit keine Werbung machen möchte für Geburten ohne Hebammenbegleitung! Ich hatte mich zwar (vielleicht in einer inneren Ahnung) im Vorfeld belesen zum Thema „Alleingeburt“, aber ich würde trotz dieses kraftvollen Erlebnisses auf die Anwesenheit einer Hebamme nicht willentlich verzichten wollen. Ich habe die Begleitung meiner Hebamme stets als wahnsinnig kompetent und empowernd erlebt. Meine Alleingeburt war ein bemerkenswertes und zentrales, Augen öffnendes Ereignis in meinem Leben, aber letztlich nicht konstitutiv für das Erleben innere Stärke und Freiheit. Für mich war der Auslöser zufällig diese Alleingeburt, aber es hätte auch etwas anderes sein können. Dieser Geburtsmodus ist (das sehe ich jetzt, nachdem ich so ziemlich das ganze Repertoire an Möglichkeiten absolviert habe) kein Heiliger Gral, denn eine

Geburt ist immer ein tiefer Akt körperlicher Hingabe, egal, auf welche Weise wir unsere Kinder zur Welt bringen. Dennoch kann ich für mich persönlich sagen: So wie mich die Geburt meiner großen Tochter im Jahr 2009 zu einer Mama machte und mich in einen Strudel aus Erwartungen an Mutterschaft und Frausein als Mutter hineinzog, war meine vierte Geburt – durch die Begegnung mit meiner inneren Kraft und Stärke – nichts weniger als eine Art Neugeburt meiner selbst. Rückblickend würde ich sagen: Dieses Erlebnis war ein Auftakt zum Selbstsein – ich war immer noch Mutter, aber nach dieser letzten Geburt eben eine andere.

Wenn wir von Selbstlosigkeit und Identität sprechen, vom Identitätsverlust und dem Weg zurück zu uns selbst, dann stellt sich sehr schnell die Frage: Was ist eigentlich dieses „Selbst"? Eine meiner Meinung nach sehr brauchbare Definition hat der Schweizer Psychoanalytiker C.G. Jung gegeben: Er bezeichnet das Selbst eines Menschen als „ein der Person innewohnendes Entwicklungsprinzip, das auf persönliche Ganzheit ausgerichtet ist"[20]. Diesen Gedanken weiterführend, beschreibt die Psychologin und Autorin Stefanie Stahl sehr eindrücklich, welche allgemeinen Kriterien es gibt, um Menschen mit einem authentischen Selbst zu charakterisieren[21]: Im Einklang mit sich selbst sind demnach Menschen, die 1. zu ihren Meinungen und Eigenarten stehen können, die sich 2. freigemacht haben von der Meinung anderer, die 3. ein gutes Verhältnis zu all ihren Gefühlen haben, den positiven wie den negativen, und Maßnahmen zur Selbstregulation erlernt haben. 4. gehört zu einem authentischen Selbst, eine gute Balance halten zu können zwischen den psychischen Grundbedürfnissen nach Bindung und Autonomie.

Selbst-Sein, Selbst-Fürsorge, Selbst-Bewusstsein, Selbst-Liebe sind Stichworte, die aus dem gegenwärtigen gesellschaftlichen Mindset nicht mehr wegzudenken sind. Die Beschäftigung mit dem Selbst hat Hochkonjunktur, und es mangelt nicht an Ratgebern und Coaching-Angeboten, die versprechen, bei der Profilierung und Optimierung der eigenen Persönlichkeit zu helfen. Die Fokussierung auf die eigene Innerlichkeit kann leicht die Gefahr mit sich bringen, dass wir uns zu einer Gesellschaft entwickeln, deren Individuen nur noch das eigene Wohl und nicht mehr das Wohl der Allgemeinheit im Blick haben. Auf den Punkt gebracht: Macht die ständige Beschäftigung mit dem eigenen Selbst nicht egoistisch, selbst-süchtig, und führt in letzter Konsequenz zu einer Isolation, die Begegnungen und Beziehungen erschwert? Wo kommen wir hin, wenn jeder sich selbst am nächsten ist? Meiner Meinung nach ist das genaue Gegenteil der Fall: Nur wer mit sich selbst im Reinen ist und in einem geheilten Verhältnis zu sich selbst lebt, hat die Möglichkeit, liebevolle Beziehungen zu anderen aufzubauen. Die Kriterien für ein authentisches Selbst, wie Stefanie Stahl sie beschreibt, machen zudem deutlich, dass Selbstwerdung viel mit innerer Heilung zu tun hat.

Sich auf die Suche nach seiner Identität zu machen und fernab von Idealen und Erwartungen der Frage nachzugehen „Wer bin ich? Was macht mich aus? Was sind meine Meinungen und Eigenheiten, die dieser Welt noch gefehlt haben?“, muss nicht auf einen Egotrip hinauslaufen. Im Gegenteil: Im Selbst-Sein liegt sehr viel innerer Frieden, der verhindert, dass wir anderen Menschen mit einer Bedürftigkeit begegnen, die unsere Beziehungen überlastet. Wer sich seiner selbst bewusst ist und sich mit seinen Ecken und Kanten, Stärken und Schwächen anderen Menschen zumutet, der kann geben und empfangen statt aufzudrängen und zu fordern. Durch eine veränderte, in sich ruhende Haltung entsteht ein freies, einander ergänzendes Miteinander, das Beziehungen nicht nur guttut, sondern echte Mensch-zu-Mensch-Interaktion überhaupt erst ermöglicht. Je mehr für mich selbst gesorgt ist, weil ich den Alltag um mich herum so gestalte, dass er zu mir und meinen Bedürfnissen passt, desto mehr bin ich in meiner Kraft und meiner inneren Freude. Ich kann geben und mich um die Belange anderer kümmern, weil mich nicht mehr ständig das ängstliche Gefühl überkommt, ich könnte zu kurz kommen. Letztlich kann nur diejenige geben, die selbst volle Hände hat. Deswegen lohnt es sich, sich das erfüllende Gefühl von Innerlich-eins-mit-sich-selbst-Sein zurückzuholen.

Erfüllung ist übrigens etwas komplett anderes als Perfektionismus. Fülle ist Perfektion zwar ein bisschen ähnlich, das spürt man beiden Worten auch an. Perfekt kommt aus dem Lateinischen vom Wort perficere, fertigstellen also: „gemacht", vollendet, tadellos sozusagen. Man macht etwas. Das Gefühl von Fülle und Erfüllung jedoch ist das Erleben eines Zustandes, der nicht so sehr auf das Tun (es perfekt machen), sondern auf das Sein abzielt. Es hat mit dem Gefühl von Annahme zu tun, sich selbst, aber auch andere zu akzeptieren, Annahme des Lebens, das sich immer zwischen den Polen Geburt und Tod (werden und vergehen, Sonne und Regen) bewegt, also immer beides ist, Freud und Leid, nicht perfekt, sondern real. Annahme von Fehlern und Annahme des Moments, der vollkommen nicht deshalb ist, weil wir ihn zu etwas Vollkommenem machen, sondern weil wir ihn VOLL auskosten. Das kann man auch mit blöden, schwachen, fehlerhaften und traurigen Momenten. Perfekt ist eine Illusion. Rückkehr zu sich selbst also etwas grundlegend anderes als Selbstoptimierung.

Im Mai 2019, als ich unser perfektes, viertes Wunder in Händen hielt, machte ich die Erfahrung, wie viel Stärke in mir wohnt, wie viel Urvertrauen in mich selbst, wie viel innerstes Wissen, was gut für mich ist, auf das ich in der Anwesenheit anderer Menschen bei keiner der drei vorherigen Geburten zugreifen konnte. Es war wie eine Initialzündung, mein Muttersein mitsamt aller Ideale grundlegend zu hinterfragen. Mich auf die Suche zu machen nach dem, was in mir steckt. Ich suchte nach neuen Herausforderungen, ging der Frage auf den Grund, wer ich eigentlich sein möchte, suchte nach etwas, das ja eigentlich schon immer in mir gewesen war. Ich suchte nach meinem Selbst.

ENTFALTEN STATT OPTIMIEREN

Es ist für uns alle offenkundig, dass das ständige Abhängen auf Social Media zu immer mehr Identitätsverlust führen kann. In erster Linie durch den Vergleich, durch die sich in unserer Timeline immerzu erneuernden Bilder, die unrealistische Ansprüche kreieren, denen es nachzujagen gilt. Zum anderen dadurch, weil sich in uns der illusorische Gedanke festsetzt, dass es ein „Ziel-Ich" gibt, dem es nachzueifern gilt. Dabei ist „Selbstoptimierung" keinesfalls dasselbe wie Selbstfindung oder gar Persönlichkeitsentwicklung – und das verwechseln viele.

Im Grunde genommen ist Selbstoptimierung sogar das genaue Gegenteil von Persönlichkeitsentwicklung. Das Wort Optimierung stammt aus dem Lateinischen und ist die superlative Steigerung von bonus = gut: bonus, melior, optimus = gut, besser, am besten. Wenn wir von Selbstoptimierung sprechen, geht es darum, aus unserem inneren Kern, unserem „Selbst", das Beste herauszuholen und so lange intensiv und durch viele

Wiederholungen zu üben, bis wir die „beste Version unseres Selbst“ erschaffen haben. Es geht also im Kern darum, durch gezieltes Hineinarbeiten in sämtliche Lebensbereiche das bestmögliche Leben zu erreichen. Michael Nast hat auf seinem Instagram-Account in einem Reel ein schönes Bild gefunden, um Selbstoptimierung im Gegensatz zu Persönlichkeitsentwicklung zu beschreiben. Er nutzt das Bild eines Spiels: „Selbstoptimierer versuchen ihre Spielweise immer weiter zu verbessern, um in dem Spiel so oft wie möglich gewinnen zu können. Bei Persönlichkeitsentwicklung fragt man sich, ob es für einen überhaupt das richtige Spiel ist.“[22] Bei Selbstoptimierung geht es in der Regel um bestimmte Lebensbereiche, bei denen niemand den Nutzen der Verbesserung wirklich infrage stellen würde: Sport/Bewegung, Ernährung oder Achtsamkeit/Dankbarkeit. In ihrem gleichnamigen Buch *Eat train love* macht Kristin Woltmann aus diesem Dreischritt ein Programm: „Begib dich auf deine eigene EAT TRAIN LOVE-Reise und werde zur besten Version von dir!“ Letztlich ist gegen diese Ratschläge natürlich nichts einzuwenden, denn wir alle wissen, dass gesunde und vitaminreiche Ernährung, Bewegung und gezielter Sport und mentale Übungen wie Dankbarkeit einen direkten Einfluss auf unser körperliches und damit auch seelisches Wohlgefühl haben. All das ist gut. Und, ja, manchmal lohnt es sich auch, bei erfolgreichen „Durchziehern“ in diesen Lebensbereichen zu linsen, was ihnen auf dem Weg dieser beständigen Fürsorge und Disziplin eine Hilfe war: Wie kann man Routinen entwickeln, welche Uhrzeit ist am besten geeignet bei meinem Vorhaben, etwas mehr Bewegung in meinen Alltag zu integrieren, wie erziele ich mit kleinen Schritten große Erfolge? Die Facetten und Bereiche, um die es bei der Selbstoptimierung geht, sind wert, dass wir sie im Blick behalten. Die große

Gefahr ist jedoch, dass das Streben nach ständiger Verbesserung irgendwann zum Selbstzweck wird. Wir wissen, dass Routinen, die man circa über einen Zeitraum von 66 Tagen durchzieht, irgendwann von neuen und noch schwergängigen Handlungen zu Automatismen werden. Menschen, die ein ganzes Leben lang immer wieder beständig ein und dieselbe Handlung vollzogen haben, wird es schwerer fallen, diese Sache NICHT zu tun. In der wilden Partyzeit meiner Jugend war ich immer wieder überrascht, dass ich manchmal übermüdet und zugegebenermaßen auch manchmal alkoholisiert ins Bett fiel – jedoch wirklich NIE das Zähneputzen ausließ. Das mag anderen anders gehen, aber die Verknüpfung von geputzten Zähnen mit Schlafen können war für mich so intensiv, dass mir das Auslassen des Zähneputzens kaum Zeit eingespart hätte, weil ich anschließend wach im Bett gelegen hätte und aufgrund des „Ungeputzte-Zähne-Gefühls" nicht hätte schlafen können. Gute Dinge, also für Körper und Seele begrüßenswerte To-dos, auf dieses Level zu bringen und zu Nobrainern zu machen ist sehr gut, keine Frage. Aber wenn wir dahin gelangen, dass es eigentlich nicht mehr um „gutes Leben", sondern darum geht, gut zu funktionieren im Sinne von „Alle Teller auf allen Stöckchen befinden sich permanent in Rotation", dann ist etwas gründlich schiefgelaufen.

„Irgendwie aber auch nicht normal, wie sehr mich das stört, wenn ich an einem von sieben Tagen nicht auf meine 10 000 Schritte gekommen bin!", schreibt eine Freundin. Wir unterhalten uns darüber, wie sehr diese Fitnessuhren und -tracker Segen und Fluch zugleich sind. Auf ihrer Uhr gibt es Ringe, die sich schließen: für gelaufene Schritte, aktive Stunden und Sport. Meine Smartwatch verbindet sich mit einer Health App auf dem Handy. Diese trackt: meinen Schlaf, wie viel ich trinke, ob ich gelacht, eine Atemübung gemacht, 30 aktive Minuten und 8000 Schritte erledigt habe. Wenn alles abgehakt ist, dann werden die drei Blätter eines Kleeblatts grün. Ich kann die Worte meiner Freundin so sehr nachfühlen: Tracking ist eine zweischneidige Sache. In gewisser Weise motiviert diese Art Belohnungssystem, am Ball zu bleiben. An nicht wenigen Tagen ist es tatsächlich die Zahl auf der Uhr, die mich dazu bringt, spätabends noch eine kleine Spaziergehrunde zu drehen, bevor ich ins Bett gehe – um mein grünes Kleeblatt vollzubekommen. Ich hätte ohne dieses Tracking wohl deutlich weniger Bewegung. Aber ich kenne auch die andere Seite: Dass ich meinen Ehrgeiz fallen lasse, wenn ich merke, dass Perfektion nicht mehr erreicht werden kann. Wenn am Mittwoch mein grünes Kleeblatt nicht voll ist, dann habe ich am Donnerstag deutlich weniger Motivation, weil mein „Lauf" schon unterbrochen wurde. Wer noch nicht dem zweischneidigen Drill einer Smartwatch erlegen ist, kennt dieses Phänomen vielleicht von unzähligen Diäten, die prompt dann enden, wenn man nach zwei verzichtsreichen Wochen am Kuchenbuffet beim Geburtstag von Tante Erna schwach geworden ist. Wen beschleicht da nicht das Gefühl von „Jetzt isses eh egal", und statt mit Genuss auch mal eine kleine Ausnahme zu genießen, verzehren wir dann auch noch ein zweites oder drittes Stück Torte. Die Tools, die uns helfen sollen, die positiven Benefits von Sport, Ernährung und Achtsamkeit im Blick zu behalten, entwickeln schnell eine Eigendynamik und werden zum Selbstzweck. Manchmal habe ich mich nach einer getrackten Atemübung auch schon gefragt: Spüre ich tatsächlich ihren unmittelbaren Nutzen, oder ist das Glücksgefühl eigentlich hauptsächlich dadurch getriggert, dass ich einen Haken an meine To-do-Liste machen kann?

Schuld daran ist ein bisschen unser eigenes Gehirn: Wenn wir Pläne schmieden oder einem bestimmten Ereignis entgegenfiebern, dann erwarten unsere Dopamin-Neuronen eine Belohnung. Erreichen wir unsere Ziele nicht, wird emotional-biochemisch der „Bestrafungs-Kreislauf" in Gang gesetzt, wir fühlen uns scheiße. Dem können wir schon bei ganz banalen Sachen entgegenwirken: Wir kaufen etwas, bekommen Likes auf Social Media oder stellen uns vor, uns gleich mit einer schönen Tasse Kaffee zu belohnen. In diesem Fall wird Dopamin ausgeschüttet, sobald wir die dampfende Tasse in der Hand halten und das Aroma des Kaffees einatmen. Aber auch schon in dem Moment, wo wir unser Ritual gedanklich vollziehen, reagiert unser Körper mit Glückshormonen. Am Ende ist es so, dass es vielleicht gar nicht der Kaffee ist, der uns süchtig macht, sondern die Ausschüttung von Glückshormonen oder das kleine digitale Feuerwerk, das meine Smartwatch sendet, sobald ich meine 8000 Schritte voll habe. Das bedeutet, dass unser Glücksgefühl bereits darauf anspringt, dass die Aktivitätskreise auf unserer Uhr geschlossen sind oder die Tracking-Kleebätter von lila auf grün umspringen, weil alle relevanten Aufgaben erledigt sind. Getting shit done fühlt sich gut an.

Das ist natürlich etwas überspitzt ausgedrückt, aber tatsächlich kann es passieren, dass wir im Wunsch, uns optimal fit und work-life-gebalanced zu fühlen, das Leben an sich weniger feiern als die Tatsache seiner Optimierung. Der Gedanke an die eigene Optimierung oder an die beste Version unserer Selbst suggeriert, dass es ein Ziel gibt, das es zu erreichen gilt und das prinzipiell auch erreichbar ist. Und dass es auf dem Weg zu diesem Ziel viele kleine Erfolge zu verbuchen gibt. In einer Zeit der Habit-Tracker und Schrittzähler kann es uns leicht passieren, dass wir uns in den Gedanken verrennen, dass das Voranschreiten unserer Jahre eine ständige Verbesserung darstellen sollte, deren Steps auf der Optimierungsleiter messbar sind und in Zahlen ausgedrückt werden können. So nützlich hier Beständigkeit und Dranbleiben sind: Selbstoptimierung lehrt uns, wie wir besser funktionieren, aber nicht, wie wir unser Leben in der Tiefe verstehen und inniger lieben lernen. Manchmal widerspricht besser zu werden sogar dem Wunsch, tiefer zu leben. Social Media suggerierte mir lange Zeit, dass Mütter, die sich ihr Leben zurückholen wollen, den Pfad der Selbstoptimierung gehen müssen, um bei sich selbst anzukommen – Gott sein Dank hat mir da etliche Male das Leben dazwischengegrätscht, um mich eines Besseren zu belehren.

Sommer 2022: Ich ziehe die Schnürung meiner Fivefingers-Laufschuhe fest und kontrolliere den Sitz meiner Uhr. Es ist 5.11 Uhr, und ich breche zu meiner 5-Kilometer-Runde auf mit dem Ziel, mich richtig zu verausgaben, um mir anschließend eine Runde Sauna in unserer Ferienwohnung zu gönnen. Mein Ziel ist es, unter 30 Minuten zu bleiben, was für meinen Trainingsstand ehrgeizig ist, aber machbar. Ich weiß, dass ich mich dafür einen Kilometer lang einlaufen kann, aber dann noch mal tempomäßig eine Schippe drauflegen müsste. Meine Smartwatch gibt mir nach jedem Kilometer meine Geschwindigkeit an, und ich habe im Kopf, welche Werte ich in etwa anvisieren sollte. Ich starte die Playlist fürs Laufen – mit Liedern, deren Takt mir die besten Pacemaker sind, weil ich in der Regel alleine trainiere. Start. Bis Kilometer zwei bin ich extrem gut in der Zeit, das Urlaubsfeeling, die friedliche Morgenstimmung und der Sonnenaufgang über den Dünen Dänemarks beflügeln mich. Schon zweimal war ich ein My besser als angepeilt, und mich packt der Ehrgeiz. Doch als gerade meine Playlist skippt und mich einlädt, meine Schritte zu beschleunigen, sehe ich in etwa 200 Metern Entfernung ein Reh vor mir stehen. Abrupt stocke ich. Das Reh und ich, wir stehen uns auf einem heidegesäumten Feldweg gegenüber und vergessen für einen Moment, dass wir beide eigentlich zum Schnellerlaufen hier sind. Ich vergesse meine Zeit, und instinktiv schiebt sich mein Zeigefinger in meine Bauchtasche, um qua Volumetaste meines Handys *Offspring* ein etwas zu drastisches Fade-out aufzunötigen. Stille. Langsam gehe ich Schritt für Schritt weiter – ruhig und ehrfürchtig. Und mein vom Jogging getriebener Puls wird gar nicht langsamer, so sehr wundere ich mich darüber, dass das Reh mir direkt Aug in Auge steht, aber nicht wegrennt. Ich komme SEHR nah dran und mache in Zeitlupe ein Foto: Was für ein magischer Moment, der nur leider durch eine weit entfernt klappende Autotür jäh endet. Das Reh stürzt davon. Auch ich setze mich wieder in Bewegung. Meine Joggingrunde beschert mir noch die Begegnung mit einem Hasen, der es jedoch deutlich eiliger hat, und ich beobachte lange Zeit eine bemerkenswerte schwarze, ziemlich große Raupe, die ihren Morgenspaziergang über den Schotterweg beharrlich und sehr zielstrebig fortsetzt. Der schwarz-graue Raupe-Stein-Farbkontrast ist malerisch, und ich lege mich bäuchlings auf den Schotter, um näher dran zu sein am Geschehen zu meinen Füßen. Um 6 Uhr bin ich zurück mit einigen wunderschönen Fotos und einem Herzen voller Eindrücke und Begegnungen mit der Natur. Ich fühle mich beseelt und beschenkt – und verschiebe persönliche Geschwindigkeitsrekorde auf irgendwann, wenn sich mir nicht gerade mein Leben breitbeinig und vehement in den Weg stellt und mich von zählbar auf fühlbar runterbremst.

Wahr ist: Es gibt ein Wachstum, das durch keine Routine und durch keine noch so unermüdliche Disziplin hergestellt werden kann. Dem Leben zu begegnen – oder überhaupt Begegnungen zu haben – ist nicht planbar, es passiert einfach so. Und dieses Wachstum hinein in unsere inneren Tiefen, ins Fühlen, ins Staunen geschieht immer dann, wenn wir uns aus dem Tritt bringen lassen. Ich kann nicht sagen, wie viele mindblowing wichtige Erkenntnisse ich in Momenten hatte, in denen ich versagt habe, in denen ich gescheitert bin, ich denen ich an mir und anderen schuldig geworden bin. Ich möchte fast sagen, dass ich in diesen dunklen Tiefen stärker zu einem besseren Menschen geworden bin als in jedem Optimierungs-Flow. Und zwar nicht „besser" im Sinne von „besser funktionieren" (Benefit von Disziplin und Durchziehen), sondern „besser" im Sinne von „gnädiger, geduldiger, liebender mit anderen". Ziele haben ist eine gute Sache, Visionen setzen uns in Bewegung und locken uns aus der Komfortzone. Oft macht sich nur der auf den Weg, der weiß, wo er hinmöchte, und das braucht es im Leben. Doch Ziele zu erreichen, macht immer nur einen Moment lang glücklich. Kurz genießt man den Triumph von „Ich habe es geschafft", und dann fragt unserer innerer Antreiber: *What's next?* Statt uns der Illusion anzuvertrauen, dass Optimierung der Weg zum Ziel ist und am Ende des Weges das Glück auf uns wartet, sollten wir realistisch sein: Glück steht niemals am Ende von irgendwas. Glück ist kein Zustand, sondern ein Ereignis und zwar ein wiederkehrendes. Wer schon einmal der irrigen Annahme auf den Leim gegangen ist, dass wir DANN ein besseres Leben führen können, wenn wir xy besitzen, der kennt den Graben zwischen Erwartung und Wirklichkeit. WENN ich erst die neue Küche habe, DANN bin ich total motiviert, immer gleich sauber zu machen und gesünder zu kochen. DANN bin ich zufrieden und kann das Leben endlich genießen. WENN ich erst meine Capsule Wardrobe, also eine kleine feine Sammlung von gut kombinierbaren Lieblingskleidungsstücken, habe, DANN werde ich nie mehr das Gefühl haben, irgendwas zu brauchen, und nichts Neues mehr kaufen müssen. DANN sind alle Sehnsüchte gestillt und fühlt sich das Leben nach diesen Angekommen-sein-Glück an. Lustigerweise sitze ich dieser unsinnigen Erwartung auch noch mit fast 40 ab und zu auf, obwohl sie sich noch nie bewahrheitet hat – auch wenn das Glück viele Male kurz bei mir zu Besuch war. Ankommen macht nicht glücklich. Auf dem Weg sein und in Bewegung bleiben, neugierig, in dem Wissen wofür, offen für die vielen Unterbrechungen des Lebens, öffnet mich für glückliche Momente.

Herbst 2021: Der Tag war schön und geht langsam zu Ende. „Letzte mütterliche Amtshandlung: Einschlafbegleitung" poste ich auf Instagram und schreibe die Uhrzeit daneben: 19.55 Uhr – ziemlich früh für meine Dreijährige, die auch gerne mal erst um 21 Uhr schläft. Doch sie war deutlich müde gewesen und erschöpft von den Eindrücken des Tages, weshalb ich guter Dinge bin, dass sie schnell schläft. Meist geht die Einschlafbegleitung schnell. 20 Minuten ruhig neben ihr liegen reichen aus, und sie ist im Land der Träume. Mir würde das heute einen Feierabend in der extended version bescheren, und ich schmiede bereits zahlreiche Pläne, während ich nach der Gute-Nacht-Geschichte lautlos neben meiner jüngsten Tochter zu liegen komme: Ich könnte etwas Fachliches lesen, danach braucht es noch einen kleinen Mini-Walk, um auf meine 8000 Schritte zu kommen, und dann ist es hoffentlich noch so früh, dass ich mir eine Serie anmachen und puzzeln werde. Oder stricken. Stricken ist auch gut, denn da sieht man immer gleich unmittelbar, dass man etwas geschafft und (viel wichtiger) ERSCHAFFEN hat. Gedanklich fülle ich also den Abend mit einer guten Mischung aus Freizeit, Arbeit und Bewegungs-To-dos. Aber irgendwie läuft es heute nicht wie sonst: Meine Tochter wälzt sich unaufhörlich herum, dreht sich von rechts nach links und wieder zurück, strampelt die Decke weg und holt sie sich wieder. Seufzt. Kommt zur Ruhe und beginnt erneut mit ihrer Zappelei. Füße, die mich treten, kleine Fäuste, die sich in meine Seite bohren. Meine Taktik, mich selbst schlafend zu stellen, weicht immer mehr einer schrecklichen inneren Unruhe: Zum Teil steckt mich das nervöse Gerödel meiner Tochter an, zum Teil sehe ich, dass mit jeder Minute weniger Schlaf ein Teil meines ersehnten langen Feierabends schwindet: Wenn ich wieder erst so spät rauskomme, kann ich mir den Spaziergang sparen oder werde wieder mit offenen To-dos ins Bett gehen. Ich bin genervt. „Kannst du nicht mal still liegen?!", herrsche ich sie wütend an. Die dramatische Stille, die sich daraufhin einstellt, schnürt mir das Herz zusammen, weil ich spüre, wie geschockt meine Tochter ob meiner plötzlichen Wut ist. Sie kann nichts dafür, sie weiß nicht, dass ich noch viel vorhabe. Ihr kleiner Kopf kennt noch keine Pläne und Habit-Tracker – sie kann einfach nur nicht einschlafen. Ich besinne mich, drehe mich zu ihr und nehme sie fest in den Arm. „Es tut mir leid, Mausi, ich verstehe dich gut. Ich kann auch manchmal nur schwer einschlafen – das ist ein echt blödes Gefühl!" Erleichtert wühlt sich meine Tochter in meinen Arm und noch mehr: Mit einem „Ich hab dich lieb, Mama" krabbelt sie auf mich und legt sich auf meinen Bauch, den Kopf auf meiner Brust, wie sie es als Baby oft getan hat. Ich lasse es zu und schlinge beide Arme um sie. Gerührt stelle ich fest, dass die Unruhe meiner kleinen Tochter im Gehaltenwerden einer tiefen Zufriedenheit weicht.

Sie schläft endlich ein, aber indem sie so auf mir liegt, ist an schnelles Aus-dem-Bett nicht zu denken. Also ergebe ich mich in die ungeplante Entschleunigung, höre Atemzüge, rieche ihren vertrauten Geruch und rufe mir in Endlosschleife ihre letzten Worte ins Gedächtnis: „Ich hab dich lieb, Mama! Ich hab dich lieb, Mama. Ich habe dich lieb, Mama." In meiner Brust wächst das Bewusstsein, geliebt zu werden von diesem kleinen Menschen, der nur etwas Nähe zum Schlafen brauchte: mich. Mich und die Gewissheit, dass ich da bin und nicht wegkann. Deswegen liegt sie jetzt auf meinem Bauch. Ihre „Ich brauche dich"-Schwere geht mir zu Herzen, und ein paar Tränen kullern. Wie gut, dass manchmal das Leben mich bremst und mir im Eifer darum, die beste und produktivste Version meiner Selbst zu werden, zeigt, wer ich eigentlich schon bin. Ich bin der Grund für einen anderen Menschen, ein „hab dich lieb" zu fühlen, und gebe einschlafsichere Geborgenheit. Wenn das mal nichts ist ...

Es geht also nicht darum, dass wir zu Selbst-Optimierern werden. Viel eher sollten wir uns Persönlichkeitsentwicklung zum Ziel machen. Man kann leicht den Eindruck gewinnen, dass das in etwa das Gleiche ist, denn bei dem Wort „Entwicklung" denken wir auch ein Voranschreiten und ein beständiges Besserwerden mit. Doch wenn wir das Wort Ent-Wicklung in seiner Bildsprache ernst nehmen, dann geht es nicht darum, dass wir andere und bessere Menschen werden, sondern den Kern unserer Persönlichkeit immer weiter freizulegen, sie auszuwickeln, auszupacken wie ein Geschenk. Selbstoptimierung fragt „Was kann ich werden?" und nimmt sich Vorbilder, denen es gilt nachzueifern. Persönlichkeitsentwicklung fragt „Wer bin ich eigentlich?" und schickt sich, die Schätze der eigenen

Persönlichkeit zu entdecken und zu achten. Entwicklung ist eine beständige Suche nach dem, was schon in uns steckt. Und wenn sie alle Yoga machen in ihrer täglichen Routine, weil das eben der hot shit ist, aber du bist die Kick-Box-Lady – dann sei die Kick-Box-Lady. Wenn sie alle dem 5-Uhr-Club beitreten, weil das eben die erfolgreichen Menschen getan haben, aber du findest eher nach 23 Uhr zu deinem eigenen Herzschlag – dann hör auf ihn.

Es ist natürlich vollkommen richtig, dass High-Performer sich die Funktionsweise unseres Gehirns zu eigen machen und Dopamin-Ausschüttung durch Planen und Pläne erreichen forcieren. Ja, auch mich kickt nach wie vor, wenn ich kleine Häkchen in mein Journal mache und mein Habit-Tracker möglichst gleichmäßig und lückenlos „gut gemacht“ sagt. ABER wir sollten uns auf Dinge programmieren, die wir auch tatsächlich erreichen können und die „very much me“ sind. Warum sich mit täglicher Meditation quälen, wenn ihr auch ebenso gut „zehn Minuten Stricken“ in eure täglichen Rituale einpflegen könnt, weil das nämlich zutiefst euch entspricht? Es gibt Tage, da bleiben die Kästchen hinter meinen geplanten To-dos offen und bekommen kein Häkchen. Aber ich habe mir angewöhnt, stattdessen kleine Herzchen in die Kästchen zu malen, um mir vor Augen zu führen, dass offene To-dos einen Grund haben. Und der ist meist gut, weil sich oft das Leben selbst einmischt.

Nach 1,5 Stunden schäle ich mich endlich aus dem Bett meiner Tochter. Irgendwann war sie zu schwer geworden, und ich musste sie neben mich legen, jedoch ohne ihren kleinen Körper loszulassen. Aus meiner mütterlichen Routineaufgabe wurde Erkenntnis: Ich werde geliebt, und mein Herz kann Glück. Ich bin todmüde. Statt zu arbeiten, schlüpfe ich in meinen Pyjama, statt eines Spaziergangs marschiere ich ins Bad zum Zähneputzen. Statt eines Puzzles gibt es noch drei große rote Herzchen in meine To-do-Liste – wow, war das ein schöner Abend.

RAUM EINNEHMEN

Frühsommer 2022: „Boah, das hängt schon von Anfang an hier", stelle ich fest, als ich ein Blechschild mit der Aufschrift „I am Wonderwoman" von der Wand nehme, und während ich es ganz oben auf die volle Umzugskiste lege, schießen mir die Tränen in die Augen, die seit einer Stunde vehement bei mir anklopfen und von mir ebenso vehement mit „JETZT NICHT" zurückgewiesen werden. Ich weine immer ganz offen, schäme mich meiner Tränen nicht, aber in diesem Moment habe ich beschlossen, tapfer zu sein und sie auf später zu verschieben. Nun, als das Zimmer fast leer ist und nur noch die ganz alteingesessenen Wanddekorationen langsam in die Kiste wandern, habe ich keinen Widerstand mehr: Ich bin traurig. Ich verlasse mein Zimmer, weil es nun endlich an der Zeit ist, dass meine jüngste Tochter Tara ihr eigenes Zimmer bekommt.

„Eine Frau muss Geld und einen Raum für sich haben, um Literatur zu verfassen", schrieb Virginia Woolf 1929 in ihrem berühmten Essay *Ein Zimmer für sich allein*[23], das in den 1970er-Jahren zu einem Basistext der Frauenbewegung wurde. Ich hatte genau das gehabt: ein Zimmer für mich allein, fast zehn Jahre lang. Was am Anfang mehr ein Zufall war, entpuppte sich jedoch als Rettung in vielen Momenten der Krise und als haltgebend, wann immer sich die Welt um mich herum ein bisschen wirr und zu schnell drehte.

Als wir im Jahr 2013 das Pfarrhaus in Barnstorf, in dem wir fortan mit unseren damals zwei Kindern leben sollten, ein erstes Mal besichtigten, stellte ich fest, dass es in der oberen Etage neben dem riesigen Elternschlafzimmer vier potenzielle Kinderzimmer gab. Wir hatten zwar Wünsche äußern dürfen („Zwischen Bremen und Osnabrück, mittig zwischen den Großeltern auf beiden Seiten, wäre perfekt“) und warfen natürlich auch in den Ring, dass wir mit unseren beiden Kindern langfristig daran interessiert waren, Kindergärten und Schulen in erreichbarer Nähe zu haben, aber den Ort durfte man sich bei der ersten Stelle traditionell nicht aussuchen. Was man bekommt, kann ein renovierungsbedürftiger alter Klotz von Pfarrhaus sein – ebenso wie frisch renovierte und großzügig geschnittene Räumlichkeiten. Insgeheim träumte ich damals, mit dem kleinen Jaron im Tragetuch und meiner Dreijährigen an der Hand, schon davon, dass ich einmal vier Kinder haben möchte. Und da stand ich nun in einem weitläufigen Flur, in dem man ohne Weiteres Fahrradfahren lernen konnte, und freute mich über: vier Kinderzimmer. Bis tatsächlich, wenn es das Leben wollte, vier Kinder hier herumwuselten, würde noch einige Zeit ins Land gehen. Langsam und bedächtig ging ich durch alle vier Zimmer, die ihre großzügige Fensterfront Richtung Ost- und Südseite hatten, und kehrte nach der Begehung in das zweite zurück. Vor drei niedlichen Doppelfenstern stand eine beeindruckende Magnolie, und ich sah die Pracht schneeweißer Blüten vor aufgehender Frühsommersonne in Gedanken bereits vor mir, als ich beschloss: Dies wird vorerst mein eigenes Zimmer.

Ich stellte meinen Eckschreibtisch, meinen treuen Begleiter durch viele Studienjahre, an die Fensterfront und in die gegenüberliegende Ecke einen Cocktailsessel. Aus einem halbhohen Sideboard und zwei einfachen Schreibtischplatten improvisierte ich einen 2 x 2 Meter großen Zuschneidetisch für meine Näharbeiten, denn in dieser Zeit nähte ich die meisten der Kleidungsstücke für meine Kinder selbst.
In diesem Zimmer verbrachte ich meine 5-Uhr-Morgenzeit mit Workout, Yoga, Meditation, Lesen, Tagebuch schreiben. Diese Stunde war mir nie eine lästige Pflichterfüllung, sondern die schönste Zeit des Tages, auf die ich mich so sehr freute, einfach weil ich mit mir allein sein konnte. Schon im Studium, zu WG-Zeiten, hatte ich die frühen Morgenstunden mit ihrer Ruhe unfassbar genossen. Um 6.30 Uhr stürzte ich mich dann ins Familiengetümmel – mein Mann war mein Back-up am Morgen und für die früher aufstehenden Kinder zuständig, so wie ich stets an den Abenden ihm den Rücken freihielt. Wenn der Tag mit den Kindern anstrengend war, sehnte ich den Feierabend meines Mannes herbei und hielt mich an dem Gedanken fest, dass er erst mal die Kinderschar übernehmen würde, damit ich mich mit einem Matcha in der Hand in meinen Sessel plumpsen lassen konnte, um eine halbe Stunde lang Stille und NICHTS genießen zu können. Dieses Zimmer war mein Resilienzraum, hier konnte ich bestimmen über das Maß an Ordnung und die Art der Gestaltung, ich konnte die Tür schließen, wenn ich Rückzug und Ruhe brauchte, und mein aufgeschlagenes Tagebuch auf dem Schreibtisch liegen lassen, daneben den Füller.

Das Zusammenleben mit anderen Menschen stellt uns immer vor besondere Herausforderungen, denn wir alle sind unterschiedlich, und diese Unterschiedlichkeiten sind ein echtes Lernfeld, ein Trainingscamp für die Liebe, aber auch schlichtweg eine riesen Herausforderung. Das bemerkte ich schon kurz nach meiner Hochzeit 2006. Ich war es gewohnt, dass in meinem Zimmer eine Alles-hat-seinen-Platz-Ordnung herrschte, über die Marie Kondo vermutlich höchst entzückt gewesen wäre. Als plötzlich überall Sachen herumlagen, die nicht meine waren, CDs, die nicht im CD-Regal standen, Socken, die in den Wäschesammler gehört hätten, und ganze Kleidersammlungen über diversen Stuhllehnen hingen, machte mich das nervös und ließ mich zurück in einer Gefühlsmischung aus „Dann räume ich es halt fix weg", „Ich bin doch nicht die Putzfrau" und „Äh, okay, mein Mann hat vielleicht ein Recht auf sein Chaos – so wie ich auf meine Ordnung. Problem."

Meine Kinder, die mittlerweile alle ihr eigenes Zimmer bewohnen, legen sehr großen Wert darauf, dass es IHR Zimmer ist und sie selbst über diesen Raum bestimmen dürfen. Zwar nehmen sie es auch meist noch dankbar an, wenn wir Eltern alle paar Wochen bei einem Grundputz helfen, aber ich höre auch, wenn ich um „Räumt doch mal euer Zimmer auf" bitte, in steter Regelmäßigkeit: „Das ist mein Zimmer, da bestimme ich, ob es aufgeräumt sein muss oder nicht!", und grundsätzlich finde ich, dass sie recht haben.

Wenn man sich ein bisschen in die Geschichte des Feminismus einliest, dann wird schnell offenkundig, dass Frauen über Jahrhunderte hinweg der Raum, in dem sie sich bewegen durften, immer zugewiesen worden war. Und das betrifft sowohl äußere wie auch innere Räume. Lange Zeit war Frauen der Weg in die Berufstätigkeit (sie brauchten die Erlaubnis ihres Mannes, wollten sie berufstätig sein) ebenso verwehrt wie in politische Ämter und andere gesellschaftliche Räume der Mitbestimmung. Dazu gehörte natürlich auch der freie Zugang zu Bildung. Virginia Woolf beschreibt in ihrem Essay sehr anschaulich, wie Frauen der Zutritt zur universitären Bibliothek erschwert und teils verwehrt wurde, also der Zugang zu Büchern und Wissenschaft. Traditionell galt lange der Schnack, dass die „drei K", Kinder, Kirche, Küche, der Zuständigkeitsbereich der Frau seien. Als ich Kind war, hatten etliche Väter meiner Klassenkameraden eine Art „Hobbyraum" – entweder eine eigene Werkstatt oder den Partykeller, der jedoch bei näherem Hinsehen vor allem das Hobby-Equipment der Männer (Kickertisch und Dartscheibe) beherbergte. Als „Raum der Mütter" galt die Küche, denn da hielten sich unsere Mütter ja bekanntlich oft auf. Ich erinnere mich daran, dass ich schon als Grundschülerin widersprach, denn in unserem Haus gab es sowohl einen Hobbyraum meines Vaters als auch den meiner Mutter. Dieser befand sich zwar in der Waschküche, nebst Waschmaschine, Trockner und damit faktisch meist allerlei Dreckwäsche, aber sie hatte sich dort auch eine Nähecke mit Strickmaschine eingerichtet, an der ich sie unzählige Abende verbringen sah, und sich einen kleinen Ofen angeschafft, der es im Herbst und Winter mollig warm machte. Kein unbedingt hübscher Raum, aber immerhin ein Zimmer, dessen Tür man verschließen konnte.

Noch heute ist es in besonders strengen evangelischen Kreisen und ganz offenkundig in der katholischen Kirche so, dass Frauen nicht den gleichen Einfluss haben wie Männer. Frauen werden nicht ordiniert, das Amt bleibt ihnen verwehrt. Dort, wo faktisch Frauen katholische Gemeinden leiten, sie organisieren und Gottesdienste abhalten, wird ihr Amt von dem des männlichen Priesters unterschieden – sie sind lediglich Diakoninnen. Und auch wenn die Zeiten, wo Frauen im Brustton der Überzeugung von Geschlechterhierarchien bestimmte Räume verwehrt wurden, längst der Vergangenheit angehören, gibt es auch in unserer Zeit Männerdomänen, die sich recht hartnäckig halten. Um den Raum zu beschreiben, den Männer buchstäblich mit ihrer Körperhaltung selbst an öffentlichen Plätzen einnehmen, hat sich der Begriff „Manspreading" etabliert: Er beschreibt das Sitzen mit weit gespreizten Beinen, das zur Folge hat, dass Männer wie selbstverständlich mit den Ausmaßen ihres Körpers in den Bereich der Sitznachbarin hineinragen.

Ich glaube, es ist der Tatsache geschuldet, dass Frauen über so viele Jahrhunderte öffentlicher Raum, gedanklicher Raum und Raum zur freien Verfügung und Entfaltung gefehlt hat, dass insbesondere sie das Bedürfnis nach Räumen für sich allein haben, nach Schutz- und Rückzugsräumen und dann und wann dem Alleinsein. Wir haben etwas nachzuholen.

In festen Partnerschaften heute können sich beispielsweise deutlich mehr Frauen als Männer vorstellen, getrennte Wohnungen beizubehalten[24], obwohl vermutlich nur wenige Paare (zumal in Familienkonstellationen) dieses Lebensmodell wählen. Möglicherweise hängt das damit zusammen, dass in vielen Jahrzehnten klassischer Rollenverteilung (vgl. Handbuch für die gute Hausfrau) das gemeinsame Zuhause für Männer der Zufluchtsort war, der ihnen nach einem anstrengenden Arbeitstag „da draußen" Ruhe, Rückzug und bevorzugte Servicebehandlung geboten hat. Sie konnten in der Früh das Haus verlassen, am späten Nachmittag zurückkehren und sich in der Zwischenzeit mehr oder weniger frei bewegen, ohne Rechenschaft über diese Zeit ablegen zu müssen. Für die Frau innerhalb des klassischen patriarchalen Einverdiener-Rollenmodells war das Zuhause der Ort permanenter Ansprüche, an dem es niemals wirklich einen Feierabend gab. Kein Wunder, dass die Männer diesen Ort als Hort idyllischen Glücks gerne aufsuchten, während Frauen heutzutage immer noch dann und wann das tief verwurzelte Bedürfnis nach Flucht und Ausbruch überkommt. Da, wo Frauen noch immer den Großteil der Carearbeit leisten und viele Stunden des Tages dem Dasein für andere widmen, verwundert es nicht, dass Zeit alleine ihnen rar und kostbar ist und ein eigener Raum oder ein Rückzugsort für sie wie eine Metapher für Selbstbestimmung und Freiheit erscheint.

Auch wenn das Thema „Raum einnehmen dürfen" mehr ideologisch denn faktisch gedacht wird, bin ich der Meinung, dass wir die Wichtigkeit tatsächlicher Räume für die Entfaltung der weiblichen Seele nicht unterschätzen dürfen. Als ich im Frühsommer 2022 mein Arbeitszimmer im Pfarrhaus räumen musste, um ihn seiner ursprünglichen Bestimmung (Kinderzimmer für unsere mittlerweile dreijährige Jüngste) zuzuführen, war mir unfassbar schwer ums Herz, denn mir wurde schmerzlich bewusst, wie unglaublich wichtig mir dieser Ort in all den Jahren als Mama und Hausfrau gewesen war. Ich lebte mit fünf Menschen zusammen, denen es reichte, wenn am Abend grob die Ordnung wiederhergestellt wurde. Ich spürte deutlich, wie mir das Chaos im Haus auf die Nerven ging, weil ich nicht mehr sagen konnte: „Okay, euer Ding. Dann mache ich es mir eben in meinem Zimmer so schön wie möglich und ordentlich!" Morgens meinen Sport zu machen, eine über Jahre etablierte Routine, die mir immer viel Spaß gemacht hatte, brach plötzlich ein. Mir fehlte der Ort, um mich zurückzuziehen, wenn es mir inmitten meiner Kinder zu laut oder zu viel wurde. Denn so wie ich ihre Kinderzimmer als Rückzugsraum und Ort der Selbstbestimmung achtete, war für sie auch klar, dass „Ich bin mal kurz zehn Minuten oben, ich brauche meine Ruhe" ebenso für mich wie für sie galt. Mir fehlte der Ort, der mit frischen Blumen, meinen Hobby-Utensilien und Büchern zu mir sagte: „Du bist wichtig! So wichtig, dass du Raum einnehmen darfst für alles und mit allem, was dir wichtig ist."

Natürlich ist mir total bewusst, dass unsere Wohnsituation für die meisten Menschen der totale Luxus ist und nicht jeder Wohnraum es hergibt, einen separaten Raum für alle Familienmitglieder zu haben. Aber „Raum" hat manchmal weniger etwas mit den zur Verfügung stehenden Quadratmetern zu tun, sondern in erster Linie damit, sich als Frau, die traditionell über Jahrhunderte von Räumen und Männerdomänen ausgeschlossen war, die Erlaubnis zu geben: Ich darf Raum einnehmen, über den ich ganz allein selbst bestimme. Und ich rede hier nicht von der Küche, die vermutlich immer noch traditionell Frauen nach ihren Vorstellungen und Bedürfnissen einrichten. Auch unsere Küche ist ganz und gar nach meinen Wünschen gestaltet, und deshalb halte ich mich prinzipiell auch gerne darin auf, wenn ich mir abends nach getaner Arbeit mein alkoholfreies Bier öffne. Aber die Küche ist eben auch der Ort, wo prinzipiell ständig Arbeit wartet, wo drei- bis viermal am Tag das Richten von Mahlzeiten uns als Eltern an unser Dasein für andere erinnert, und wo sich auf jeder Fensterbank (das ist irgendwie eine Marotte, die man nicht mehr rausbekommt) die Spielzeuge der Kinder türmen, mit denen sie gerade beschäftigt waren, als ich zum Essen rief: Da werden die Fußballzeitschrift, das Häkelzeug und die gesamte Paw-Patrol-Mannschaft eben mitgenommen und als Zuschauer der Mahlzeit auf den

Fensterbänken drapiert. Die Küche und auch das Wohnzimmer sind Räume nach meinem Geschmack, aber es sind Gemeinschaftsräume, an die alle irgendwie ihren Anspruch haben. Das ist nicht dasselbe wie ein eigener Space.

Raum hat nicht in erster Linie etwas mit den Quadratmetern zu tun, die einem zur Verfügung stehen, sondern damit, dass es im Prozess des Wieder-bei-sich-selbst-Ankommens wichtig ist, sich selbst wichtig zu nehmen. Die eigenen Hobbys, Vorlieben, Bedürfnisse und Ansprüche an Optik, Ordnung und Gestaltung. In unseren Studentenbutzen hatten wir als junges Ehepaar nicht jeweils einen Raum für uns selbst, aber ich versuchte dennoch, eine Zimmerecke bewusst zu gestalten, die ganz und gar meinen Ansprüchen entsprach: ein Schreibtisch mit gemütlichem Sessel und kleinem Regalbrett, mit einer Lichterkette am Fenster und frischen Blumen, so oft es ging. Ich klebte Postkarten an die Wand mit Bildern und Sprüchen, die meiner Seele guttaten, und stellte ein geflochtenes Körbchen neben den Schreibtisch, in dem meine eingerollte Yogamatte ihren Platz fand.

Wenn ich nicht im vergangenen Sommer in meine eigene Wohnung gezogen wäre, hätte ich sicher versucht, einen Teil des Schlafzimmers durch einen Raumtrenner so abzugrenzen, dass ich mir dort meinen Sina-Platz hätte einräumen können. Als ich auf Instagram zum ersten Mal davon geschrieben hatte, dass meiner Meinung nach Selbst-Findung damit beginnt, sich bewusstes Raumeinnehmen zu ermöglichen und sich einen Me-Ort zu gestalten, wurden viele weitere Ideen genannt, wie und wo ein solcher Ort würde entstehen können: ein Gartenhaus oder ein Bauwagen im Garten, einen externen Büroraum anmieten, auch wenn theoretisch ein Gemeinschafts-Büroraum fürs Homeoffice in der Wohnung zur Verfügung steht. Das alte Kinderzimmer bei den nebenan wohnenden (Groß-)Eltern wieder in Besitz nehmen. Sich zusammentun und ein Atelier anmieten. Den Keller oder den Dachboden renovieren. Der Kreativität sind keine Grenzen gesetzt, das Wo und Wie ist weitaus weniger wichtig als die Geste sich selbst gegenüber: „Hey, du hast es verdient, deine Dinge und Bedürfnisse wichtig zu nehmen!" Und manchmal gelingt so eine geistige Meditation eben besser, wenn wir diese mit konkreten Umsetzungen im Außen unterstützen.

Wenn ich meine Jungs bitte, die Fußballkarten vom Wohnzimmertisch wegzuräumen, bekomme ich nicht ohne Berechtigung zu hören: „Das ist ein Gemeinschaftsraum. Hier dürfen alle sein!" Wir haben dann die Vereinbarung getroffen, dass die Kinder vor dem Abendbrot ihre (Spiel-)sachen aus dem Wohnzimmer wegräumen, damit dieses wieder für elterliche Freizeitgestaltung genutzt werden kann. Aber meine Arbeitsecke im Wohnzimmer gehört mir (inklusive Fensterbank), und es tut gut, sagen zu können: „Nein, Jungs, dieser Bereich wird auf keinen Fall vollgemüllt, denn das ist mein Platz!"

Die Erkenntnis „Ich habe mich irgendwie total in meinem Muttersein verloren. Manchmal weiß ich im Rotieren zwischen Erwerbs- und Carearbeit gar nicht mehr so richtig, wer ich bin" ist eine tragische, und ich rate als ersten Schritt, um wieder mehr bei sich selbst anzukommen, oft: Nimm einfach Raum ein und zwar ganz konkret. Wie sieht ein Ort aus, der nur dir gehört? Was sind die Dinge, die Hobby-Pieces und die Farben, mit denen du dich gerne umgibst? Was sind die Gegenstände, die dich ausmachen, die sich nach dir anfühlen, die dir das

Gefühl geben, ganz du zu sein? Natürlich kann das grundsätzlich auch die Gestaltung unseren ganzen Lebensraums sein. Räume einzurichten ist ein starkes Statement, um die eigene Persönlichkeit auszudrücken. Aber die selbstbewusste Geste „Hier lasse ich mir nicht reinquatschen, auf diesem Fleckchen Erde gelten meine Regeln“ macht etwas mit der Seele. Und das ist nicht im Geringsten egoistisch, wenn wir bedenken, mit wie viel Mühe und Liebe und Bedacht wir in der Regel die Zimmer unserer Kinder einrichten.

Ich muss sagen, dass ich den Montessori-Gedanken „Schaff deinen Kindern eine vorbereitete Umgebung“ sehr smart finde. Ja, ich glaube, dass das etwas mit der Entwicklung unserer Kinder macht, wenn sie die Gegenstände des täglichen Bedarfs auf Augenhöhe und für Kinderhände passend präsentiert bekommen. Es macht mit jedem Menschen etwas, wenn er an einen Ort kommt, der zu ihm sagt: „Willkommen. Hier kannst du du sein!“ Wenn ich abends nach Hause komme, setze ich mich stets noch mal gerne an den Schreibtisch, der mich nun schon seit zwei Jahrzehnten begleitet und immer das Herzstück meiner „Räume für mich“ gewesen ist. Alles an, um und auf diesem Schreibtisch ist „very much me“. Bevor ich ins Bett gehe, stelle ich meine Lieblingskaffeetasse bereit, lege mein Tagebuch zurecht und meinen geliebten Füller, und schaue, wo das Feuerzeug ist, weil ich mir gerne für die Tagebuchzeit eine Kerzen anzünde. Ich schaffe mir selbst eine vorbereitete, eine nur für mich gestaltete Umgebung. Wer die Gefahr spürt, sich im Dasein für seine Kinder mehr und mehr zu verlieren, der sollte öfter mal sich selbst mit der gleichen umsichtigen Fürsorge begegnen wie den Kindern. Und das beginnt schon bei so banalen Dingen wie: Das ist dein Raum nur für dich! Fühl dich wohl!

KLEINE SCHRITTE UND KLEINE GLÜCKSE

Er begegnet mir in letzter Zeit häufiger: der Hashtag #kleineglückse. Ich hatte das Wort „Glückse“ eines Morgens in meiner Insta-Story verwendet, und die Resonanz war groß: „So ein schönes, passendes Wort!“, „Ich fühle Glückse irgendwie voll!“, „Das Wort Glückse werde ich in mein Wording übernehmen. Ich mag's“.

Es muss im Jahr 2020 gewesen sein, als ich wieder anfing, laufen zu gehen. Ich war mein ganzes Leben lang immer mal wieder unregelmäßig joggen gewesen – meist eine solide 5-Kilometer-Distanz ohne größeren Ehrgeiz. Während meiner Schulzeit, als Studentin (zumindest in den Jahren, in denen ich nicht im hügeligen Taunus lebte, denn da empfand ich die zu überwindenden Höhenmeter als einzige Qual) und zwischen den Kindern, um nach den Geburten wieder heimisch in meinem Körper zu werden. Das letzte Mal laufen gegangen war ich im September 2018, und ich weiß das deswegen so genau, weil ich an jenem Nachmittag den Zwilling unserer jüngsten Tochter Tara verloren hatte. Eine Woche zuvor war ich mit meiner Mama beim Ultraschall in der achten Woche gewesen. Sie lachte fröhlich und machte Witze, während es mich kalt erwischt hatte und ich den Mund nicht mehr zubekam. Lange hatten mein Mann und ich darum gerungen, ob es noch ein viertes Kind geben solle. Die zurückliegenden Geburten waren mit Notkaiserschnitt und zwei verlegten Hausgeburten nicht gerade entspannt gewesen, und so hatte Torben die leichte Tendenz entwickelt, „das Schicksal nicht noch mal herauszufordern“. Ich hingegen trug in mir die Vision einer Hausgeburt im

Wohnzimmer des Pfarrhauses und beharrte in all unseren Gesprächen auch vehement auf dieser Tatsache: „Ich habe GESEHEN, dass ich hier ein Kind zur Welt bringe!" Diese Vision erschien mir so real, dass ich niemals gewagt hätte, dem Leben in die Speichen zu greifen. Nun hatte sich also Nr. 4 angekündigt, und ich bat meine Mutter, mich beim ersten Ultraschalltermin zu begleiten in der Hoffnung, mit ihr meine Freude über den Herzschlag eines kleinen, neuen Erdenbürgers to be teilen zu können. Doch statt eines bubberndes Herzchen wurden wir überrascht von zwei Fruchthöhlen und zwei Herzen – ich war schwanger mit Zwillingen. Neben Kind 4 wollte also auch Kind 5 zu uns. Meine Mama nahm es wie immer mit einer Prise Humor: „Ha, wer hätte gedacht, dass vier Kinderzimmer nicht reichen. Da werdet ihr wohl euer Schlafzimmer räumen müssen. Na ja, wenigstens habt ihr jetzt einen Grund, ein neues Auto zu kaufen. Ich freue mich – zwei Enkelkinder mehr an einem Vormittag!" Meine Sorge war eine andere, nämlich, ob ich mein Lauftraining der letzten Wochen würde weiterführen können. „Darf ich weiterhin joggen gehen?", fragte ich die Ärztin, und sie ermunterte mich: „Wenn Sie nicht erst jetzt mit dem Training starten, Ihr Körper diese Herausforderung gewohnt ist und Sie nur das tun, was sich körperlich gut anfühlt, ist dagegen nichts einzuwenden!" Eine Woche später verlor ich Taras Zwilling, als ich während eines Lauftrainings starke Blutungen bekam. Und auch wenn der Grund nicht das Joggen gewesen ist, tat ich mich – fast zwei Jahre nach diesem Ereignis – noch immer unfassbar schwer damit, meine Laufschuhe wieder zu schnüren.

In gewohnter Manier ging mein Wecker um 5 Uhr. Ich hatte bereits in meinen Laufklamotten geschlafen, damit ich nicht jeden Schritt in Richtung Loslaufen mit meinem inneren Schweinehund würde besprechen müssen. Meine Familienmitglieder schliefen noch tief und fest, der Blick in den Himmel über mir versprach aufkommende Helligkeit – bald würde sich die Sonne zeigen. Also rappelte ich mich auf, schlüpfte in die Fivefingers-Laufschuhe und schnappte meine Kopfhörer. Ich bin mir nicht sicher, ob mein Kopf blockierte oder ob meine Füße einfach nur träge waren. Vermutlich eine Mischung aus beidem. Ich lief ein paar Meter. Die Erinnerung an die Fehlgeburt war sofort wieder da und drosselte meinen Antrieb. „Einfach weitergehen!“, mahnte eine innere Stimme. Ich trabte ein paar Meter vor mich hin und beschleunigte dann wieder meinen Schritt. Konditionell hätte ich sicher ohne Weiteres einige Kilometer laufen können, aber die Mischung aus Kopfkino und schwerem Herz ließ lediglich Stop-and-go zu. Nach etwa 20 Minuten beständiger Überwindung und immerhin 2,5 geschafften Kilometern war ich auf einer kleinen Straße angekommen, die hinter dem Dorf entlangführte und von Feldern gesäumt wurde. 5.30 Uhr, ich war komplett am Ende, doch da war sie plötzlich: Die Sonne! Blutrot schob sie sich langsam in das ruhige Blau des wartenden Himmels, als hätte sie mit ihrem ganz großen Auftritt nur auf mich gewartet. Majestätisch still die Weite des Horizonts mit energischem Orangerot flutend raubte mir der Sonnenaufgang den Atem und zwang mich zum Anhalten. Auf meinen Ohren skippte die Playlist auf *Bitter Sweet Symphony*, als wäre das im Drehbuch meines Lebens so vorgesehen gewesen – ich war so überwältigt von der Kraft des Moments, dass es mir Tränen tiefer Dankbarkeit in die Augen trieb. Es war einfach nur unfassbar schön, und ich machte ein Selfie vor der magischen Kulisse, das ich später untertiteln würde mit „kleine Glückse“. Die Erkenntnis dieses

Morgens lässt sich gut auf den Punkt bringen mit den Worten „think small". Obwohl der Halbmarathon im April 2022 folgen würde, war das Überqueren der Ziellinie nach 21 Kilometern kaum erhebender als dieser Morgen der ersten kleinen Schritte, mit dem ich mir etwas zurückerobert hatte, was über zwei Jahre nach der Fehlgeburt brachgelegen hatte. Für diesen Moment – der Sonnenaufgang und ich – hatte es gar nichts groß Besonderes gebraucht. Ich war einfach dem Impuls „Ach, irgendwie würde ich gerne mal wieder laufen gehen" gefolgt und hatte mir damit eine Freude gemacht.

Ich bin mir dessen bewusst, dass die meisten Lifecoaches dazu animieren, groß zu träumen und zu denken. The sky is the limit. Höher, schneller, weiter. Wenn wir „Selbstverwirklichung" denken, assoziieren wir Ehrgeiz und Erfolg, dabei ist „wirklich selbst" sein manchmal etwas total Unscheinbares, Momente, in denen wir wahrhaft bei uns selbst sein können.

Im Sommer 2020 erlebte ich den Zerbruch und Verlust einer Freundschaft, die mir viel bedeutet hatte. Der Familienurlaub auf Fehmarn lenkte mich ein wenig ab, und trotzdem war mir das Herz an jedem Morgen wieder schwer. Menschen, die unser Leben verlassen, hinterlassen immer an verschiedenen Stellen Leerstellen, die dann einfach mal ziemlich laut und aufdringlich sind und immer wieder unsere Aufmerksamkeit auf die Tatsache lenken, dass da etwas fehlt. In der Regel fiel es mir immer schon sehr leicht, morgens früh aufzustehen, weil die frühen Morgenstunden einfach meine liebste Tageszeit sind und ich dann so innig bei mir bin und Zeit habe für die Dinge, die mir wichtig sind, bevor der Kindertrubel startet. Wenn es mir seelisch nicht so gut geht, neige ich immer eher dazu, auch die Dinge, die mich sonst resilient und stark machen, schleifen zu lassen – als wenn gute Laune und Power die Voraussetzung wären, um sich selbst etwas Gutes zu tun, und nicht umgekehrt! Selbst wenn ich beschließe auszuschlafen, weckt mich meine innere Uhr meist gegen 5 Uhr.

So auch an diesem Sommermorgen. Doch mir fehlt erneut der innere Antrieb, weil mein erster Gedanke beim Augenaufschlag diese nervige und schmerzende Leere ist. An diesem Morgen zwinge ich mich dennoch aus dem Bett. Während das Teewasser kocht, schleiche ich barfuß vor die Tür, wo sich ein wunderschöner Sonnenaufgang in Startposition begibt. Ich beschließe, mir die Zeit zu nehmen, um das Spektakel anzuschauen, gieße mir einen Schwarztee auf und klettere auf das Dach unseres Bullis, der vor dem Ferienbungalow steht und von dem aus ich die beste Aussicht habe. Die Sonne hat es schwer, denn der Himmel hängt voller schwerer Wolken, die sich nach und nach rosa verfärben. Dann beginnt es zu regnen. Ich möchte schon meine Tasse schnappen und wieder reingehen, aber dann gefällt mir mein Plätzchen auf dem Autodach doch so sehr, und ich bin fasziniert von dem rosa Regen, der sanft auf mich einzuprasseln beginnt. Wir denken bei Regen stets an trübes Wetter und grauen Himmel. Dieser Sonnenaufgangsregen ist mit Abstand der schönste Regen, den ich je erlebt habe. Und einem inneren Impuls folgend, denke ich „Regenbogen“ und drehe mich um: Es verschlägt mir fast den Atem, aber über der Pferdekoppel hinter mir erstreckt sich ein riesiger Regenbogen, der in klaren Farben seine komplette Rundung zeigt und sich wie ein Halbkreis vollkommen über mich spannt. All das ist so magisch, dass ich kaum spüre, wie mein Schlafanzug immer nasser und mein Tee regentropfenverdünnt immer lauwarmer wird. Ich staune über das Schauspiel des Himmels, das ich so noch nie gesehen habe. Überwältigt staunende Minuten gehen dahin, bis die Sonne von Rot auf Sonnengelb und schließlich auf Hinter-den-Wolken-Grau switcht. Der Regenbogen wird blasser und tritt ab. Was bleibt, sind grauer Himmel und Nieselregen über Norddeutschland. Die Menschen, die sich jetzt aus dem Federn quälen, werden nach draußen gucken und mürrisch über das schlechte Wetter meckern. Das frühmorgendliche Glück von rosa Niederschlag unter dem Regenbogen bleibt ihnen verborgen. Und während ich mich zurück in unseren Bungalow schleiche, fröstelnd leise, um die Kinder nicht zu wecken, und mich aus meinem Schlafanzug schäle, um mir trockene Sachen anzuziehen, registriere ich eines: Ich kann glücklich sein. Ja, ich habe gerade einen unschönen Verlust erlitten und, ja, das ist mühsam und schwer und bedrückend und wird noch eine Weile schmerzen. Aber: Mein Herz kann trotz und inmitten der Trauer Glück empfinden. Mein Herz kann Glück.

Oftmals vergessen wir im Alltag, dass ein Nebeneinander verschiedener Gefühle tatsächlich möglich ist – und auch gesund. Es gab Zeiten, da war ich so verloren in meinem Mama-Alltag und meiner Mama-Identität, dass ich, wenn mein Mann mir nach Feierabend die Kinder abnahm, einfach nur noch erschöpft war und, obwohl ich eine halbe Stunde Zeit ganz für mich gehabt hätte, nur vollkommen erschlagen auf dem Sofa lag und mir selbst erzählte, wie wahnsinnig anstrengend mein Tag gewesen ist. Ich war Mama, ich war platt, und deshalb fühlte ich mich platt. Irgendwann packte ich mich selbst bei den Schultern und schüttelte mich sanft: Wie dumm von mir, in so vielen Stunden des Tages Kräfte zu lassen und in den theoretisch regenerativen Momenten mir selbst auch noch davon zu erzählen! Es ist wahr, dass unsere Gedanken ganz, ganz viel Einfluss auf unser Tun haben. Sie definieren uns, jedes „Ich bin" formt unser Narrativ über uns selbst, und in unseren Handlungen folgen wir dann stets dieser Wahrheit. Theoretisch. Praktisch stimmt nämlich ebenso, dass unser Handeln uns definiert – und warum sollten wir uns dadurch selbst limitieren?

Nach den ersten Baby- und Kleinkindjahren mit meiner großen Tochter erlebte ich im Jahr 2012 eine erste Mama-Krise. Bis dahin hatte ich mich fortgebildet, gepowert und voller Elan meinen Alltag rund um die Idee von der perfekten Mutterschaft gestaltet. Nach drei Jahren kam zum ersten Mal Unzufriedenheit mit meiner Rolle auf, und ich brauchte Veränderung, das Gefühl, wieder etwas mehr ich sein zu können und Freiheit zu haben, mein Ding zu machen. Der erste „Pausen-Deal" mit meinem Mann war: Sobald er von der Arbeit kam (und das war jeden Tag zu einer anderen Uhrzeit), übernahm er die Betreuung unserer Tochter, und ich hatte eine halbe Stunde Pause. Natürlich konnte ich auch meinen Hobbys nachgehen, wenn unsere Tochter schlief, aber das war stets nur eine angefochtene und unsichere Zeit. Schließlich hatte ich Bereitschaft, und es kam regelmäßig vor, damals und auch in den darauffolgenden Jahren, dass meine Kinder wieder wach wurden und erneut in den Schlaf begleitet werden mussten. Diese halbe Stunde „Feierabend-Pause" war etwas Festes, ein Fixpunkt an jedem Tag, ein Moment der Regeneration, den ich fest einplanen und mit dem ich rechnen konnte. Das war ein kleiner erster Schritt, den wir gingen, auf einem recht langen Weg zu mehr gleichberechtigter Elternschaft, die wir heute leben (wenngleich heute nicht mehr als Paar). Aber wir dürfen die Macht solch kleiner Schritte und minimaler Veränderungen nicht unterschätzen.

Sobald wir einen kleinen Schritt gehen und uns vom gegenwärtigen Standpunkt wegbewegen, verändert sich unser Fokus – wenn auch nur in winzigen Aspekten. Wir sehen dann anders, fühlen anders, und vielleicht ist das genau der richtige Ausgangspunkt für einen nächsten und einen nächsten Schritt und dann noch einen.

Ich hatte also inmitten meines Mama-Alltags eine feste halbe Stunde für mich bekommen und irgendwann beschlossen, diese nicht mehr dazu zu nutzen, mich zu bejammern, sondern mir gute Gefühle zu schenken. Der Coachin, Yoga-Lehrerin und Autorin Nicola Jane Hobbs wird der Satz zugeschrieben: „Ausruhen ist mehr als ein Schläfchen auf der Couch. Ausruhen ist all das, was deinem Nervensystem die Sicherheit gibt, Stressreaktion auszuschalten, damit dein Verstand und dein Körper sich erholen können." Und genau das tat ich: Ich gönnte mir, ganz und gar bei mir zu sein. Was umwelttechnisch zugegebenermaßen eine Katastrophe ist und deshalb von mir nicht zur Nachahmung empfohlen wird, sondern lediglich dazu dient, euch einzuladen, euer eigenes, vielleicht sogar etwas seltsames #kleineglückse-Ding zu finden: Auto fahren. Ich setzte mich überdurchschnittlich oft einfach ins Auto und fuhr 30 Minuten mit lauter Musik durch die Gegend. Manchmal suchte ich mir einen schönen Ort und nahm auf dem Autodach Platz, manchmal sang ich einfach nur furchtbar laut vor mich hin. Manchmal nahm ich ein Buch mit oder kaufte mir ein Eis.

Wer sich nur einmal am Tag bewusst die Zeit nimmt, einen Moment komplett „raus" zu sein, um bei sich selbst anzukommen, der ist schon viel weiter, als wenn er auf dem Sofa sitzen geblieben wäre, um sich zu bemitleiden, dass er im Hamsterrad

Mutterschaft sich selbst verloren hat. Benjamin Disraeli, der ehemalige Premierminister von Großbritannien, soll gesagt haben: „Nicht aus jeder Handlung erwächst Glück, aber es gibt kein Glück ohne zu handeln." Du bist, was du tust. Sobald du etwas für dich selbst – und zwar nur für dich selbst – tust, bist du wieder ein wenig mehr du selbst. Und jedes In-Bewegung-Setzen löst so etwas wie innere „Schwungkraft" aus, mit der wir auf dem eingeschlagenen Weg bleiben, uns nicht zufriedengeben, weiter sehen und weiter denken. Sobald du etwas tust, um dich den vielen kleinen täglichen Glücksen aufzusetzen und dir zu beweisen, dass dein Herz noch Glück kann, definiert das dein Sein, dein Fühlen, deine Ich-Wahrnehmung. Ich verspreche dir: Nie, wenn ich mich am Steuer meines Autos in die Frontfrau der Red Hot Chili Peppers verwandelt habe, hatte ich das Gefühl „Ach, ich bin ja nur Mutter". Nie, wenn ich den Moment atemberaubender Ehrfurcht vor dem neuen Tag ganz in mich eingesogen habe, hatte ich das Gefühl, dass meine Gedanken nur noch Mental Load für das Familiengeschehen sind.

Ein kleiner Schritt ist immer besser als gar keiner, ich kann es gar nicht oft genug betonen. Manchmal erschlägt uns die Erkenntnis, dass man SO VIEL anders machen müsste, um sich dem Leben, das man sich wünscht, auch nur anzunähern. Es bräuchte Unterstützung von Großeltern, die nicht in Reichweite sind. Und einen Ehemann, der 50 Prozent auch der gedanklichen Sorgearbeit übernimmt. Und wann sind die Kinder eigentlich endlich aus der Phase raus, wo sie sich einfach nicht mit sich selbst beschäftigen können? Und wo man schon mal anfängt ... Richtig selbst verwirklicht wäre man doch erst, wenn der Wiedereinstieg in den Beruf geglückt ist, und Selfcare ist doch erst erreicht, wenn man mal eine Woche alleine im Urlaub ohne jede Familienverantwortung war. (Ich bin nach über 13 Jahren Mutterschaft das erste Mal eine Woche ganz allein verreist und würde das jedem sehr ans Herz legen!) Aber bevor uns Träume an das unerreichbar Große in weiter Ferne so sehr frustrieren und lähmen, dass wir stattdessen nichts tun, möchte ich noch einmal voller Nachdruck deutlich sagen: Die Summe der #kleinenglückse hat so viel mehr Gewicht als das Nichtstun.

SELBSTLIEBE ALS TU-WORT

Wenn mir Frauen schreiben, dass sie sich irgendwie selbst verloren haben in ihrem Alltag inmitten von Aufmerksamkeit für die Kinder, Ehrenamt, Haushalt, häufig Beruf und der Hektik, das alles ausgewogen unter einen Hut zu bringen, dann klingt allein das Wort „Selbstliebe" wie ein Hohn in ihren Ohren, weil in ihrem Alltag genau dafür oft keine Zeit ist und es mindestens genau so oft auch keinen Anlass gibt: Sie hetzen und mühen sich, alles gut und zur Zufriedenheit aller zu erledigen, aber am Ende fällt doch immer irgendwas runter: Die Kinder sind fröhlich, aber der Haushalt sieht aus wie Sau. Man trägt täglich durch einige Stunden Erwerbsarbeit zum Familieneinkommen bei, aber bei dem Versuch, eine halbwegs ausgewogene Mahlzeit auf den Tisch zu bekommen, muss man seine Kinder, die ein Gesellschaftsspiel vorschlagen, zum wiederholten Male vertrösten mit „Jetzt nicht", und der Nachwuchs trollt sich mit hängenden Schultern und langer Miene aus der Küche. Diese Enttäuschung – wir spüren sie und nehmen sie persönlich, obwohl sich nahezu sämtliche To-dos des Tages doch irgendwie am Familienwohl ausgerichtet haben. Am Ende ist immer jemand enttäuscht. „Mama, darf ich Playstation spielen?", ruft es aus dem Wohnzimmer. „Ja, okay, bis zum Abendbrot!“, antworten wir und erlauben Bildschirmzeit, wenn wir zwischen Salat anrichten und Soße zubereiten gerade keine Zeit haben, uns selbst Zeit zu nehmen für die Kinder – und prompt kickt das schlechte Gewissen, dass die Kids zu oft vor irgendwelchen Daddelgeräten sitzen. Für viele Frauen ist ihr Alltag so getaktet, dass sie weder Zeit haben noch Grund sehen, sich selbst zu lieben bei so vielen empfundenen Defiziten, die die tägliche Routine hinterlässt. Doch was, wenn wir an dieser Stelle ein vollkommen falsches Verständnis von Liebe haben?

Liebe gehört zu den Worten, die wir wohl wie kaum andere so inflationär und wahllos verwenden. Wir sagen „Ich liebe es, Serien zu schauen“ – und meinen, dass wir gerne Zeit mit einer bestimmten Tätigkeit oder einem Hobby verbringen. Wir sagen „Ich liebe meinen Mann, wir sind wirklich ein tolles Team, seit Jahren teilen wir uns ganz selbstverständlich den Haushalt 50/50“ – und meinen, dass wir dankbar sind für den Menschen an unserer Seite und für das, was er für uns tut. Manchmal kann das, was wir Liebe nennen, sehr weit auseinanderfallen.

Es gibt eine WhatsApp-Gruppe, in der alle ehemaligen Kommilitonen der kleinen Lüneburger Heide Sprachschule versammelt sind, mit denen ich 2003 mein Theologiestudium begonnen hatte. Zwei Jahre hatten wir miteinander gelebt und gelernt – Griechisch, Hebräisch, Bibelkunde und Philosophie –, danach hatten sich unsere Wege verlaufen an die unterschiedlichen Studienorte von Deutschland. Mittlerweile sind die meisten von uns als Pastor*innen schon etliche Jahre im Amt, und manchmal teilt jemand Stellenausschreibungen in dieser Gruppe oder fragt nach guten Krippenspielen oder Konfi-Material. Hauptsächlich fungierte die Gruppe allerdings jahrelang als Ort, an dem Eheschließungen und Geburten bekanntgegeben wurden – es war stets schön zu sehen, dass nach und nach alle Partner*innen fanden und Familien größer wurden. Vor einigen Jahren gab ein Mitstudent, mit dem ich in Marburg in einer WG gelebt hatte und der daher unser Trauzeuge geworden war, seine Hochzeit mit einem Mann bekannt. Ich fiel aus allen Wolken, weil ich weder von seiner Beziehung gewusst hatte noch davon, dass er schwul war. Diese Nachricht wühlte mich deshalb so sehr auf, weil die vollendeten Tatsachen („Ich habe meinen Ex-Verlobten geheiratet") mir schmerzvoll vor Augen führten: Dieser Mann war mir viele Jahre lang Mitbewohner und Freund gewesen, er war mein Trauzeuge, und trotz der Distanz, die das Leben mit sich bringt, hätte ich ihn auch nach Jahren als Freund bezeichnet – und doch wusste ich so wenig über ihn. Wie stark mussten die Angst und Unsicherheit gewesen sein, in streng christlichen Kreisen auf Ablehnung zu stoßen, wenn man selbst seinen Freunden nicht irgendwann sagen mag „Du – ich bin schwul!" Erschrocken war ich auch über vereinzelte Reaktionen in diesem Chat. Es kam nicht zu offenen Anfeindungen, der Ton blieb respektvoll, doch das „Du weißt, dass ich dir nicht gratulieren kann, L." eines Mitstudenten war schneidend schmerzhaft, auch für mich. Obwohl es sich natürlich um einen langjährigen Prozess handelte, würde ich heute sagen: Das war der Moment, in dem mein Glauben zerbrach und ich mich entschied, den christlichen Glauben goodbye zu küssen. Jemand sagte: „Ich kann mich nicht über deine Hochzeit freuen" – und bezog sich damit auf die Liebe zu einem Gott, aus dessen Wort er herausgelesen hatte, dass Homosexualität Sünde sei. Ein Moment vermeintlicher Liebe zu Gottes Wort, der für mein Gefühl an Lieblosigkeit nicht zu überbieten war. Und dieser Graben ist nicht neu: In einer ganzen

Kirchengeschichte hat sich der christliche Glaube, der mit der Idee radikaler Nächstenliebe an den Start gegangen war, immer wieder aus Liebe zu seinem Gott zu Taten hinreißen lassen, die wohl mitnichten ein Ausdruck von Liebe sind. Ist das, was wir gemeinhin Liebe nennen, wirklich alles Liebe? „Oder haben wir uns lediglich angewöhnt, diesen Begriff für emotional angenehme Zustände, Lust oder Abhängigkeit zu verwenden?“[25]

Auf die Selbstliebe trifft das meiner Meinung nach zu. Wenn wir Selbstliebe hören, dann assoziieren wir: sich morgens vor den Spiegel stellen und sich toll finden und abends auf einen erfolgreichen Tag zurückschauen und sich auf die Schulter klopfen: „Hey, das hast du gut gemacht – und du siehst dabei auch noch blendend aus!“ Wie wir es vermutlich niemals gegenüber unserem Partner, unseren Freunden oder unseren Kindern tun würden, koppeln wir Selbstliebe an bestimmte Erwartungen, die wir erfüllen müssen: Selbstliebe hat verdient, was liebenswert ist, gut ausschaut und sich im Leben bewährt hat. Damit bleibt die Liebe für uns selbst noch hinter dem zurück, was wir vielleicht als „Crush“ bezeichnen würden: oberflächliche Faszination für den ersten äußeren und charakterlichen Eindruck, den wir von einem Menschen haben.

Doch eine Liebesbeziehung – noch dazu eine langfristig angelegte – lässt sich auf diesem Niveau nicht halten, da braucht es im Laufe der Monate und Jahre ein ehrliches Kennenlernen, ein Einlassen auf die Eigenheiten und Fehler eines anderen, gnädige Annahme und Verzeihen, die Bereitschaft, sich miteinander weiterzuentwickeln und zu wachsen und Veränderungen mutig zu wagen. Liebe in Langzeitbeziehungen ist auch immer ein Stück weit Arbeit. Und nun könnte man natürlich sagen: Manchmal merkt man nach Jahren, dass es nicht mehr passt, dass zwei Menschen sich zu sehr in unterschiedliche Richtungen entwickelt haben und dass die Arbeit an der gemeinsamen Beziehung Kräfte und Kapazitäten überschreitet. Manchmal ist es Zeit, getrennte Wege zu gehen – Liebesbeziehungen enden. Doch es gibt die eine Beziehung, die nicht endet, die dich ein Leben lang begleiten wird, die sämtliche deiner Liebesbeziehungen überdauern wird, die auch noch da ist, wenn deine geliebten Kinder das Haus verlassen haben und auf eigenen Beinen stehen: die Beziehung zu dir selbst. Diese Beziehung ist die beständige, die zuverlässige, die Halt gebende, die, auf die du immer zählen kannst.

Liebe ist kein Selbstläufer, und Liebe ist mehr als die Zustände von Dankbarkeit, Zugetanheit, Lust, Abhängigkeit oder Faszination, die wir oft „Liebe" nennen. Ich sage und schreibe es immer wieder: Liebe ist ein Tu-Wort, weil Liebe etwas sehr Aktives ist, etwas, was wir kreieren und erschaffen. Von daher kann Liebe dort wachsen, wohin wir unseren Fokus wenden, worauf wir unsere Aufmerksamkeit richten. Wenn ich in E-Mails lese, wie Frauen ihren Alltag beschreiben, der um alles Mögliche, um Kinder, Haushalt, Erwerbsarbeit, Freundschaften, Eltern und Schwiegereltern, gesellschaftliche und soziale Erwartungen kreist, dann wundert mich das Fazit „Ich habe mich selbst verloren" und „Ich komme in meinem Leben irgendwie gar nicht mehr richtig vor" gar nicht. Liebe ist, ich sage es noch einmal, ein Tu-Wort, Liebe kann dort wachsen, wohin wir unseren Fokus richten. Denn Energie fließt mit unserem Fokus, und diese Ausrichtung braucht es, um tätig lieben zu können.

Wenn wir an die Liebe zwischen zwei Partnern denken, dann ist für viele nach wie vor „Heiraten" ein großes Thema und ein Akt, der die Gefühle zwischen zwei Menschen auf ein anderes Niveau hebt. Selbstverständlich braucht es keine Zeremonie, damit das, was bei einer Trauhandlung geschieht, für zwei Menschen konkret wird, nämlich die bewusste und nach außen deutlich gemachte Entscheidung füreinander. Bei allen romantischen Gefühlen, die am Tag der Hochzeit genährt und zum Ausdruck gebracht werden sollen, ist es gut, diesen Akt einmal bewusst zu vollziehen: Ja zueinander zu sagen, sich vor Augen zu führen, dass es gute und schlechte Tage geben wird, aber man auch in den schlechten Tagen nicht einfach loslassen wird. „Was ist denn Liebe nun?“, hatte mein Mann einmal gefragt, „der Akt der Entscheidung oder eher diese Sache mit dem Tätigwerden?“

Ich glaube, dass es beides ist und dass es beides braucht. Es braucht die bewusste Entscheidung, weil mit ihr eine solide Basis dafür gelegt wird, dass zu lieben eben Arbeit bedeutet und das ist an manchen Tagen einfach ein Willensakt: Ich habe mich dafür entschieden, darum mache ich es. Und was auf den ersten Blick etwas steril und kalt wirken mag und vielleicht die Frage provoziert „Aber was ist denn mit den GEFÜHLEN?“, ist in Wirklichkeit kein Emotionskiller, sondern im Gegenteil sehr guter Nährboden für Emotionen.

Kennt ihr den Trick, dass man sich, wenn man nicht gut drauf ist, vor den Spiegel stellen und lächeln soll? Selbst wenn es zunächst ein gequältes Lächeln ist und sich künstlich anfühlt, ist es doch so, dass in unserem Gehirn „glücklich sein“ und „lachen“ miteinander verknüpft sind. Wer happy ist, der lacht. Wer lacht, sendet seinem Gehirn das Signal: Es ist gut. Wir lachen. Wir haben also allen Grund, um glücklich zu sein. Selbst künstliches Lachen bewirkt, dass wir uns besser fühlen. Ähnlich verhält es sich mit dem Gefühl „Liebe“ und der aktiven Tu-Wort-Liebe. Wenn Paare frisch verliebt sind, müssen sie sich nicht motivieren, Blumen mitzubringen oder einander mit kleinen Überraschungen zu beglücken. Wer frisch verliebt ist, dem fällt in der Regel Tu-Wort-Liebe nicht schwer, weil sie aus einem Gefühlsüberschwang in unserem Inneren kommt. Die Kunst der Langzeitbeziehung besteht nun darin, sich in den schlechten oder schwierigeren Zeiten ebenso zu verhalten wie in den guten Zeiten. Ähnlich wie der Lächeln-Happyness-Effekt, der auf Glücklichsein Lachen folgen lässt und auf Lachen im Umkehrschluss Glücklichsein, zeigen wir durch tätige Liebe an jedem Tag unserem Gehirn: Hier ist alles noch gut. Die Liebe folgt unserer Energie und die Energie unserem Fokus. Und um den Fokus nicht aus den Augen zu verlieren, kann es helfen, sich einmal – und dann immer wieder – bewusst für dieses Langzeitprojekt zu entscheiden. Wenn wir mal ehrlich sind, kann ja niemand einem anderen Menschen versprechen, dass wir „in guten wie in schlechten Tagen" immer die gleichen Gefühle für ihn hegen. Das wäre unrealistisch, und angesichts der Tatsache, dass jeder Mensch und jede Beziehung sich immer und permanent wandeln, auch blauäugig zu versprechen. Aber wir können uns entscheiden und einander versprechen, unserem Partner ein Leben lang Taten der Liebe entgegenzubringen, auf die die spürbaren Emotionen folgen werden.

Was hat das alles nun mit Selbstliebe zu tun? Selbstliebe ist letztlich kaum etwas anderes. Sie ist auch einfach „nur" Liebe. Doch während wir im Gegenüber zu einem anderen Menschen vollkommen klar sind, dass Liebe ein komplexes Ding aus Gefühlen, Schwankungen, Entscheidung, beherzten Taten, Beständigkeit und Dranbleiben ist, reduzieren wir die Liebe zu uns selbst auf „toll finden". Das ist sehr verkürzt und auch sehr schade. Wenn Frauen mir schreiben „Ich weiß, die Bodypositivity-Bewegung sagt, dass alle Körper schön sind und dass ich mich lieben soll, wie ich bin, aber ich fühle es einfach nicht", dann bleibt das einfach so sehr hinter der Erkenntnis zurück, dass Liebe eine Entscheidung ist, die sich täglich aufs Neue in der Tat bewähren muss.

„Na ja", gab eine Freundin zu bedenken, „aber meinen Mann habe ich mir ja irgendwann mal ausgesucht, weil ich ihn wirklich richtig toll fand. Ich glaube, mich selbst fand ich eigentlich zu keinem Zeitpunkt so toll, dass ich mich selbst für ein Leben mit mir entschieden hätte!" Sie lacht – dabei ist das, was sie sagt, eigentlich überhaupt nicht lustig. Die Annahme, man hätte sich sich selbst nicht für eine lebenslange Beziehung ausgesucht, mag sich zutreffend anfühlen, aber ich glaube, sie ist es nicht. Ich glaube eher, dass Kinder auf die Welt kommen mit der Fähigkeit, ganz eins mit sich zu sein. Natürlich treffen sie keine bewusste Wahl, vielmehr SIND sie ihre bewusste Wahl, weil sie am Anfang noch ein ungebrochenes Verhältnis zu sich haben. Dass diese Einheit mit sich selbst, dieses implizite „Ja" von Anfang an ein umkämpftes ist, das zeigen die vielen Erwachsenen, die heute in der Seelsorge und der Therapie mit ihren „inneren Kindern" arbeiten. Schon im frühkindlichen Gegenüber zu Eltern und anderen Bezugspersonen wird unser Blick auf uns selbst irritiert. Meinungen über uns, verletzende Worte oder auch unbeabsichtigt kränkende Verhaltensweisen irritieren uns in dem Wissen darum, dass wir liebenswerte Menschen sind. Und da ich weiß, wie schnell Mütter in Angst geraten davor, dass sie ihr Kind in exakt dieser Weise durch ein falsches Verhalten traumatisieren könnten, möchte ich betonen: Das ist normal. Egal, wie sehr wir uns mühen, bleibt einfach gewahr, dass wir geprägte und zum Teil verletzte Menschen und nie davor gefeit sind, andere Menschen durch unsere

Art und Weise zu verletzen. Das ist menschlich. Statt an ängstlichem Verhindern-Wollen festzuhalten, sollten wir uns vielmehr die Skills „gemeinsam aufarbeiten" und „Vergebung leben" aneignen (siehe Kapitel *Vergebungsorientierte Erziehung*).

Ein Satz aus meiner morgendlichen Lieblings-Affirmation lautet „Ich bin die Kraft meiner inneren Heilung"[26]. Und genau das ist der Punkt: Statt uns ängstlich darum zu mühen, zu vermeiden, was nicht zu vermeiden ist (dass Menschen einander absichtlich und unabsichtlich verletzen), sollten wir lernen, zu aufrichtiger Selbstliebe zurückzukehren (nicht die gefühlsduselige, sondern die tatkräftige), die in der Lage ist, uns immer wieder von innen her zu heilen. Da unsere Kinder uns brauchen als Vorbilder für Fragen wie „Wie geht echte Versöhnung nach einem Streit?", „Wie gehe ich damit um, wenn andere mich verletzen?", „Wie kann ich in meinen Beziehungen Schluss machen mit verletzenden Verhaltensweisen?" und „Wie geht eigentlich diese Selbstliebe, die in stürmischen Zeiten mein Leuchtturm ist?", ist es wichtig, dass wir uns selbst die Kompetenz aneignen, ein versöhntes Leben zu führen. Zuallererst mit uns selbst. Wenn eins in der Arbeit mit unseren inneren Kindern wichtig ist, dann ist das: Uns die Frage stellen, WOFÜR wir uns Heilung und Integrität unseres inneren Kindes wünschen? Nämlich deshalb, weil wir alle verdient haben, wieder in den Zustand des Einsseins mit uns selbst zu kommen. Wie zu der Zeit kindlicher Naivität, als Selbstliebe noch ein Nobrainer war, weil es Ich-Sein quasi nur als „Ja" zu uns selbst geben konnte.

Selbstliebe beginnt mit der Entscheidung zur Selbstliebe. Dem Beispiel und Vorbild des Buches *Heirate dich selbst* von Veit Lindau folgend, habe ich am 7. April 2022 einmal „Ja" zu mir selbst gesagt und mir das Versprechen gegeben, dass ich mich bemühen werde, mich in Tu-Wort-Liebe zu mir selbst zu üben. Ich trage seitdem einen Ring an meiner linken Hand, der mich täglich wieder an dieses Versprechen erinnert. Was auch schon für die partnerschaftliche Hochzeit gilt, gilt ebenso für das „Ja" zu sich selbst: Es braucht kein Chichi und keine Zeremonie, um sich täglich daran zu erinnern, dass es wichtig ist, in die eine Beziehung zu investieren, die wir hundertprozentig führen werden, bis dass der Tod uns scheidet: die Beziehung zu mir selbst.

Die Frage, wie Tu-Wort-Selbstliebe, also sich selbst zu lieben, aussieht, ist dabei sehr einfach beantwortet, denn niemand kennt dich so gut wie du selbst. Wenn wir unserem Partner oder unserer besten Freundin eine Freude machen wollen, beginnt, obwohl man einander gut kennt, oft das Grübeln: Geht sie am liebsten zum Italiener oder zum Griechen essen? Mag sie auch rote Tulpen oder nur rote Rosen? Mache ich ihm eine Freude mit einem Buch oder doch eher einer CD? Verbreite ich liebevolle Vibes, wenn ich Eis in der Tiefkühltruhe habe oder eher, wenn ich Sushi mitbringe? Niemand kennt dich so gut wie du selbst, daher ist es eigentlich ganz leicht, dir auf täglicher Basis zu zeigen, dass du dich lieb hast. All das, womit wir unserem Partner eine Freunde machen können, all das, was wir so gerne mal wieder von unserem Geliebten entgegengebracht bekommen würden, ist hier genau richtig: Koch dir dein Lieblingsessen, lade dich in die Eisdiele ein, mach dir kleine Geschenke, stell dir Blumen hin, ermögliche dir Auszeiten, mach mal Urlaub nur mit dir allein, gönne dir die Badewanne, nimm dich mit auf einen Spaziergang, mach dir Komplimente, mach dich schön für dich, fordere dich zu einem Tanz auf, schenk dir Zeit für ein neues Hobby.

Mir ist sehr bewusst, dass man als Mama für all diese Dinge manchmal zu wenig Zeit zu haben scheint. Das gilt im verstärkten Maße, wenn Frauen alleinerziehend sind – ein Job, vor dem ich täglich meinen Hut ziehe, wenn ich mal wieder erleichtert darüber bin, dass der Vater meiner Kinder und ich uns die Carearbeit fair teilen. Aber wenn du liiert bist, kann es unglaublich belebend für die Bindung und Liebe sein, wenn ihr einander Partner in Crime werdet, was die Selbstliebe angeht. Früher gab es bei uns Zeiten, in denen mein Mann erwerbsgearbeitet hat, während ich bei den Kindern war, und danach eben Familienzeit/Feierabend. Das ist schön und wichtig, aber es ist für alle Beteiligten mindestens ebenso wichtig und stärkend, wenn wir als Paar einander auf täglicher Basis Freiräume für tätige Selbstliebe schaffen. „Ja" zu „Ich würde gerne eine halbe Stunde baden gehen. Schaust du nach den Kindern?" und „Ja" zu „Kannst du nach der Badewanne noch ein Stündchen die Stellung halten, denn dann würde ich gerne laufen gehen." Wer seinem Partner Zeit für sich selbst schenkt, der unterstützt aktiv, dass dieser sich geliebt und kraftvoll, mutig und zuversichtlich fühlt. Einander lieben (die Tu-Wort-Liebe – kennt ihr ja jetzt schon) kann eben auch bedeuten: einander Selbstliebe ermöglichen.

Unserer Ich-Bezogenheit haftet leider immer noch ein wenig der Makel des Egoismus an. Das „Ich" als maßgebende Größe ist historisch gesehen eine Entdeckung der frühen Romantik des 18. Jahrhunderts. Doch hier ging es mitnichten um Egoismus, und ich möchte schließen mit einem Zitat aus dem Epilog von *Fabelhafte Rebellen* von Andrea Wulf: „Wir müssen ‚ich-bezogen' sein in dem Sinne, dass wir uns unseres eigenen Wesens und freien Willens bewusst sind und ihn kontrollieren.

Wenn wir heute von Ichbezogenheit sprechen, meinen wir eine egoistische Person, die nur auf ihr Vergnügen und ihren Vorteil bedacht ist. Betrachtet man jedoch den historischen Kontext und die ursprüngliche Konzeption, so befreit die ‚Kunst, ichbezogen zu sein' das Ich, um eine besseren Gesellschaft zu schaffen"[27]. Wir können an dieser Stelle locker auch kleinere Brötchen backen: Die Entscheidung und die Fähigkeit zur Selbstliebe befreien uns, eine bessere Familie zu schaffen. „Besser" nicht im leistungsorientierten Sinne, sondern im „mit sich selbst versöhnt sein"-Sinne.

Und wenn du mal wieder morgens vor dem Spiegel stehst und dir das „Ich bin schön, und ich bin toll" nicht so richtig glauben kannst, dann verwöhne diese liebes-zweifelnde Person im Spiegel mal ein paar Monate lang mit tollem Essen, frischer Luft, kleinen Geschenken, frischen Blumen, Badewannen-Auszeiten, Selbstbefriedigung und regelmäßig einer entspannten Selbstmassage gerade der vermeintlich schwer zu liebenden Körperteile: Ich verspreche dir, dass du irgendwann gar nicht mehr anders kannst, als zu glauben, dass diese Person, der du so viel Gutes tust, einfach unglaublich liebenswert sein muss.

NEUE HERAUSFORDERUNGEN

„Ui ...", denke ich, während meine Augen angestrengt in die stürmische Dunkelheit hinausstarren. Die vier großen Lebensbäume in unserem Garten biegen sich bedenklich im Wind, und doch halten sie stand. Ich überlege, wie alt die Bäume sind, und vermute, schon sehr alt, sie werden schon einige heftige Herbststürme über sich ergehen lassen haben. Mir fällt das Bild ein, dass sehr starre, dünne und knorrige Bäume beim Sturm eher geknickt werden als diejenigen, die im Saft stehen und in der Lage sind, sich sanft mit dem Wind zu bewegen. Ein gleichnishafter Gedanke, der illustrieren soll, dass es manchmal im Leben gesünder ist, nicht mit eisernem Widerstand gegen unliebsame Veränderungen zu stehen, sondern stattdessen mit dem Wind zu tanzen.

Ob ich aber in dieser Nacht mit dem Wind tanzen möchte, weiß ich gerade nicht so genau. Herbst 2020, ich schlafe seit mittlerweile gut 1,5 Jahren draußen auf dem Balkon. Enge Freunde und meine Instagram-Follower haben sich an diesen Fakt nun schon gewöhnt. „Schläfst du immer noch draußen?", werde ich gelegentlich gefragt, bejahe und ernte ein liebevoll lachendes Kopfschütteln. Am Anfang, als ich im Frühsommer 2019 mit dem Draußenschlafen begonnen hatte, gab es noch viele Fragen, allen voran nach dem: „Warum machst du das?" Die Gründe gehen in zwei Richtungen, eine davon war eher pragmatisch: Nach meinen ersten Draußennächten registrierte ich, dass ich endlich wieder ruhigere Nächte hatte und deutlich besser schlafen konnte. Zum anderen war die Alleingeburt meiner vierten Tochter für mich eine Art Initialzündung, die etwas tief in mir zum Klingen gebracht hatte, das nach neuen Herausforderungen suchte.

Identität, d.h. die Entfaltung des eigenen Selbstseins, hat viel damit zu tun, dass wir für unsere Seele sorgen und ein Leben führen, das uns seelisch gesund sein lässt. Natürlich ist es wie im Fall von körperlicher Gesundheit so, dass auch seelische Gesundheit sich vollkommenener Verfügbarkeit entzieht. Sie ist abhängig von unzähligen Faktoren, inneren Mechanismen und individuellen Erlebnissen, sodass man nur schwerlich Antworten geben kann, die die individuellen Befindlichkeiten einer jeder Seele mit im Blick haben. Dennoch gibt es gewisse „Basics", Grundfaktoren, die für seelische Gesundheit wichtig und essenziell sind und sich weitestgehend auf Ansätze beziehen, die wir selbst in der Hand haben. Die Psychologin Prof. Dr. Carol D. Ryff hat ihre Forschung dem Thema „psychologisches Wohlbefinden und innere Stabilität" gewidmet und zur groben Orientierung sechs Basic-Faktoren ausfindig gemacht, die für das subjektive Empfinden seelischer Gesundheit und seelischen Gleichgewichts verantwortlich sind. Neben dem Aufbau positiver Beziehungen, der Möglichkeit zu autonomem Handeln, der Fähigkeit der Kontrolle über die eigene Umwelt, dem Finden eines Sinns im Leben und der Selbstakzeptanz nennt sie „inneres Wachstum" als einen wichtigen Faktor für das gute Gefühl innerer Stabilität und seelischer Gesundheit. Stillstand fühlt sich für unsere Seelen einfach nicht gut an.

Es ist nicht verwunderlich, dass die sogenannte Midlife-Crisis sich zu einem Zeitpunkt ereignet, wo sie alles, wonach Menschen in vielen Jahres während der Rushhour ihres Lebens strebten, endlich erreicht haben und fortan eigentlich die erreichten Ziele einfach verwalten und genießen könnten. Viele Menschen trifft die Krise dann, wenn die Familienplanung abgeschlossen ist, das Haus gebaut und sie beruflich endlich so Fuß gefasst haben, dass sie auch mal eine ruhige Kugel schieben können. Der Garten ist angelegt, die Kinder werden langsam flügge, man hat sich sogar einen Hund angeschafft oder ein paar Hühner, die das ländliche Idyll vervollkommnen. Immer wieder haben wir uns das in den schönsten Farben ausgemalt: Wenn die Kinder erst aus dem Gröbsten raus sind, wenn das Haus erst gebaut ist, wenn endlich die Küche eingebaut ist, wenn endlich der Garten so schön ist, dass man da viele laue

Sommerabende mit Caipirinha im Schaukelsitz auf der Terrasse verbringen und ein Buch lesen kann … Wenn endlich … Auch in meinem Leben gab es diese „Wenn endlich"-Momente. Einer, der mir lebhaft und krass in Erinnerung geblieben ist, war 2012, als ich endlich, endlich, endlich mein Examen in der Tasche hatte. Meine Examensvorbereitung hatte sich gezogen wie Kaugummi, immerhin war ich 2009 zum ersten Mal Mutter geworden, und aus den veranschlagten 12 Monaten für eine knackige Vorbereitung waren drei Jahre geworden, in denen ich selten viele Stunden am Stück konzentriert arbeiten konnte, sondern stets die Lücken nutzen musste, die mein Mann und meine Eltern durch die Übernahme der Kinderbetreuung ermöglichten. Den Satz „Wenn ich endlich mein Examen in der Tasche habe, dann wird das Leben frei und wundervoll sein!" hatte ich wohl täglich mehrere Dutzend Male gedacht. Ich fieberte auf dieses Gefühl hin und erwartete mir starke, nie gekannte Emotionen des Glücks. Tatsächlich habe ich aber selten etwas erlebt, das sich nach so enormer Vorfreude so unglamourös auflöste, wie der Moment, als ich mein Theologie-Diplom in Händen hielt. „Genießen Sie es!", sagte der Professor für Altes Testament, und mit diesen Worten verließ das Prüfungsteam den Raum. Nach kurzer Erleichterung war da aber einfach nur eine erschreckende Leere, verbunden mit der Erkenntnis „Jetzt hast du gar kein Ziel mehr, sondern nur noch Alltag!"

In der Psychologie nennt man diesen Effekt „Impact Bias": Dieser Begriff beschreibt das Phänomen, dass Menschen zukünftige emotionale Zustände in der Regel überschätzen. Das Sprichwort „Vorfreude ist die schönste Freude" beschreibt dieses Phänomen als positive Aussage. Wir stellen uns das Ankommen, das Erreichen von Zielen und erwartete Glücksmomente viel intensiver vor, als sie dann tatsächlich sind. Ich bin der

Meinung, dass dies der Tatsache geschuldet ist, dass „inneres Wachstum“ eben ein Grundbedürfnis von Menschen ist. Wenn wir in unser Erwachsenenleben starten, haben die meisten von uns eine Art „To-do-Liste eines erfüllten Lebens“ im Kopf, also Punkte, die idealerweise erreicht sein sollten, um ganz im Leben angekommen zu sein. Stereotyp auf den Punkt gebracht: Heiraten, Kinder, Eigenheim. Natürlich genießen wir auch einen Augenblick lang (und in kleinen Moment immer wieder) das Erreichte, aber weil der Mensch einfach das Bedürfnis nach Wachstum und Weiterentwicklung in die Wiege gelegt bekommen hat, stellen wir uns mit dem Haken hinter unsere Pläne unweigerlich die Frage: „Und nun?“ Bei vielen hinterlässt die Midlife-Crisis ein Gefühl von innerer Unruhe und einem nagenden Gefühl von: „Das soll schon alles gewesen sein?“ Manche versuchen den Mangel an Entwicklungsmöglichkeiten in der Lebensmitte durch Selbstoptimierung zu kompensieren – ein Streben, das nur auf den ersten Blick nach Wachstum aussieht, aber bei genauerer Betrachtung doch nur weiter wegführt von unserem eigenen Ziel. Social Media kommt hier eine unglaublich toxische Schlüsselrolle zu. Wir beobachten andere Menschen beim Leben in ihrem zum Teil so perfekt scheinenden Alltag und ahmen nach, was wir sehen – oder shoppen nach, was anderen Erfüllung zu sein scheint. In gefühlt jeder zweiten Instagram-Werbung wird irgendwas angeboten, das als Gamechanger gehypt wird. Und so optimieren wir unseren Besitz oder streben nach der vermeintlich besten Version unserer Selbst, indem wir allem Guten nacheifern, was das Leben der anderen so glücklich und erfüllt scheinen lässt.

2019: Der Sommer nach der Geburt meiner Tochter Tara war ein sehr heißer, und immer wieder hatten wir als Familie unruhige

Nächte, weil die Kinder trotz leichter Decken und weit geöffneter Fenster in der stickigen Luft nur schwer in den Schlaf fanden. Mein Mann hatte die Idee, dass wir doch einfach unsere Matratzen auf den Balkon legen könnten, um draußen zu schlafen, denn so hatten er und seine Familie das Hitzeproblem in seiner Kindheit häufiger gelöst: Schlafen unter freiem Himmel. Gesagt, getan. Unser Balkon ist recht groß und geht vom Elternschlafzimmer des Pfarrhauses ab. Also fegte ich den Boden, legte eine große Plane aus, und tatsächlich passten vier große Matratzen sehr bequem nebeneinander. Wir würden etwas zusammenrücken müssen, aber vermutlich wäre das dennoch um ein Vielfaches besser als die stickigen Indoor-Nächte, die uns bereits viel Schlafzeit gekostet hatten. Tara war mittlerweile knapp zwei Monate alt und schlief in der Regel in einem kleinen Nestchen auf meiner Matratze. Ich war sehr gespannt, wie sie auf das Abenteuer Draußenschlafen reagieren würde. Nach einiger Aufregung, weil die Kinder nicht sofort in den Schlaf finden konnten, verlebten wir jedoch einige sehr ruhige und entspannte Nächte in unserem Balkon-Familienbett. Morgens machte einer von uns Eltern Kakao und brachte ihn der versammelten Mannschaft ans Bett bzw. an den Balkon.

Nach circa einer Woche wurden die Nächte etwas kühler, und mein Mann und ich entschlossen uns, die Kinder nicht mehr mit nach draußen zu holen, denn die schliefen auch in ihren mittlerweile abgekühlten Zimmern wieder recht gut. Als Ehepaar, zusammen mit der kleinen Tara, hängten wir noch ein paar kühlere Balkonnächte ran, doch irgendwann war es so frisch, und uns überraschte der ein oder andere kleine Schauer, dass mein Mann wieder reinwollte. Mich hatte jedoch der Ehrgeiz gepackt: Wie lange kann ich die Nächte draußen auf dem Balkon verbringen? Geht das auch im Herbst noch? Oder gar im Winter? Geht das bei Kälte und bei Regen? Meine erste Anschaffung war eine Isomatte, die ich im Fall von beginnendem Regen einfach würde draußen liegen lassen können. Zuvor hatte ich bei manch einem Sommerschauer immer hektisch die ganze Matratze wieder ins Schlafzimmer zerren müssen, was nervig und anstrengend war. Mit der Isomatte als Schlafbasis musste ich einfach nur meine Bettdecke wieder mit hineinnehmen und konnte mich ins Familienbett an mein Baby kuscheln.

In den kommenden Monaten optimierte ich mein Equipment: Mit aufkommender Kälte im Herbst kaufte ich mir einen günstigen Schlafsack, ein befreundeter Pfadfinder schenkte mir eine Plane, die mir fortan als Regenschutz diente, indem ich sie einfach über meinen Schlafsack breitete. Im Winter zog dann ein sehr guter und nicht ganz billiger Schlafsack ein, und irgendwann ergänzte ich mein Outdoor-Bett durch eine Hängematte samt Quilt und Unterquilt als zusätzliche Wärmequellen. Ich verbrachte Regennächte draußen und ersten Frost und wartete sehnsüchtig darauf, einmal morgens im Schnee aufzuwachen.

Herbst 2020: Ich stehe mit meinem Draußenschlaf-Equipment etwas unschlüssig an der noch geschlossenen Balkontür. Nicht nur die Lebensbäume wiegen sich wild in der unbändigen Kraft des Herbststurms – auch meine Hängematte wird durch den Wind hin und her gepeitscht. Wie immer bin ich warm eingepackt in langem Nachtzeug und Hoodie, unterm Arm mein Winterschlafsack, der Quilt und die Plane, die ich wohl irgendwie noch würde befestigen müssen, wenn ich tatsächlich die Nacht draußen verbringen wollte. Kurz lausche ich auf die regelmäßigen Atemzüge meiner mittlerweile 1,5-jährigen Tochter, die mit ihrem Papa das Familienbett hütet. Es klingt kuschelig und verlockend, aber ich gebe mir einen Ruck. Die Windböen mit Windstärken um die 80 Stundenkilometer sind eine neue Herausforderung für mich, bei so starkem Sturm hatte ich bisher noch nicht draußen geschlafen. Ich stoße die Doppeltür des Balkons auf und schließe sie so schnell es geht wieder von außen. Der Wind weht mir die Kapuze meiner Sweatjacke vom Kopf – es ist wärmer, als ich vermutet hätte, wobei „warm" im Spätherbst auch etwas relativ ist. Ich ziehe am Tunnelzug der Kapuze und mache mir ein Schleifchen unterm Kinn. Draußen im Sturm muss es nicht hübsch, sondern pragmatisch sein. Den Böen trotzend spanne ich die Hängematte nach, lege Quilt und Plane wie einen Kokon um die Hängematte und befestige die Plane mit Karabinern, um sie vor dem Wegfliegen zu schützen. Kurz fluche ich, weil es stattdessen der Winterschlafsack ist, der mir wegweht, weil ich ihn mir nur lose unter den Arm geklemmt hatte. Es ist ungemütlich, und ich mahne mich, schnell zu sein. Ich schlüpfe in den Schlafsack, lege mich in die Hängematte und ziehe diverse Schutz- und Wärmeschichten über mich. Mich fröstelt, aber ich weiß, dass sich das gleich legen wird. Es dauert meist nur wenige Minuten, bis sich eine angenehme Wärme in meinem Schlafkokon ausbreitet. Ich verbringe jede Nacht in der Rückenlage, aber es ist nicht im Geringsten unbequem, weil es keine Auflagepunkte gibt. Mein Blick heftet sich an die Wolken, die weiß auf schwarzem Himmel in schneller, gerader Linie ihrer Wege ziehen. Der Wind ist stark, kraftvoll, lauft, gewaltig – die Wolken bewegen sich sanft und stetig und ebenso die Hängematte. Von den stürmischen Böen bleibt nur ein sanftes Schaukeln meiner Hängematte und wohlige Wärme, die mich sanft in den Schlaf hinübergleiten lässt.

Nach insgesamt drei Jahren Draußenschlafen habe ich mittlerweile sämtliche Wetterlagen einmal miterlebt: Schnee, Regen,

Sturm, Hitze und Kälte. Als ich das Projekt gestartet habe, war meine Tochter gerade wenige Monate alt, und zugegebenermaßen war es in manchen Nächten anstrengend, zwei- oder dreimal zum Stillen reingehen zu müssen. Meine Tochter schlief vier Meter Luftlinie von mir, und ich hörte sie stets, wenn sie wach war, wurde aber nicht mehr von jedem kleinen Mucks, den sie machte, geweckt.

Als ich 2009 zum ersten Mal Mutter wurde, gab es nur ein oder zwei Nächte, wo ich versuchsweise meine erste Tochter in ihr eigenes Bett gelegt hatte. Mit dem Einlesen in das Phänomen Attachment Parenting war ich Verfechterin des Familienbettes geworden. Mich überzeugte die Erklärung, dass Babys sich in unmittelbarer Nähe zu ihren Eltern am sichersten fühlen und sich schneller wieder in den Schlaf begleiten lassen. Also behielt ich das Prinzip bei. Auch für das Stillen erwies sich das Co-Sleeping als enorm praktisch: Oft legte ich meine Babys schon bei erster Unruhe an, und stillend glitten sie in die nächste Schlafphase, ohne je ganz wach zu werden. Es war praktisch, es ist für Babys sicher auch das Beste, aber ich habe kaum mitbekommen, wie ich im Laufe der Jahre als familienbettende Mama schleichend eine immer schlimmer werdende Schlafstörung entwickelte. Wenn meine Kinder durch das nächtliche Einschlafstillen oft nicht mal richtig wach wurden, wurde ich zunehmend durch alles Mögliche aus dem Schlaf gerissen: unregelmäßige Atemgeräusche, Rumwälzen, Schnaufen, Glucksen. Ich war ständig in Alarmbereitschaft, ob ich mich wohl würde kümmern müssen. Dutzende Male in der Nacht war ich kurz vor dem Moment, wo man vom Wachen in den nebulösen Zustand von Schlaf hinübergleitet, um mich selbst im letzten Moment alarmierend zu mahnen: nicht einschlafen! Warte ab, bis dein Baby im Tiefschlaf ist, erst dann kannst du sichergehen, dass du auch eine etwas längere Schlafphase abbekommst. Ich gewöhnte mir regelrecht das Eintauchen in den Schlaf ab und verbrachte buchstäblich Stunden der Nacht wachend, weil ich mich so oft selbst am Einschlafen gehindert hatte oder tatsächlich gehindert wurde, dass ich den Dreh irgendwann nicht mehr bekam. Ich hatte aufgehört, die Schlafstunden zu zählen, weil mich das stets nur frustriert zurückließ. 2018 machte ich erstmals wegen meiner Schlafstörungen einen Termin bei meinem Hausarzt, um sicherzugehen, dass organisch alles okay ist. „Alles im grünen Bereich!", gab der Arzt Entwarnung, nachdem er sämtliche Untersuchungen vorgenommen hatte. Ich hatte es geahnt: Das Familienbett, das so wunderbar für den Babyschlaf sein soll, hatte im Laufe der Jahre dazu geführt, dass ich einfach überhaupt nicht mehr schlafen konnte. Ich hatte es regelrecht verlernt. Ebenfalls hatte ich vor lauter Überzeugtsein von Erziehungs- und Baby-Begleitungs-Idealen vergessen, mich selbst zu fragen: Wie geht es mir eigentlich damit? Meine eigenen Bedürfnisse und das Fragen danach waren mir fremd geworden. Ich war eine Mutter.

Nach den ersten einsamen Draußennächten im Spätsommer 2019 fühlte ich mich körperlich wunderbar. Auch wenn ich in nahezu jeder Nacht versucht war, einfach indoor im Bett neben meinem schlafenden Baby liegen zu bleiben und es in den Schlaf zu stillen, statt wieder raus in die Kälte zu gehen. Ich habe es trotzdem gemacht. Denn trotz der vermeintlichen Strapazen schlief ich deutlich besser als in den vergangenen zehn Jahren, seitdem ich Mutter geworden war. Von draußen hörte ich tatsächlich nur, wenn das Baby ganz und gar wach war, aber keinen unregelmäßigen Atem mehr, und ich wurde auch nicht mehr durch kleine

Füße im Gesicht geweckt. Zwischen den indoor Stilleinheiten schlief ich draußen wunderbar. Ich konnte einschlafen, ich schlief wieder längere Zeiten am Stück, ich wurde wieder wachsam für meine Bedürfnisse und traute mich, das Ideal vom gemeinsamen Schlafen zu hinterfragen. Es gehört zur Theorie bedürfnisorientierter Erziehung, dass ALLE Bedürfnisse aller Familienmitglieder wichtig sind. Faktisch jedoch wird es in den meisten Familien so laufen, dass vor allem Mütter es sind, die nach und nach verlernen, ihre eigenen Bedürfnisse einzutragen. In all den Jahren der Schlaflosigkeit hatte ich natürlich gemerkt, dass es mir nicht so gut ging. Aber nach allem, was ich gelesen hatte, war es für mich die größte Selbstverständlichkeit, dass ich groß, erwachsen, vernünftig und eine Frau (ergo recht leidensfähig) war und meine Bedürfnisse nicht die erste Geige zu spielen hatten, wenn die Kehrseite zu „besser schlafen“ bedeutet hätte, meinem Baby die Sicherheit der geborgenen Nestwärme zu entziehen. So war das halt, und ich hinterfragte es nicht.

Viele Mütter spüren ihre eigenen Bedürfnisse gar nicht mehr. Auch ich hatte mir die Frage nach meinen Bedürfnissen irgendwann abgewöhnt bzw. war stillschweigend davon ausgegangen, dass sie eben erst später, wenn die Kinder groß sind, wieder eine Rolle spielen dürfen. „Irgendwann ist das erste Babyjahr vorbei, und dann werden die Nächte auch ruhiger!“, dachte ich mir. Dass aber auch größere Kinder äußerst schlechte Schläfer sein können, dass selbst mittlerweile durchschlafende Kinder durch ihre bloße Anwesenheit auf deiner Matratze deinen Nachtschlaf torpedieren können und dass sich mit dem Auszug des Großkindes aus dem Familienbett ein neues Baby ankündigen würde, waren Faktoren, die „Es wird besser werden“ immer wieder in weite Ferne rücken ließen.

Wenn ich begeistert von meinem Microabenteuer „Ein ganzes Jahr draußen schlafen“ berichte, frage ich mich selbst manchmal, was ich damit eigentlich zum Ausdruck bringen will. Ich möchte dann eigentlich sagen: „Ich will nicht alle Menschen zu Draußenschläfern bekehren“, obwohl das so ganz tatsächlich auch nicht stimmt, denn um ehrlich zu sein, würde ich das schon jedem mal empfehlen: draußen schlafen, eine Nacht unter freiem Himmel verbringen, die Erfahrung machen, dass man selbst bei rauen und widerständigen Witterungen mit der richtigen Ausrüstung bei sich selbst Wärme und Geborgenheit empfinden kann. Auf dem Balkon habe ich viel Verbundenheit mit der Natur erlebt, immer wieder den tröstlichen Blick in die Sterne und das Gefühl von „Meine Probleme sind so klein angesichts dieser großen Ewigkeit des Firmaments. Morgen wird die Sonne wieder aufgehen. Morgen ist ein neuer Tag!“

Aber vor allem möchte ich eigentlich dazu raten, sich auch als Mama Möglichkeiten zum Wachstum zu suchen und die eigene Komfortzone zu verlassen. Das muss auch hier nicht immer etwas ganz Großes sein, manchmal reicht ein einziger Schritt aus, damit sich eine neue Perspektive ergibt. Jeder Schritt, jede neue Erfahrung, jede Begegnung und jedes Betreten von Neuland verändert uns ein wenig. Und neben der Tatsache, dass das einfach mal seelisch unglaublich guttut, sind Wachstum und bewusstes Schritte gehen immer ein Katalysator für eine neue Sicht auf das eigene Leben. Aus dem einfachen wie skurrilen Gedanken „Wie lange schaffe ich es wohl, auf dem Balkon zu übernachten?“ wurde für mich ein Abenteuer, das dazu führte, dass plötzlich Kamerateams für Lokalsender bei uns zu Hause auftauchten, um von meiner Geschichte zu erzählen. Neben neuen Erfahrungen verschaffte mir mein Balkonexperiment neue Schlaferlebnisse, die Erkenntnis, was es wirklich mit mir gemacht hatte und wie es all die Jahre lang an meinen Nerven gezerrt hatte, im Familienbett zu schlafen. Ich tat etwas, was tatsächlich auf Anhieb keinerlei tieferen Sinn hatte als einfach etwas nur für mich ganz alleine zu tun und zu merken: „Hey, das tut mir gut!“ Dieser Schritt Richtung Wachstum hat bewirkt, dass ich mir meiner Bedürfnisse stärker bewusst geworden bin, dass ich mich wieder mehr in den Blick nehmen konnte und den Mut hatte für weitere neue Wege.

Meine Tochter wurde einmal in der Schule aufgezogen mit dieser Geschichte. „Talitas Mama ist komisch, die schläft auf dem Balkon!“, hieß es da, und meine Tochter konterte: „Über meine Mama gibt es wenigstens etwas zu erzählen, über deine offenbar nicht.“ Ich bin der Meinung, dass jedes Leben eine Geschichte zu erzählen hat, und dass jedes Leben, das wir im Einklang mit uns selbst gestalten, wiederum eine Einladung für andere ist, die Geschichte ihres Lebens ernst und wichtig zu nehmen.

VERGEBUNGSORIENTIERTE ERZIEHUNG

„Könnt ihr noch einen Moment sitzen bleiben?“, frage ich in die aufgeregte Tischrunde. Die Mahlzeiten mit den Kindern dauern nie besonders lange, und es gibt bei Tisch die Regel, dass die Kinder schon vor den Erwachsenen aufstehen dürfen, wenn sie alle aufgegessen haben. Manchmal entsteht so ein unruhiges Warten auf das Geschwisterkind, das noch kaut. Pläne werden geschmiedet, was gleich Phase ist, eifrig Tassen geleert und letzte Häppchen in den Mund geschoben, während man bereits auf halbem Weg nach draußen ist. Zugegebenermaßen ist das etwas ungemütlich, aber ich mag die Dynamik der Kinder untereinander, die Freude am Spiel miteinander, obwohl sie so unterschiedlich alt sind. Irgendwann wird sich das verlaufen, und bis es so weit ist, genieße ich dann und wann, dass meine Kinder nicht still sitzen können, weil Gedanken einfach übersprudeln. Die vier wollen aufs Trampolin und irgendwas mit Abwerfen spielen. Mein „Ich würde gerne mit euch über etwas reden" bremst unschön alles aus – lachende Gesichter werden zu langen Mienen. „Das ist mir gerade mal wichtig", erkläre ich und bereue es schon ein wenig, sie im Spielflow gestoppt zu haben – aber über das jetzt folgende Gespräch habe ich schon so oft nachgedacht, und heute traue ich mich.

„Talita", beginne ich, „erinnerst du dich noch daran, dass ich dich manchmal laut angeschrien habe, wenn du nicht schlafen konntest und unruhig warst? Das war besonders, als Jaron noch ein Baby war und ich mich parallel um euch beide und euren Schlaf kümmern musste. Manchmal bin ich auch wütend gegangen und habe dich im dunklen Schlafzimmer alleine gelassen, und du hast geweint vor Schreck. Kannst du dich daran noch erinnern?" Schweigen. „Mmmmh", beginnt sie, „ich glaube nicht so richtig ... Ich erinnere mich daran, dass du manchmal Jaron ins Bett gebracht hast und ich dann ins Schlafzimmer gekommen bin, weil es lange gedauert hat und ich spielen wollte. Da hast du mich wütend weggeschickt, und da war ich sehr traurig!" Ich nicke. Zehn Jahre später in ernst-traurige Augen zu blicken macht mich betroffen. „Ja, das war einfach nur total unfair", sage ich. „Ich war so gestresst, weil Jaron nicht schneller eingeschlafen ist und ich dir auch gemeinsame Zeit versprochen hatte, dass ich mich darüber geärgert habe, dass es nicht geklappt hat. Ich war wütend über die Situation und auch oft überfordert und habe dich dann angeschimpft, obwohl ich doch gerade traurig darüber war, nicht besser für dich da sein zu können. Das war echt scheiße." „Ist okay", sagt meine Tochter, „ich verstehe das jetzt besser!"

„Jaron", wende ich meinen Blick meinem älteren Sohn zu, „erinnerst du dich noch daran, dass ich dich mal mit deinen ganzen Klamotten unter die Dusche gestellt und einfach abgebraust habe, weil ich so sauer war, dass ihr euch kurz vor dem Schlafengehen mit nassem Sand beworfen habt? Eure Haare waren so voller nasser Sandklumpen und eure Schlafanzüge völlig verdreckt – ich war dann bei der Dusche nicht vorsichtig beim Haare waschen, sondern einfach nur grob, und du hast sehr geweint. Weißt du das noch?" „Ja", antwortet mein Großer, „und du hast auch geweint. Als wir hinterher mit Versöhnungs-Malzbier auf der Hintertürtreppe gesessen haben. Das tat dir sehr doll leid." Ich bekomme einen fetten Kloß im Hals und könnte schon wieder weinen, reiße mich aber zusammen. „Das tut mir heute noch leid", erkläre ich stattdessen und zähle auf, was alles nicht geht, auch nicht, wenn man wütend ist: „Ich hätte dich nicht einfach packen dürfen. Auch gegen den Willen abbrausen ist eine Art Gewalt, und das darf natürlich nicht passieren. Ich war einfach so sauer, aber ich habe das auf die dümmste aller Arten rausgelassen." „Das passiert mir auch manchmal", grinst mein Sohn mich an. Wir lachen beide. „Wir arbeiten dran, okay?", gebe ich lächelnd zurück, und er nickt.

„Jesaja, ich möchte dich auch etwas fragen", beginne ich gegenüber meinem jüngeren Sohn das Gespräch. „Ich war dir gegenüber auch manchmal eine blöde Mama, glaube ich. Erinnerst du dich noch an den einen Abend, an dem ich dich so dolle aufs Bett gedrückt und festgehalten habe, weil du immer wieder rausgeklettert und weggelaufen bist?" Ich senke meinen

Blick – ich kann kaum weitersprechen. „Du warst vorher so fröhlich und ausgelassen und hast so laut gelacht. In dem Moment warst du erschrocken und traurig und hast irgendwann angefangen zu weinen. Das war so scheiße von mir!" Ich spüre, wie mir Tränen in die Augen schießen. „Ja, blöde Mama!", quietscht Jesaja lachend und ein wenig überdreht wie immer. Er springt von seinem Stuhl auf und kommt angehopst. Seine überschwänglichen Arme schlingen sich um meinen Hals, und sein Gesicht kommt meinem so nahe, dass ich seinem Blick nicht ausweichen kann. Während ich seine Wangen mit beiden Händen umschließe, schaue ich ihn liebevoll an. „Du bist ein Wirbelwind!", sage ich, „und ja, manchmal bin ich echt eine blöde Mama. Niemand darf dich so festhalten oder dir wehtun. Und Mamas schon mal erst recht nicht. Es tut mir leid, Jesaja. Das war ganz großer Mist, und so was darf nicht wieder vorkommen. Wenn mich dein Toben noch mal so nervt, gehe ich einfach in die Küche und koche mir einen Kaffee, okay?" Wir umarmen uns fest.

„Beim Anschnallen bist du auch manchmal eine blöde Mama!", kommentiert nun meine Jüngste, und ich bin mehr als überrascht, dass sie schon so aufmerksam zugehört hat, dass sie weiß, worum es geht. Sie hat so recht und greift ein Beispiel auf, das sie klüger und sinniger nicht hätte auswählen können: Es gibt Situationen, da ist „blödes" Mama-Verhalten sogar unumgänglich, zum Beispiel, wenn es um die Sicherheit des Kindes geht. Und, ja, es gab Momente, da habe ich Tara nach sehr geduldiger und zugewandter Diskussion gegen ihren Willen anschnallen müssen, weil die Zeit drängte und Anschnallen einfach alternativlos ist. Um dennoch deutlich zu machen, dass das Ausnutzen körperlicher Übermacht nicht okay ist, und den Kindern ein Bewusstsein dafür mitzugeben, dass dies unter anderen Umständen kein akzeptables Verhalten anderer Menschen ist, begleite ich den Vorgang des widerwilligen Anschnallens stets mit den Worten: „Ich muss dich anschnallen, Tara. Es tut mir leid, dass ich das jetzt gegen deinen Wunsch machen muss. Du hast ein Recht, selbst über deinen Körper zu bestimmen, und da darf dich auch niemand zu etwas zwingen. Aber unangeschnallt fahren ist sehr gefährlich. Ich muss dich jetzt zu etwas zwingen, weil mir deine Sicherheit wichtig ist. Es tut mir leid, dass ich das jetzt machen muss, obwohl du es nicht willst – das ist ganz blöd!"

Tara hat also zielsicher ihren eigenen „blöde-Mama-Moment" gefunden, und ich bin fast erleichtert, dass sie es schon schafft, ihr Urteil wirklich nur auf diesen einen Moment zu beziehen, und mehr noch: Dass offenbar angekommen ist, was ich ihr in diesem Moment sage: Das ist so nicht in Ordnung – es tut mir leid. Das Gespräch mit meinen Kindern über die Schattenmomente meiner Mutterschaft, die in mir auch Jahre später noch ein schlimmes schlechtes Gewissen aufsteigen lassen, war ein zentraler Moment meines Mama-Daseins. Es hat mir auf eindrückliche Weise gezeigt, dass solche Momente bei Kindern tatsächlich in Erinnerung bleiben, aber dass sie sehr wohl in der Lage sind zu registrieren, dass es sich um Ausnahmen, schwache Momente und schlichtweg Fehler meinerseits handelt, die so nicht vorkommen sollten, aber eben doch vorkommen. „Das passiert mir auch manchmal", hatte mein Sohn gesagt, und ja, wie wohl die meisten Geschwister streiten auch meine Kinder untereinander laut, manchmal mit unflätigen Worten und nicht selten auch handgreiflich.

Doch gerade die Tatsache, dass der hohe Maßstab bedürfnisorientierter Begleitung unserer Kinder verbunden ist mit dem Wissen darum, wie traumatisch eine lieblose Kindheit empfunden werden kann und wie fatal deren Auswirkungen sind, hat in Müttern eine tiefgreifende Angst vor Erziehungsfehlern hinterlassen. Susanne Mierau macht in ihrem Buch *New Moms for Rebel Girls* deutlich, dass es nicht ein einzelner Augenblick ist oder ein krisenhafter Moment, der Einfluss auf die psychische Gesundheit der Kinder hat, sondern die Frage, in welchem Klima solche Fehler geschehen.[28] Dabei geht es mir keinesfalls darum, die Schwere dieser Fehlermomente relativieren zu wollen: Anschreien, Lautstärke, Beleidigungen, das Ausüben körperlicher „Übermacht", festes Anpacken wie auch Schläge im Affekt, sind in jeglicher Ausformung Gewalt gegenüber Kindern, die deutlich benannt werden muss und nicht vorkommen darf. Aber ebenso klar, wie wir festhalten müssen, dass dies nicht vorkommen darf, müssen wir dennoch sagen: Fehler passieren.

Und was wir generell in unserer Gesellschaft, aber noch mehr in unserer Kindererziehung, brauchen, ist eine bessere und gnädigere Fehlerkultur und ein bewussterer Umgang mit dem eigenen Scheitern. Immer noch schaue ich kopfschüttelnd auf viele Tage, in denen ich stundenlang wirklich die Supermama war: zugewandt, freundlich, geistreich im Erfinden von Lösungsstrategien, auf Augenhöhe, geduldig (echt nicht meine Stärke), aber am Ende eines langen Tages die Nerven verlor, laut wurde und ungerecht, und mich schrecklich dafür schämte. Es ist der Negativity Bias geschuldet, dass uns negative Ereignisse deutlich stärker in Erinnerung bleiben. Doch so verständlich dieser Mechanismus ist, so tragisch ist er auch: Er kreiert Mütter, die einen super Job machen, aber angesichts von Fehlern und missglückten Momenten so tiefe Schuldgefühle und die Angst hegen, ihr Kind traumatisiert zu haben. Ich meine, dass es ein großer Unterschied ist, ob Lautstärke und auch körperliche Gewalt zu legitimen Erziehungsmethoden erhoben und in diesem Selbstverständnis auch von Eltern angewendet werden, oder ob wir diese Dinge klar als Schuld und Fehler erkennen, gegenüber unseren Kindern benennen und versuchen, die Scherben mit ihnen gemeinsam wieder aufzusammeln. Das ist schon vom Grundsatz her etwas völlig anderes als ein leichtfertiges „Ein Klaps auf den Po hat doch noch keinem geschadet". Kinder vertrauen ihren Eltern: Was diese tun, das ist für sie erst mal „richtig" und wird auch nicht hinterfragt. Wenn Eltern mit der Überzeugung, dass es schon legitim ist und nicht schaden wird, den Kindern gegenüber laut zu werden, Strafen verhängen oder auch Schläge austeilen, dann wird die gewaltvolle Tat, gepaart mit dem elterlichen Selbstverständnis, den Kindern die Botschaft vermitteln: Es ist okay, dass ich mit dir so umgehe – du hast diesen Umgangston und Gewalt verdient. Ja, es kann Kinder sehr wohl traumatisieren und schwer in ihrem Selbstbild erschüttern, wenn das die nonverbale Botschaft ist, die ihre Kindheit durchzieht. Fehler, die passieren, das Kommunizieren von Schuld und Reue und gemeinsames Wiedergutmachen hingegen ist etwas, was zum Leben aller Menschen dazugehört: Kinder streiten miteinander, Eltern werden laut und verletzen sich unabsichtlich im Eifer des Gefechts, wir werden als Menschen aneinander schuldig. Es ist wichtig, dass wir auch im Umgang mit Fehlern unseren Kindern Vorbilder sind und ihnen eine gute Fehlerkultur und einen Umgang mit Schuld vorleben. Wie Susanne Mierau schreibt: „Kinder sollten (...) lernen, dass auch nach Situationen, die nicht so gut gelaufen sind, wieder die Stimmungs- und Beziehungsqualität hervortritt und die Situation geklärt wird."[29] Skills wie eigenes Fehlverhalten erkennen und benennen und die Fähigkeit, nach einem Streit eine Entschuldigung auszusprechen und die Beziehung vertrauensvoll wieder aufzunehmen, sind unglaublich wichtige Learnings für unsere Kinder. Liebevolle Beziehungen führen zu lernen impliziert, dass wir auch lernen und vorleben müssen, wie diese Beziehungen sich in den Stürmen des Lebens bewähren.

Mein Vorbild in Sachen Versöhnung ist und bleibt meine eigene Mama, die ich immer schon, auch als Kind, sehr dafür bewundert habe, dass ihr nie ein Zacken aus der Krone gebrochen ist, wenn sie sich bei uns Kindern entschuldigt hat. Wenn ich auf meine eigene Kindheit zurückblicke, kann ich tatsächlich sagen, dass besser als eine Mama, die immer krampfhaft und ängstlich bemüht ist, alles richtig zu machen, eine Mama ist, die authentisch mit ihren Gefühlen umgeht. Mir ist bewusst, dass es immer noch viele Frauen gibt, die Probleme im Umgang mit Wut haben, weil sie in ihrer Kindheit gelernt haben, dass Mädchen leise und lieb zu sein haben. Ich habe ein sehr gesundes Verhältnis zu Gefühlen wie Wut in mir, und selbst Aggression kann ich als inneren Impuls sehr gut annehmen und in kreative Energie umwandeln, weil ich durch das Vorbild meiner Mama gelernt habe, dass ebendiese Gefühle auch zum Leben dazugehören und sein dürfen. Meine Erinnerung an Momente, in denen Mama uns angeschrien hat, sind tatsächlich noch präsent. Das war nicht schön, und ich kann heute noch das Gefühl von Zerknirschung spüren, wenn zu Hause dicke Luft herrschte. Aber was tiefer und emotional stärker hängen geblieben ist, sind die Momente der Versöhnung. Wenn ich mich daran erinnere, wie Mama in meinen sicher nicht immer einfachen Teenagerjahren an meiner Zimmertür klopfte und mir einen Wieder-gut-Cappuccino vorbeibrachte, bekomme ich feuchte Augen: Das waren wirklich schöne und ganz besondere Momente der Nähe für mich. Momente, die mich in dem Vertrauen bestärkt haben: So schnell bringt die Liebe, die zwischen Mamas und ihren Kindern ist, nichts ins Wanken. Natürlich fühlte es sich manchmal regelrecht beängstigend an, wenn ein Streit so eskaliert, dass Türen geknallt werden und wütende Worte fallen. Da gerät eine kleine Welt aus den Fugen, und die Menschen, von denen man emotional und existenziell abhängig ist, werden einem für einen Moment unsicher. Aber gerade diese schwierigen Momente, in denen wir die entstandenen Scherben gemeinsam aufgesammelt haben, haben mich zutiefst in dem Vertrauen bestärkt, dass ich Konflikte und Streit nicht scheuen muss. Eine gute Beziehung hält das aus und erweist sich gerade dann als tragfest. Lektionen fürs Leben – Lektionen in Sachen Bindungsfähigkeit, von denen all meine engen Beziehungen bis heute profitieren.

Dem Wort „Vergebung" hängt selbst für meine Ohren beim ersten Hören ein wenig altbackene Kirchlichkeit an – Schuld und Vergebung sind zentrale Themen im Kontext des Christentums, die mir seit Jahren vertraut sind. Ich habe mich in den letzten Jahren immer mehr von meiner kirchlichen Prägung distanziert, aber dennoch sind mir manche Facetten des christlichen Glaubens lieb und teuer geblieben, die aus meinem Leben auch nicht mehr wegzudenken sind. Neben dem Wunsch, beständig in einer Haltung der Nächstenliebe zu wachsen, und dem Wunsch, jedem Menschen so zu begegnen, wie ich es mir von ihm wünsche, begleitet mich das Wissen darum, dass ich als Mensch auf Vergebung angewiesen bin. Mittlerweile bin ich aus dem kirchlichen Menschenbild, dass alle Menschen Sünder sind und der Vergebung durch Gott bedürfen, rausgewachsen. Rutger Bregman hat in seinem Buch *Im Grunde gut* eindrucksvoll nachgewiesen, dass genau das Gegenteil der Fall ist: dass der Mensch im Grunde seines Herzens ein soziales Wesen ist. So wie die Tatsache, dass Mütter eben auch Fehler machen, uns nicht zu schlechten Müttern macht, macht uns auch die Tatsache, dass wir als Menschen immer wieder aneinander schuldig werden, nicht zu „Sündern by heart", sondern zu Menschen. Punkt. Ich habe das Gefühl, dass dem kirchlichen Predigen von Sünde und Vergebung so viel Moralin anhaftet, so viel traditioneller Druck, dass der liebe Gott alles sieht und trotz seiner „Vergebungs-Befugnis" eben doch der strenge Richter bleibt, dass vielen Menschen das Reden von Schuld und Sühne unsympathisch und fremd geworden ist. Wenn man sich versündigt hatte, ging man in die Kirche, beichtete und bekam Vergebung zugesprochen. Mit dem Herauswachsen der meisten Menschen aus traditioneller Kirchlichkeit ist vielen von uns jedoch auch das Bewusstsein abhandengekommen, wie viel heilsame Kraft in Vergebung steckt. Wie sehr ein guter, bewusster und selbstverständlicher Umgang mit der eigenen Schuld ein Leben in Freude und Freiheit ermöglicht. Das Reden vom Menschen als Sünder haben viele eher als bedrückend wahrgenommen – jedes Fehlverhalten einem Pfarrer beichten zu müssen, fühlt sich so gar nicht frei an.

Diane Hielscher bringt es in *Liebe neu denken* schön auf den Punkt: „Ich bin ein Mensch, ich mache menschliche Erfahrungen: Schmerz, Angst, Scheitern."[30] Die Frage ist daher nicht, wie wir lernen, das zu vermeiden, was eben Teil unserer menschlichen Natur ist – Scheitern –, sondern wie wir es schaffen, trotz unseres Scheiterns in der Selbstliebe zu bleiben, in einem guten, liebevollen Verhältnis zu uns selbst. Wir Mütter verlieren uns selbst dort, wo wir uns mehr über unser Scheitern definieren und uns von Schuldgefühlen zu sehr auffressen lassen, als täglich den Blick dafür zu schärfen, was für großartige, einmalige und für die Welt wichtige Wesen wir sind.

Wer sich bei sich selbst wieder wohl und zu Hause fühlen möchte, der braucht das Gefühl inneren Friedens und „Aufgeräumtseins“ mit und bei sich selbst. Wir sollten der Kirche nicht das Monopol für Vergebung überlassen, denn Vergebung ist etwas, was seelisch einer täglichen Aufräumroutine entspricht. Frühjahrputz für eine Seele in Selbstzweifeln. Dafür braucht es keine Gottheit und keinen Pastor, denn Selbstvergebung ist etwas, was wir in ganz konkreten Schritten selbst pflegen können, um wieder frei zu werden für mehr Selbstliebe und Selbstrespekt.

Wie kann ich mir selbst vergeben? Fünf konkrete Schritte

Beichte: Den meisten ist der Begriff „Beichte“ vermutlich aus kirchlichem Kontext bekannt, wo er oft einen eher moralinsauren Beigeschmack von Druck und schlechtem Gewissen hat. Ich benutze das Wort dennoch, weil es prägnant ist und weil ich finde, dass Beichte einen so befreienden und aufrichtenden Charakter hat, dass die Kirche kein Monopol darauf haben sollte. Beichten – dafür braucht es keinen Priester und keine Institution, sondern einen liebenden Menschen, dem wir wirklich vertrauen. Das kann unsere Mama sein, ein guter Freund oder eben doch eine Seelsorgerin, bei der wir uns wirklich gut aufgehoben fühlen. Fehlern, für die wir uns abgrundtief schämen, wird ganz viel von ihrer bedrückenden Last genommen, wenn wir sie vor einem anderen Menschen ehrlich aussprechen und bekennen und aus dem dunklen Hinterzimmer von

Scham und Schuld ans Licht holen. Sich von einem anderen Menschen mit seinen Fehlern liebevoll angenommen zu fühlen, macht frei, versöhnt und richtet sanft den eigenen Blick auf die Tatsache, dass niemand ohne Fehler ist und wir alle dann und wann auf vergebende Annahme angewiesen sind.

Wiedergutmachung: Wiedergutmachung ist eine bewusste Geste, die dem Fehler und der Schuld eben nicht das letzte Wort gibt. Besonders mit Kindern, die das elterliche Verhalten ja stets als richtig ansehen und dazu neigen, den Fehler für elterliches Fehlverhalten in ihrer eigenen Person zu suchen, ist dieser Schritt wichtig, um einen bewussten und spürbaren Gegenimpuls zu setzen. Wie oft kommt uns ein schnelles „Sorry“ oder „Entschuldigung, war nicht so gemeint“ über die Lippen – Worte, die schnell verpufft sind. Aber auf ein lautes Schimpfen nebst einem „Es tut mir leid“ eine Zeit des Kuschelns und der Nähe folgen zu lassen, die die Verbindung zu unserem Kind wiederherstellt, ist deswegen enorm wichtig. Wiedergutmachung kann durch eine Geste geschehen, die mit der eigentlichen Schuld gar nichts zu tun hat (Einladung auf ein Eis), oder sich direkt auf den geschehenen Fehler beziehen („Ich hätte nicht laut werden sollen – Eltern sollten besser freundlich mit ihren Kindern sprechen. Komm, ich lese dir ein Buch vor, das ist freundlicher.“). Gegenüber Erwachsenen kann eine verbale Entschuldigung durch einen Brief verstärkt werden oder ein kleines Geschenk, das aussagen soll: „Ich mag dich“. Dabei geht es nicht so sehr um das Was, sondern vielmehr um das Wozu: Unser Unterbewusstsein reagiert stark auf bewusste äußerliche Handlungen, und allein der Gedanke „Ich habe es versucht, wiedergutzumachen“ kann uns einen Teil der spürbaren Last nehmen.

Verständnis: Idealerweise sollten wir schon in der Beichte auf Verständnis durch unser Gegenüber stoßen. Das hilft bei der Selbstannahme. Die Wahrheit ist jedoch, dass wir meistens mit uns selbst deutlich härter ins Gericht gehen als mit einem guten Freund, für den wir eher Verständnis aufbringen würden, wenn er uns von seinem Bockmist erzählt. Die Idee hinter diesem Punkt ist: Hab für dich selbst genauso viel Verständnis, wie du für einen guten Freund hättest. Dabei müssen wir der Gefahr der allzu schnellen Selbstrechtfertigung entgehen, mit der Fehler eher bagatellisiert werden, als sie und ihr beziehungsstörendes Potenzial ernst zu nehmen. Doch wenn du eher die Neigung hast, dich zu sehr mit selbsthassenden Gedanken zu verurteilen, ist dieser Schritt ganz wichtig: Sprich sanft zu dir selbst und äußere Verständnis für das, was geschehen ist. Sag etwa zu dir selbst gewandt: „Ja, das war nicht in Ordnung, aber du hattest wirklich einen schweren Tag, und da wären jedem anderen auch die Nerven durchgebrannt. Du hast es ja wiedergutgemacht, und morgen ist ein neuer Tag. Tu dir jetzt etwas Gutes, um in deine Kraft zu kommen und deine Resilienz wieder zu stärken. Du machst das super!"

Loslassen: Und wenn du alle diese Schritte gegangen bist, aber trotzdem fiese und anklagende Gedanken immer wieder in dir laut werden, darfst du diese getrost auch einfach mal wegschieben. Ja, Verdrängung ist in den meisten Fällen nicht gut, aber wenn wir in Sachen Fehlermanagement alles getan haben, um die Sache wieder auszubügeln, dann dürfen wir der stichelnden Stimme auch getrost zu verstehen geben: „Du, es reicht jetzt, die Sache ist abgehakt!" Da bewusstes Nicht-an-etwas-Denken schwer, ja, geradezu ein Ding der Unmöglichkeit ist, lenke deine Aufmerksamkeit in solchen Momenten bewusst auf etwas anderes, damit das übermäßige schlechte Gewissen gar nicht erst so viel Raum bekommt. Sag dir „Ich lasse es jetzt gut sein“ und schnapp dir ein Buch oder mach dir eine spannende Serie an. Auch Loslassen will gelernt sein und bewusst gestaltet werden.

Neuausrichtung: Shit happens, sagt man. Blöde Dinge passieren eben, und jeder Mensch macht Fehler, solange er lebt. Jedoch gehen Menschen sehr unterschiedlich mit ihren Fehlern um. Während die einen es nur schwer schaffen, aus der Spirale aus Selbstvorwürfen und Missachtung herauszukommen und mit dem Blick in der Vergangenheit haften bleiben, wenden die anderen den Blick nach vorne und üben sich in einem Fehler bejahenden Mindset: Aus jedem Fehler lernt man, aus Scherben werden wunderschöne Mosaike. Um sich selbst vergeben zu können, kann es hilfreich sein zu versuchen, den Fehlern, die nun mal geschehen sind, etwas Gutes abzugewinnen. Vielleicht fokussierst du dich auf den Gedanken (bitte ohne toxischen Perfektionismus), dass jedem Anfang ein Zauber innerwohnt und der Tag nach einer Fehlerkatastrophe auch immer etwas von Aufbruch hat und eine unglaubliche Chance ist, sich wieder ganz neu auszurichten, liebevoll und achtsam zu sein und Aufbauarbeit zu leisten. Fasse gute Vorsätze, die Spaß machen, investiere in die in Schieflage geratene Beziehung in einer Art und Weise, die in deinem Herzen Vorfreude auslöst. Der heftigste Tiefpunkt darf in deinem Bewusstsein zur Initialzündung für Neuausrichtung werden. Es war natürlich nicht schön, wenn wir an anderen Menschen schuldig werden, aber jede Krise ist auch immer ein Warnschuss, es nicht wieder so weit kommen zu lassen, mit positiven Blick nach vorne. Dieser sollte nicht pessimistisch sein und im Sinne von „Das darf nie wieder vorkommen" ängstlich den Fehler anvisieren, den es zu vermeiden gilt. Du hast dein Kind angeschrien? Dann denk nicht in Endlosschleife „Ich darf nicht schreien", sondern fasse einen positiven Vorsatz als Investment für die Beziehung zu deinem Kind. Etwa: „Und morgen backen wir zusammen Kuchen – das wird schön!"

Solange wir Eltern sind, werden wir auch an unseren Kindern schuldig werden. Wer sich selbst und in Beziehungen auch anderen vergeben kann, der leistet Aufräum- und Aufbauarbeit. Und gerade in den Beziehungen, in denen ich mich stets „aufgeräumt" fühle, weil ich Scherben mit meinem Gegenüber zusammen wieder aufgekehrt habe, fühle ich mich auch sicher und gut aufgehoben. Streit und Auseinandersetzungen sind immer Belastungsproben für ein zwischenmenschliches Miteinander, weil sie uns klein und schlecht fühlen lassen und zuweilen wie Versager, die es einfach nicht besser hinbekommen. Das Gefühl, sich „selbst verloren" zu haben, kann auch das Gefühl meinen, sich im Spiegel nicht mehr mit Stolz und Freude anschauen zu können, weil man nicht mag, was man da sieht – das ist ein häufiger Nebeneffekt, wenn wir Eltern werden. Denn nichts lässt deinen vormals positiven Blick auf dich selbst so sehr zu einem kleinen, unsicheren Fragezeichen werden (Mache ich das wirklich gut?) wie Elternschaft. Es gehört zu unseren Erziehungsaufgaben, unseren Kindern zu zeigen, wie sie mit Fehlern, die die Beziehungsebene belasten, umgehen können: Wie kann ich es wiedergutmachen? Der Weg der bedürfnisorientierten Erziehung wird heute von vielen Eltern deswegen gewählt, weil das Ernstnehmen der Bedürfnisse meines Kindes ihm zu einem gesunden Selbstbild und Selbstbewusstsein verhilft. Der Sinn dieses Weges ist verfehlt, wenn er Kinder mit einem gesunden und fröhlichen Selbstbild hinterlässt, aber gleichzeitig Mütter hervorbringt, die sich selbst im Spiegel nicht mehr anschauen können, weil sie mit sich und ihren Fehlern so hart ins Gericht gehen. Deswegen plädiere ich dafür, der bedürfnisorientierten Erziehung bewusst (oft geschieht das ja von ganz allein) den Gedanken einer vergebungsorientierten Erziehung zur Seite zu stellen. Wenn BO sagt: Du bist wertvoll und wert, gesehen zu werden, dann sagt Vergebung: Du bist immer noch wertvoll, auch wenn es bei dir mal „menschelt". Innerhalb von Partnerschaft und Familie bewusste Vergebung zu leben und zu lernen ist im seelischen Sinne das, was du deinem Kind zukommen lässt, wenn es mal strauchelt und hinfällt: Du reichst ihm die Hand, du hilfst ihm auf, ihr kümmert euch um etwaige Verletzungen – und bestaunt gemeinsam den Heilungsprozess. Wenn Bedürfnisorientierung kleinen Menschen ihren Wert vor Augen führt, dann bewirkt Vergebungsorientierung, dass wir auch dann nicht an diesem Wert zweifeln, wenn wir mal Fehler machen. Das ist für Kinder wichtig, aber auch für Mütter, die sich selbst im Dschungel von Ansprüchen an Mütter und ihre immerwährende Langmut und Zugewandtheit verloren haben. Vergebungsorientierter Umgang miteinander lehrt uns, dass dein Wert stets der gleiche ist, ob du glänzt in deiner elterlichen Performance oder dir mal etwas misslingt. Unser Gespräch am Abendbrottisch hat mir gezeigt: Ja, meine Kinder erinnern sich an die Tiefpunkte und Schattentage in unserem Miteinander, an die Momente, in denen ich ihnen keine gute Mama war. Aber da ist kein verdrängter Schmerz, keine Verbitterung, kein Zweifel auf der Beziehungsebene. Es ist, was es ist: Ich habe einen Fehler gemacht, aber wir sind aufgeräumt miteinander. Meine Kinder sehen mein liebendes Herz – und das sollten wir als Mütter uns selbst gegenüber auch tun. Wieder bei sich selbst anzukommen, bedeutet zu erkennen: Du hast ein Herz, das Liebe kann. Sei stolz auf dich.

WIEDER ICH SEIN – WER BIN ICH EIGENTLICH?

Man sollte meinen, dass unser alltägliches „Ich bin" einfach mit unserem Selbstsein zusammenfällt, aber vom ersten Bewusstwerden unseres Ich an gibt es äußere Einflüsse (Beziehungen, Belastungen, Begebenheiten), die dazu führen, dass wir unser Selbst ein bisschen modifizieren und uns anpassen. Meist tun wir dies, um Schmerz zu vermeiden – häufig den Schmerz über nicht gelingende Bindung. Die vier psychischen Grundbedürfnisse des Menschen sind: Bindung, Autonomie und Kontrolle, Selbstwerterhöhung und Lustgefühl.[31] Soziale Bindungen (begonnen mit unserer Kernfamilie, unseren Eltern, später weiteren Bezugspersonen, dem ersten Freundeskreis und schließlich den Liebesbeziehungen, in die wir uns hineingeben) sind hier maßgeblich prägend – ihr Feedback sagt uns viel darüber, wer wir sind, wer wir sein dürfen, und wer wir sein sollten. Unser Selbst setzt sich zusammen aus vielen Facetten, die von Anfang an schon in uns wohnen, die in unserem Lebensvollzug zur Entfaltung kommen (ent-falten im Sinne des neugierigen Entdeckens, was in uns steckt, NICHT: optimieren). Wer das Gefühl von Sein dürfen mit den Möglichkeiten freier Entfaltung erlebt, fühlt sich eins mit sich selbst. Freie Entfaltung ist eben da nicht immer möglich, wo wir die Erfahrung machen, dass unsere Identität durch äußere Einflüsse und Ansprüche in einem Hamsterrad aus Beschäftigung, Optimierung und Anpassung gefangen gehalten wird. Wer Selbst-Sein lebt, erfährt dies meist als Gefühl kraftvoller Zentrierung. Ein starkes, bewusstes und resilientes In-sich-selbst-Ruhen, das uns bedacht und kraftvoll, zufrieden und mitfühlend nach außen agieren lässt. Identitätsverlust gleicht eher einer Zerstreuung: Ich bin ständig in Bewegung, ich mühe mich, ich gebe mein Bestes – und doch fühlt es sich nie so richtig zufriedenstellend an. Besonders Frauen leben erstaunlich lange und stabil mit diesem Gefühl von Leere und Unzufriedenheit, denn ihnen wohnt traditionell immer noch ein extrem starkes Verantwortungsgefühl für die Menschen ihrer unmittelbaren Umgebung inne und die Tendenz, sich für andere aufopfern zu müssen. Es handelt sich um Prägungen, die eben nicht leicht zu durchbrechen sind: „Die historisch gewachsene weibliche Neigung zur Anpassung hat sich zwar im Laufe der Zeit abgeschwächt, ist aber längst nicht aus unserem Denken und Fühlen verschwunden“[32]. Sicherstes Anzeichen dafür, dass dem so ist, ist trotz wachsendem feministischen Bewusstsein das tägliche schlechte Gewissen, das unser treuer Begleiter ist. Und so ergeben sich auf dem Weg zum Einklang mit bzw. der Rückkehr zu unserem Selbst mannigfaltige Hindernisse im Innen und Außen: Glaubenssätze, die uns einschränken, Verbindlichkeiten, die wir empfinden und aus denen wir uns nicht einfach „davonstehlen“ können. Es ist enorm wichtig, eine Vorstellung davon zu haben, was uns antreibt, was uns glücklich und in uns selbst zu Hause fühlen lässt. Und dabei geht es nicht um egoistischen Selbstbezug, sondern darum, sich aus unguten äußeren Abhängigkeiten zu lösen, von denen weder wir noch unser Gegenüber etwas haben. Von Verpflichtungen, die uns krank machen, und aus Beziehungen, in denen wir nicht wirklich vorkommen. Nur wer sich von all dem befreit, ist offen für Selbst- und Ganzwerdung und damit letztendlich für

Begegnung – unsere engen und wichtigen Beziehungen werden davon profitieren.

Doch ... wer sind wir eigentlich? Und, wenn wir darauf noch keine klare Antwort geben können, wie finden wir heraus, wer wir sind? Eine grobe Vorstellung vom eigenen Selbst hat wohl jeder: Wir kennen unseren Charakter und unsere Vorlieben, die Dinge, die wir gerne tun und die uns wichtig sind: dass wir etwa zu melancholischen Phasen neigen oder ein wenig überdreht sind, wenn wir uns unter Menschen aufhalten. Aber wenn wir unser Selbst als eine Art „psychisches Navigationssystem“[33] definieren, mit dem wir uns in jeder Situation verorten (Geht es mir gut? Bin ich am richtigen Ort? Sage ich Ja oder Nein? Will ich das hier wirklich? Bin ich im Einklang mit meinen Werten?) und uns auf unsere nächsten Ziele ausrichten können, dann lohnt sich ein tieferer Blick. Welche Schritte können helfen, um das sichere, innere Standing zu haben, „mir meiner selbst bewusst zu sein“? Folgende Fragen können helfen, sich dieser Selbstbetrachtung anzunähern:

Wofür schlägt dein Herz? – Ein neues Ichbewusstsein

Die Frage, wer ich wirklich, wirklich bin, ist manchmal okkupiert von Prägungen und Erwartungen, von Anpassung und Vermeidungsstrategien. Was wir TUN, entspricht nicht immer dem, wer wir sind. Was uns aber deutlich zuverlässiger Aufschluss darüber gibt, wer wir sind, ist die Frage danach, wofür unser Herz schlägt. Mag sein, dass du Lehrerin an einer Oberstufe BIST, aber wenn du jeden Tag mit einem unguten Bauchgefühl zur Arbeit gehst und eigentlich immer schon davon geträumt hast, als Erzieherin in einer Kita kleine Kinder auf ihrem Weg in die Welt zu begleiten, dann ist dein „Ich bin Lehrerin“ möglicherweise überlagert von den Ratschlägen, doch den Beamtenstatus anzustreben und den Beruf mit dem besseren Gehalt. Und dann bist du nicht wirklich du selbst – egal, wie viele gute Argumente für diesen eingeschlagenen Weg sprachen. Ein sicherer Kompass, um diese Frage zu navigieren, sind demgegenüber unsere inneren Wünsche. Ich kann die Seelsorgegespräche gar nicht mehr zählen, in denen innerste Wünsche und ihre rationalen Einwände heftig miteinander im Widerstreit waren. So wahr und wichtig wohl abgewogene Argumente auch sein mögen: Wie viel Gewicht haben sie denn tatsächlich angesichts der Tatsache, dass dich der sachlich logischste Weg eben nicht zwangsläufig glücklich macht? Du hast nur dieses eine Leben – und ganz am Ende, in deiner letzten Stunde, werden all diese Menschen mit ihren klugen Ratschlägen und Argumenten nicht mehr an deiner Seite sein. Den letzten Weg gehen wir alle allein, und ich weiß, dass Abschied nehmen immer dann leichter ist, wenn uns bewusst ist: Wir haben UNSER Leben gelebt und sind ihm keine Wünsche schuldig geblieben. Es ist ERFÜLLT. Was wünschst du dir wirklich?

Es kann sich lohnen, eine Liste mit deinen Herzenswünschen anzulegen. Um uns selbst nicht zu zensieren und zu beschränken, kann eine solche „Wunschliste zur Orientierung“ ALLES enthalten, was wir lieben und was uns glücklich macht. Vielleicht steht da ganz banal „In Ruhe lesen macht mich glücklich“, und du kommst dir selbst schon ein kleines Stückchen fürsorglich und selbstliebend näher, wenn du dir deinen Alltag so einrichtest, dass du auf täglicher Basis eine Pause und eine Auszeit zum Lesen hast. Wenn deine Wunschliste die „Weltreise“ beinhaltet, die du als „unrealistisch“ am liebsten gleich wieder streichen würdest, dann gibt dir dieses Stichwort aber dennoch Auskunft über DICH – lass es drauf! Warum das Träumen aufgeben, wenn wir uns den ganz großen Traum gerade nicht erfüllen können? Dein Weltreisewunsch sagt etwas darüber aus, wer DU bist: Du bist gerne in Bewegung, um dir die Welt anzuschauen. Und möglicherweise motiviert dich diese Erkenntnis, den ersten Schritt zu machen und für eine etwas kleinere Reise im übernächsten Sommer zu sparen. Auch die bescheideneren Varianten unserer Träume lassen uns selbst und frei fühlen. Und jeder kleine Wunsch, den wir uns selbst in Erfüllung gehen lassen, ist besser, als mit dem großen Wunsch gleich das Wünschen ganz zu canceln. Vielleicht stehen auf deiner Wunschliste lauter Klamotten. Dann ist die Frage: Ist das Shoppingsucht, mit der du etwas zu kompensieren versuchst? Oder steht dir da schwarz auf weiß deine Leidenschaft für Mode gegenüber? Ist es Zeit für einen Nähkurs, oder erinnerst du dich an deinen Wunsch, Modedesign zu studieren, bevor man dir zu etwas „Bodenständigem“ riet?

Wer sich dennoch schwertut, sich nach seinen eigenen Herzenswünschen zu befragen, etwa weil wir uns diese Frage einfach viel zu lange nicht mehr gestattet haben, der kann einen kleinen gedanklichen Exkurs in die eigene Kindheit unternehmen: Was hast du als Kind geliebt? Und wenn du jetzt denkst, dass „Lego spielen“ eine unsinnige Antwort ist: Ganz und gar nicht! Dahinter kann ein Wunsch nach „Erbauen“ und künstlerischer Gestaltung stecken. Ebenso wie die Antwort „Malen“ nicht bedeutet, dass du ab sofort als freischaffende Künstlerin dein Geld verdienen solltest. Aber vielleicht kann dich die Teilnahme an einem Aquarellmalkurs an der VHS wieder mehr in Verbindung zu dir selbst bringen. Manchmal muss man ein bisschen um die Ecke denken.

Wenn ich mich danach befrage, was ich als Kind am meisten geliebt habe, dann weiß ich schnell: in den Urlaub fahren inklusive Schlafen im Auto. Nirgendwo bin ich mehr ich selbst als im Auto. Wenn ich von Gefühlen übermannt werde, wenn ich einen Safespace zum Weinen oder Schreien brauche, dann setze ich mich ins Auto und fahre irgendwohin. Schon 100 Mal habe ich morgens auf dem Autodach sitzend den Sonnenaufgang angeschaut. Weil mich das glücklich macht. Tausende Tränen hätte ich vielleicht nie geweint, wenn mich das Auto nicht auf irgendeinen einsamen Parkplatz gebracht hätte. Und nirgendwo flucht es sich so befreit wie im Auto. Es gab Momente in meinem Leben, da ist die Welt in einem Augenblick zusammengebrochen. Ich habe so intensiven Schmerz gefühlt, dass ich einfach nicht mehr wusste, wohin mit mir. Wenn ich nicht weiß, wohin mit mir, dann ist das Auto immer der richtige Ort. Nach 20-minütigem „Nein!!! Nein!!!"-Gebrüll zu AC/DC war die Welt nicht besser, aber mein Herz etwas leichter. Fahren erdet mich, da bin ich „very much me". Ich bin übrigens auch in krassen Emotionen eine sichere Autofahrerin, weil mich das Fahren beruhigt. Meine Autoschlaf-Liebe hat in mir den Wunsch geweckt, meinen Bulli mit einem Dachzelt zu krönen. Und als ich 2020 mit zaghaftem Herzen in meine Selbstständigkeit gestartet bin, ist mir dieser materielle Wunsch vielleicht auch ein bisschen sanfter Arschtritt gewesen – was gut war.

Ich möchte niemanden zum Autofahren bekehren oder zum Draußenschlafen oder zum Tagebuchschreiben. Aber dazu, sein eigenes Ding zu finden. Die Dinge, für die dein Herz schlägt – die kleinen und die großen. Eine „Was wünsche ich mir gerade von Herzen"-Liste kann sehr aufschlussreich sein. Meine Mama sagte früher in der Adventszeit stets: „Wünschen kann man sich alles – ob man es bekommt, ist eine andere Sache!“ Aber vielleicht steht am Ende so einer Wunschliste auch einfach, dass du dich selbst ein bisschen klarer siehst und erkennst, und das ist schon mal ein großes Geschenk.

Zu der Frage „Wer bin ich?“ gehört auch, mir die Werte, die mir im Leben wichtig sind, vor Augen zu führen. Welche Werte sind das, Ehrlichkeit? Loyalität? Integrität? Anerkennung? Harmonie? Nächstenliebe? Authentizität? Planbarkeit? Rücksicht? Ich habe schon mit Bankangestellten gesprochen, die ihr Bedürfnis nach Redlichkeit verraten sahen in dem Anspruch ihrer Arbeitgeber, den Menschen Produkte anzudrehen, die gar nicht zu ihrer gegenwärtigen finanziellen Situation passten. Ich habe Krankenschwestern getroffen, die ihren Beruf gelernt haben mit dem Wunsch, Menschen wirklich fürsorglich nahe zu sein, und die unter dem Akkorddienst nicht nur körperlich, sondern auch seelisch zusammengebrochen sind, weil sie das Gefühl hatten, ihren inneren Antrieb verraten zu haben (eine von ihnen ist schließlich Erzieherin geworden, weil sie da mehr Zeit zum wirklichen Da-Sein hatte). Ich habe mich mit Frauen ausgetauscht, die mit einer 100-Prozent-Stelle den feministischen Traum von Vereinbarkeit von Familie und Beruf gelebt haben, aber dann gemerkt haben, dass das ihren familiären Werten doch nicht entspricht. Und ich habe Hausfrauen in der Seelsorge begleitet, die nach zehn Jahren Zuhausesein bitter enttäuscht darüber waren, ihrem Leben die Verwirklichung beruflicher Ziele schuldig geblieben zu sein. Manchmal werden wir uns unserer Werte erst dann bewusst, wenn wir uns ehrlich vor Augen führen, welche Einflüsse in unserem Leben den Verlust von Identität verursacht haben. Kenne und identifiziere die Werte deiner Eltern, die gesellschaftlichen Ansprüche und die Narrative, die in deinem Leben mehr Raum eingenommen haben, als ihnen zusteht. Es ist vollkommen normal, dass die Suche nach unserem Selbst zunächst mit der Feststellung all dessen beginnt, was wir NICHT sind oder nicht mehr sein wollen.

Dieser Schritt erfordert viel Mut zur Ehrlichkeit, denn es kommt oft vor, dass wir toxische Einflüsse deshalb nicht ehrlich benennen, weil „Kann ich ja eh nicht ändern“ dazwischengrätscht. Selbstfindung hat an dieser Stelle auch viel mit Schattenarbeit zu tun: Welche meiner Wünsche und Bedürfnisse habe ich aus welchem Grund in den dunklen Abstellraum gesperrt? Warum verbiete ich mir, meine Bedürfnisse offen vor mir selbst auszusprechen? Welche Selbstlimitierung ist so schnell, dass „geht nicht“ laut wird, noch bevor ich mich getraut habe, den Wunsch leise auszusprechen?

Manchmal braucht es keine großen Veränderungen, um wieder bei uns selbst anzukommen, manchmal muss es aber tatsächlich auch radikal sein. Wenn der Beruf, den wir ausüben, nicht zu unseren Werten passt oder uns seelisch krank macht, dann helfen keine „Mindset-Tricks“ oder Affirmationen, sondern nur das radikale Eingeständnis: „Das macht mich nicht glücklich, sondern schadet meiner Seele.“ Es ist hilfreich, sich immer wieder die radikale Wahrheit vor Augen zu führen: Egal, wie sehr du dir selbst einredest, dass du dieses und jenes gerade nicht ändern kannst, um deiner Angst vor dem Schritt ins Ungewisse Vorschub zu leisten, so gilt doch: Alles, was prinzipiell veränderbar ist, kannst du verändern. Wenn du gedrückter Stimmung wegen des Wetters, der auf der Welt herrschenden Kriege oder der Klimakrise bist, das sind das Dinge, die DU nicht ändern kannst. Aber einen Job KANN man kündigen, und eine Beziehung, die einem nicht guttut, KANN man beenden. Ja, selbst wenn es die zu den eigenen Eltern ist. Natürlich ist das leichter gesagt als getan, dass wir uns (am besten mit Hilfe) darin üben sollten, in Lösungen zu denken, statt das Problem groß zu machen, aber am Ende ist es DEIN Leben, und keine gute Fee der Welt wird dich retten. Ja, wir bräuchten so, so viele strukturelle, gesellschaftliche und politische Veränderungen, und es ist wichtig, für diese immer wieder auch unsere Stimme zu erheben, soweit es in unserer Macht steht. Doch wenn sie sich verzögern, ausbleiben, noch ein Jahrzehnt diskutiert werden müssen: Dein Leben findet hier und heute statt – und du weißt nicht, wann es zu Ende ist.

Dein Körper ist dein Tempel – ein neues Körperbewusstsein

Die Erkenntnis got me, als ich gerade dabei war, alte Fotos in ein Fotoalbum zu kleben. Es gibt aus meiner Studentenzeit nur wenige Bilder – damals gab es noch keine Smartphones, und tatsächlich schaffte ich es, mit Anfang 30 alle Fotos aus diesem Jahrzehnt in zwei Alben unterzubringen. Zögerlich behielt ich eine Aufnahme, die ich soeben mit vier Fotoklebeecken versehen hatte, einen Moment länger in der Hand, bevor ich sie an ihren vorgesehenen Platz klebte. Das Foto zeigt mich in einem schweinchenfarbenen Bikini mit einem Handtuch über der Schulter, das Gesicht zu einem leidend-triumphierenden Grinsen verzogen. Ich erinnere mich: Es war im Oktober 2004 entstanden – ein letztes Mal hatte ich mich trotz herbstlicher Kälte in den Baggersee getraut. Meist war es so, dass ich Dinge erst recht tat, wenn zuvor jemand gesagt hatte „Das machst du eh nicht!“ – und so war es auch an jenem Nachmittag gewesen.

Ich betrachte meinen Körper, meinen Bauch, der noch ohne Streifen und Falten auskam, und erwischte mich bei dem Gedanken „Wow, die 20-jährige Sina sieht ja total scharf aus!" Lustigerweise hatte ich das mit Anfang 20 nicht so gesehen. Ich war schlank und normschön, aber damals hatte ich dieses Bikinifoto einfach gar nicht gemocht wegen ... keine Ahnung mehr. Ich betrachtete mit 30 mein 20-jähriges Ich und sah eine Schönheit, für die ich mit 20 keine Augen gehabt hatte. Und ebenso schaue ich mir heute, 2023, Fotos von mir aus meinen Anfang 30ern an und denke bewundernd: „Toll – strahlend schön, noch vollkommen ohne Falten und graue Haare, warum um Himmels willen habe ich das damals nicht erkannt?" Ich registrierte beim Sortieren und Einkleben alter Fotos, dass ich mit meiner Selbstliebe hinterherhinkte: Mit dem Abstand von zehn Jahren fand ich mich immer hübsch und liebenswert und musste über den Pillepalle lachen, den ich in meiner Schönheits-Ideal-verblendeten Wahrnehmung an mir auszusetzen hatte. Wenn das so weitergehen sollte, würde ich mich immer zehn Jahre zu spät toll und begehrenswert finden, und ich beschloss, mit diesem Quatsch aufzuhören und meine Selbstliebe ins Hier und Jetzt zu holen.

„Sina, muss ich mich denn unbedingt schön finden? Ist das nicht auch einfach nur die fixe Idee einer Zeit, in der sich alles um Äußerlichkeiten dreht?", schrieb mir eine Frau im vergangenen Sommer. „Ich habe keinen Bock auf Badesee, weil ich mich einfach hässlich finde. Und noch viel weniger Bock habe ich darauf, mich schön finden zu müssen. Das stresst mich fast noch mehr und obendrauf!" Ich verstehe diese Sichtweise sehr, sehr gut, aber sie haftet in allem noch total an einer sehr augenfälligen und okkupierten Sichtweise dessen, was schön ist. Ideale sind visuelle Glaubenssätze, und in den meisten Fällen ist die Null-Bock-Stimmung auf das „Finde dich schön"-Mantra ein Reflex auf die Tatsache, dass wir in unserer Selbstwahrnehmung die gesellschaftlichen Ideale nicht ausgeblendet bekommen: Ich entspreche nicht dem, was wohl die meisten schön finden, will mich aber auch nicht zwingen, mich selbst zu verarschen.

Möglicherweise fragst du dich jetzt, ob du dich eigentlich schön finden musst, auch wenn du es nicht unbedingt tust. Nein, musst du nicht. Aber du darfst. Doch vielleicht müssen wir uns dafür aus der zweidimensional eingeschränkt filterbaren Realität von Print- und Bildschirmmedien verabschieden in eine Dreidimensionalität, in der wir uns innerlich zu voller Größe erheben und uns nicht einfach nur ansehen, uns vor die (zu faltige?) Stirn gucken, sondern uns selbst fühlend in der Ganzheit unseres Seins wirklich erkennen. Es gibt diese Instagram-Posts „Expectation vs. Reality": Was wir denken, wie wir aussehen, wenn wir zum Beispiel performen, lasziv gucken oder ein tiefsinniges Denker-Gesicht aufsetzen – und wie wir auf dem Foto dann tatsächlich aus der Wäsche gucken. Wer ab und zu auf den Sozialen Medien ein Porträt von sich postet, der weiß, wie viele Versuche es manchmal braucht, bis wir mit dem Ergebnis zufrieden sind. Und regelmäßig frage ich mich: Wie kann das denn sein, dass ich mich innerlich so smart fühle, aber beim Betrachten eines Fotos von mir selbst plötzlich so kritisch bin? Vermutlich liegt es daran, dass ein Foto ein lebendiges Wunder eben auf einen Moment zweidimensionaler Äußerlichkeit verkürzt. Ein Gedanke schießt durch meinen Kopf: Warum nennen wir das holprige Fotoergebnis „Reality" und tun so, als wäre die Erwartung, unser inneres Gefühl bei einer Performance, eben nicht die Realität? Als würde sich Realität auf ein einziges Foto, eine bestimmte Haltung oder Nichthaltung festlegen lassen. Als wenn nicht viel mehr Realität wäre, wie wir uns fühlen, riechen, schmecken. Wenn ich mir meine faltige Haut rund um meinen Bauchnabel anschaue und mich (Schönheitsideale im Hinterkopf als Blaupause festzementiert) frage: „Ist das schön?", dann komme ich auch zuweilen ins Grübeln, und in mir entbrennt ein Dialog: „Doch, warum sollte das nicht schön sein?" – „Komm, Sina, wen willst du denn verarschen? Nach welchem Maßstab schön, bitte?" – „Äh, vielleicht ganz ohne Maßstab?" – „Ach, du Naivchen, wer von uns ist denn ohne Maßstab?"

Und, ja, ich gebe zu, dass wir es schwer haben, Schönheit in einem existenziellen, sinnlichen, tiefergreifenden Sinne zu verstehen.

Ein Freund von mir schaut mir über die Schulter, während ich durch die Insta-Storys klicke, die ich täglich verfolge. „Ui", tönt es da hinter mir, „die sollte sich vielleicht auch mal beraten lassen, was ihre Brille angeht. Die ist irgendwie zu groß für ihr Gesicht!" Ich spüre, wie Wut in mir aufsteigt, und kontere: „Hallo? Warum müssen wir denn immer alles bewerten? Kann man nicht andere Menschen einfach anschauen, ohne etwas zu kommentieren?" – „Wir sind nun mal Augenmenschen!", antwortet dieser Freund achselzuckend. „Man bewertet, was man sieht. Das ist doch ein Stück weit normal!" – *Nein, ist es nicht*, denke ich, und vergleiche, mit was für einem anderen Blick wir Blumen anschauen. Niemand sagt „Boah, Gänseblümchen ... könnte eine schöne Blume sein, wenn sie nicht ganz so klein wäre" oder „Also Sonnenblumen würde es irgendwie besser stehen, wenn ihre Blätter nicht ganz so ausladend wären!" Blumen sind schlichtweg Geschmackssache. Die einen mögen wir so sehr, dass wir sie uns gerne in einer Vase auf den Küchentisch stellen, die anderen lassen wir einfach Blumen sein. Die sind eben, wie sie sind. Obwohl man die Unterschiede sieht, wird es uns wohl ein wenig absurd vorkommen, wenn jemand sagt: „Also verglichen mit dem Maßstab Sonnenblume ist die Blüte der Margerite einfach zu klein!“ Wie unsinnig, das zu vergleichen, das eine zum Maßstab des anderen zu machen. Wenn du Sonnenblumen magst, häng dir ein Foto übers Bett oder dekoriere deine Hochzeitstafel mit ihnen. Punkt.

Wenn ich mir meine faltige Haut rund um meinen Bauchnabel anschaue und mich frage „Ist das schön?“, dann könnte ich an 1000 andere Dinge denken als an irgendeinen Vergleich. Sitze ich in der Badewanne und fühle die zarte Haut meiner Bauchfalten, finde ich das ein mega schönes Gefühl. Vergleiche ich meine Bauchfalten mit den Wellenlinien, die die Nordsee in den Sandstrand von Cuxhaven malt, dann brauche ich den Vergleich mit der wilden Schönheit der Natur auf keinen Fall scheuen. Und wenn mir mein Partner beim Sex im Moment eines atemberaubenden Orgasmus von Gefühlen übermannt und voller Begehren an meinen reliefverschönerten Bauchspeck fasst ... Oh ja, das ist auch schön. Da fühle ich mich sexy as fuck und wie eine Göttin.

Das, was wir unter „Schönheit“ verstehen, ist eine lächerliche Verkürzung der Realität. Blind, okkupiert, in Schubladen gepresst, vereinheitlicht. Natürlich können wir uns für 10 oder 15 Jahre einbilden, dass die Antifalten-Creme unsere Schönheit erhält, weil Frauen per Definition eben nur 15 Jahre ihres Lebens schön sind und danach mit irgendwas nachhelfen müssen. Von 20 bis 35 kannst du von dir aus natürlich schön sein. Dann darfst du mit Lotionen, Seren und Treatments noch 15 Jahre einem bescheuerten Ideal hinterherhecheln, und dann bist du 50, und dann isses eh vorbei. Irgendwann muss man der Wahrheit ins Auge sehen, dass es eben nicht jeder Frau vergönnt ist, „immer" schön zu sein. Ganz ehrlich? Glauben wir das? Wenn mich jemand fragt: „Muss ich mich denn wirklich schön finden?", möchte ich zurückfragen: „Möchtest du dir stattdessen ein Leben lang von anderen einreden lassen, du seist es nicht?"

Wir haben nur ein Leben. Uns sind eine Handvoll Jahrzehnte geschenkt, um unseren Körper, unsere äußere Hülle als kostbares Gefäß einer einmaligen, sprühenden, geistreichen, vollkommenen Seele zu empfinden. Ich bin nicht mehr gottgläubig, wie ich das früher war, aber ich muss zugeben, dass ich die Vorstellung mag, dass mich jemand gewollt und geschaffen hat in meiner Identität, auch optisch, und sich für mein Leben wünscht, dass ich die Einmaligkeit und Strahlkraft, die tiefe, mir ganz individuell innewohnende Schönheit zu ERKENNEN. Und erkennen bedeutet in diesem Fall mehr als nur sehen. Nein, wir müssen uns nicht schön FINDEN (ich suche, aber ich finde nichts), wir müssen uns als schön ERKENNEN (du trägst Schönheit in dir).

Ich war 11, als ich zum ersten Mal in meinem Leben einen toten Menschen gesehen habe: Es war mir ein großes Anliegen, meine verstorbene Oma noch mal sehen zu können, weil ich ihr einen Brief geschrieben hatte, den ich ihr heimlich zustecken wollte. Meine Oma war in den letzten Jahren ihres Lebens krank gewesen, ihr Gesicht erinnere ich als oft schmerzverzerrt und nach Atem ringend. Meine Tante begleitete mich auf dem

Weg in die Friedhofskapelle. Als wir am offenen Sarg meiner Oma, ihrer Mama, standen, sagte meine Tante: „Sie sieht gut aus. Friedlich irgendwie“, und ich verstand, was sie meinte. Dennoch erschreckte mich der Anblick des Todes, weil sich mir wie in einer Art Offenbarung zeigte, weshalb die Verfasser der Bibel die Menschwerdung beschrieben mit dem Bild, dass Gott zunächst die äußere Hülle des Menschen geschaffen und ihm dann erst Atem eingehaucht hat. Im Hebräischen bedeutet „Atem“ auch „Geist“ und „Lebendigkeit“ (hebräisch Ruach). In dem Moment, als ich der leblosen Hülle meiner Oma gegenüberstand, spürte ich, welche Macht dieser „Geist“, dieser Atem, das Leben selbst hat. Wie viel Schönheit unsere Seele, dieses innere Leuchten, einem Körper verleiht, der sich im Laufe eines Menschenlebens so oft verändert und wandelt. Niemand kann uns das nehmen, was unsere lebendige Seele mit dieser Hülle macht – außer wir stellen unser Licht unter den Scheffel idiotischer Schönheitsideale, die unserem Leuchten mit jedem kritischen Spiegelblick etwas von seiner Strahlkraft nehmen.

Wenn wir uns selbst verloren haben und manchmal gar nicht mehr so richtig wissen, wer wir eigentlich sind, dann ist die befreite Erkenntnis unserer Schönheit, unseres Strahlens, die Dankbarkeit darüber, dass wir lebendig sind und Ruach in uns tragen, ein hervorragender Ausgangspunkt.

Finde deinen Stil

Eine sehr gute Art und Weise, um von der einseitigen Konzentration auf die rein visuell-optische Bewertung unseres Äußeren auf eine stärker vom inneren Fühlen herkommende Sichtweise auf uns selbst zu kommen, ist es, sich durch Kleidung auszudrücken. Das ist natürlich in erster Instanz auch etwas rein Äußerliches. Doch vermutlich kennen die meisten das Phänomen, dass wir uns durch bestimmte Kleidungsstücke selbstbewusster oder eben einfach nur wohler fühlen. Wenn wir bei der Frage „Wer bin ich eigentlich?“ mit dem eigenen Körper anfangen und uns um ein neues, geheiltes Köperbewusstsein bemühen, dann kann Kleidung ein wichtiges Tool sein. Denn sie kann uns helfen, uns auszudrücken, also buchstäblich nach außen zu tragen, was man innerlich fühlt. Gleichzeitig kann Kleidung auch eine Möglichkeit sein, um unser positives, inneres Fühlen zu aktivieren.

Sich durch Kleidung auszudrücken hat eine lange Tradition: Ob Mönchsgewänder im Mittelalter, der Verzicht der Sansculotten auf die typischen Kniebundhose während der Französischen Revolution oder die häufig schwarze Kleidung all derer, die sich der Rock- und Metal-Szene zugehörig fühlen – wir drücken durch Kleidung aus, zu welcher Gruppe wir gehören. Als ich Mutter wurde, änderte sich das schlagartig: Ich trage gerne Jeans, aber die muss schon einen speziellen Schnitt haben, damit ich mich mit ihr richtig wohlfühlen und identifizieren kann. Doch plötzlich funktionierte bei meinem wachsenden Bauch auch der Haargummitrick nicht mehr, und ich stand zum ersten Mal in meinem Leben in der Umstandsmoden-Abteilung eines großen Kaufhauses, wo ich unter zwei verschiedenen Hosenschnitten wählen konnte. Die Tatsache, dass ich diese beiden Hosen nun treu abwechselnd trug, mich aber mit keiner so richtig anfreunden konnte, führte schnell dazu, dass ich begann, Kleider zu tragen und Röcke selbst zu nähen. Der Markt mag mittlerweile vielfältiger sein, aber wenn ich heute alte Fotos aus meinen vier Schwangerschaften sehe, denke ich immer wieder, dass ich mir selbst so gar nicht ähnlich sehe. „Au weia, da habe ich

Marineblau getragen", erinnere ich mich stirnrunzelnd beim Blättern durch das 2009er-Fotoalbum und weiß im nächsten Moment: Na ja, das war halt das, was es von der Stange gab. Auch nach meinen Schwangerschaften war es stets so, dass ich zwar bald die Umstandsmode nicht mehr brauchte, aber doch weit weg war davon, einfach wieder in meine Vorschwangerschaftsgarderobe zu passen. Die Frage „Was zieh ich an?" beantwortete ich dann manchmal eher pragmatisch. Ich hatte immer gerne Miniröcke getragen, aber die erwiesen sich beim Hinter-dem-Kind-her-Klettern auf dem Spielplatz als unpraktisch. Ich hatte meine Coated-Lederimitat-Hosen geliebt, aber bei vielen, vielen Sessions, die ich seit Beginn meiner Mutterschaft robbend und spielend auf dem Fußboden verbrachte, hatten die einen enormen „Abrieb" und sahen quasi immer abgenutzt aus. Die Frage nach meinem Kleidungsstil stellte sich ab einem gewissen Punkt wieder neu. Meine Kleidung war pragmatisch, aber kaum noch Ausdruck meiner Individualität, und ich fühlte sie auch nicht sonderlich.

Natürlich ist es vollkommen okay, sich nichts aus Klamotten zu machen. Niemand muss auf der Suche und der Rückkehr zum eigenen Selbst zur Modepuppe werden oder seinen ganzen Kleiderschrank erneuern. Und trotzdem möchte ich dazu einladen, sich die Frage zu stellen: Welches Kleidungsstück (das ich vielleicht schon besitze) bewirkt, dass ich mich in meinem Körper wohlfühle? Diese Frage ist nicht immer gleichzusetzen mit: „Welche Kleidung gefällt mir?" Auf der Suche nach einem eigenen Stil KANN Pinterest eine große Hilfe sein: Ich legte mir dort eine virtuelle Pinnwand an, auf der ich Kleidungsstücke speicherte, die ich hübsch fand. Doch hier kann schon der Ursprung des Problems liegen: Manchmal finde ich Klamotten deshalb attraktiv, weil sie an anderen Menschen toll aussehen, aber das bedeutet nicht zwangsläufig, dass sie mir auch stehen. Und diese Erkenntnis hat rein gar nichts damit zu tun, dass bestimmte Körperformen nur bestimmte Schnitte tragen sollten. Tragt, was immer ihr mögt. Ich spreche allein von der ganz subjektiven Erkenntnis, dass die tollen Schnitte und Farben von meiner Pinterest-Pinnwand, die am Model noch so cool und lässig gewirkt haben, an meinem Körper einen ganz anderen Eindruck machten. So schön ich diese oder jene Hose bei einer anderen Frau fand – an meinem eigenen Po überzeugte sie mich plötzlich so gar nicht mehr.

Deshalb notierte ich mir ganz grundsätzlich, bei welchen Kleidungsstücken ich AN MIR das Gefühl bekam, dass ich mich wohl in meiner Haut fühlte. Welche Schritte und Formen mochte ich an mir? Und so entstand ein Brainstorming, in dem ich festhielt: Ich mag weite Schlaghosen, aber nur in Kombination mit sehr engen Oberteilen. Ich mag Jeans, aber eher einen geraden Schnitt mit 7/8-Länge. Ich mag den sehr engen Schnitt, aber nur in dunklen Farben und am liebsten in der Biker-Optik. Mir stehen auffällige Ärmel, Ballon- oder Trompetenärmel und Rüschen an den Armen usw. Ich notierte mir Farben, mit denen ich mich gerne anschaute, und Accessoires, die ich liebte. Und dann ging ich tatsächlich im Marie-Kondo-Style meinen Kleiderschrank durch und fragte mich, welche Kleidungsstücke ich wirklich liebte. Das war nicht sonderlich schwer: Es waren die, zu denen ich instinktiv in wichtigen Momenten oder an für mich schweren Tagen griff, um mich wohlzufühlen. In diesem Prozess, meinen eigenen Stil zu finden, war ich sehr viel auf Kleiderkreisel (heute: Vinted) unterwegs und kaufte und verkaufte wieder. Manch einen Rock trug ich ein paar Monate, um zu merken: Ich fühle ihn nicht – er tut nichts für mich. Dann bot ich ihn bei der Kleidertauschbörse an, die meine Freundinnen und ich veranstalteten: Möge er jemand anderen glücklich machen. Kleidung und Stil können eine Konstante im Leben sein, die Veränderungen durch das Älterwerden sanft auffängt. So wie ich mich äußerst wohl mit dem Schritt gefühlt habe, aus meiner Mama-Garderobe wieder eine Sina-Garderobe zu machen, ist auch die Aussage „Na, in ihrem Alter sollte sie vielleicht langsam anfangen, sich anders zu kleiden!“ total irreführend. Natürlich ist es Blödsinn, den Stil der Jugend nachzushoppen, um sich weniger alt zu fühlen. Das würde sicher in vielen Fällen weniger nach Stilbewusstsein, sondern eher nach Verkleidung aussehen. Aber Frauen, die MIT ihrem Stil älter geworden sind, umgibt häufig auch eine Aura des In-sich-selbst-Ruhens. Die Kleidung, durch die sie sich ausdrücken, wird Grund und Angelpunkt eines Gefühls von grundlegender Zufriedenheit und Selbst-Bewusstsein, durch welches das innere, die Zeichen der Zeit überdauernde Strahlen geweckt wird. Dieses Strahlen hat eigentlich viel mehr das Adjektiv „schön“ verdient als Attribute von Jugend oder gegenwärtigen Figurtrends, die ja stets ein Ablaufdatum haben – irgendwann kommt immer etwas Neues.

Für mich war tatsächlich auch die Frage relevant, wie ich mich in meiner Vor-Kinder-Zeit durch Kleidung ausgedrückt und welche Kleidung mir da schon das Gefühl vermittelt hatte, so ganz und gar bei mir zu sein. Und ich erinnerte mich an eine sehr zerschlissene Jeanshose, die ich von einem Nachbarsjungen geerbt hatte und so untragbar fand, dass sie für mich nur zu retten war, indem ich Löcher reinschnitt. Destroyed Jeans schienen mir auch ausreichend used, um noch spielplatztauglich zu sein, also kaufte ich mir eine sehr zerstörte Hose, die ich fortan kaum mehr ausziehen mochte, denn ich fühlte sie.

Diese destroyed Jeans führte jedenfalls im Laufe der Jahre immer mal für Gesprächsstoff. Ich trug sie auf der Vernissage eines Freundes und wurde prompt von einem älteren Herrn darauf angesprochen. Bis heute weiß ich nicht, ob ich sein Statement kritisch oder im Sinne der Ehrenrettung meines Outfits hätte verstehen sollen: „Wir Älteren denken immer: Was lauft ihr jungen Dinger bloß mit diesen Lumpen rum? Und dann stellt sich heraus, dass es sich um teure Designerteile handelt.“ Leider musste ich ihn enttäuschen: „Secondhand, 20€“, erklärte ich wahrheitsgemäß, „aber ich mag sie sehr!“ Meine Affinität zu dieser Hose ließ mich auch zu ihr greifen bei meinem letzten Kirchenauftritt, bevor ich mich zum Austritt entschied: Beim Einschulungsgottesdienst war es meine Aufgabe, aus einem Zollstock verschiedene Dinge zu formen: einen Stern, ein Haus, ein Schiff … Vermutlich, weil ich so beeindruckend schnell von einer Form zur nächsten switchen konnte (ich hatte geübt), bekam ich im Nachgang des Gottesdienstes schriftlich positives Feedback: „Bei der Kaffeetafel unserer Einschulungsfeier war deine Fingerfertigkeit mit dem Zollstock noch mal Thema. Mehr geredet worden war aber definitiv über deine Hose: dass die ja nun nicht unbedingt gottesdiensttauglich ist.“ Ich weiß, ich weiß … Es gibt unglaublich viele wunderliebe und weitherzige Christen, denen solche Äußerlichkeiten egal sind und die das Herz eines Menschen ansehen. Sie sind damit in guter Gesellschaft, denn in der Bibel steht, dass Gott das auch so handhabt. Dennoch war ich es leid, ständig WEGEN meiner Kirchenzugehörigkeit auf Aktfotografie und meinen unkonventionellen Kleiderstil angesprochen zu werden. Mir war die Botschaft vom sterbenden Gott so oder so nicht mehr allzu plausibel, und so nahm ich das Gerede über meine Lieblingshose zum Anlass, um endlich ernst zu machen mit dem Plan vom Kirchenaustritt. Nein, nicht weil ich mir das Gerede der Menschen zu Herzen nahm, sondern weil ich mich nicht mehr einer Bubble zugehörig fühlen wollte, die ich nicht mehr fühlte, die mir aber dennoch immer wieder ein „besser anders sein und handeln und anders aussehen" nahelegte.

Es geht mir nicht um Kirchen-Bashing, weil mir natürlich bewusst ist, dass kritische Anmerkungen immer von Einzelpersonen geäußert werden und dass einem das an anderem Ort genauso passieren kann. Aber mir wurde auf der Suche nach meinem Stil, durch den ich mich ausdrücken und wohlfühlen konnte, von Neuem bewusst, dass „Ich selbst sein" sehr viele Facetten hat, und mein Äußeres gehört nun mal dazu. Auch meine Kleidung, mein Körper, wie auch die Art, mich an- oder eben auch mal auszuziehen. Und mir ist meine Lebenszeit zu schade, als dass ich mich mit Menschen beschäftigen möchte, die das kritisch anfragen oder versuchen, mich in eine Schublade zu stecken. Die Antwort auf die Fragen „Warum musst du dich denn öffentlich nackt zeigen?" und „Warum gehst du mit zerrissenen Jeans in die Kirche?" ist immer die gleiche: Das bin ich! Das ist meine Art, mich wohl und eben wie ich zu fühlen. Und es kann legitim sein, auf Distanz zu gehen zu Menschen, die in irgendeiner Weise (wodurch auch immer) Irritation in diese innigste Verbindung mit uns selbst bringen: unserem Bedürfnis, uns schön zu FÜHLEN.

Wer darf mir nahe kommen – ein neues Beziehungsbewusstsein

Wie im ersten Teil des Buches gezeigt, sind in der Frage nach unserem Selbst und unserem innersten Kern die Beziehungen, in denen wir leben, und die Menschen, mit denen wir viel

Zeit verbringen, von zentraler Bedeutung. Ihre Meinung über uns prägt unser Selbstbild und ihre Erwartungen an uns unser Verhalten. Man sagt, dass die fünf Menschen, mit denen wir am meisten Zeit verbringen, diejenigen sind, die uns am meisten beeinflussen. Auch wenn dies eine ziemlich schematische Grundannahme ist, wird hier schon sehr schnell ersichtlich, wie es Frauen ergeht, die Mütter werden oder sogar Mutter von mehreren Kindern sind. Viele Frauen beklagen, dass sich nach der Geburt ihrer Kinder ihre sozialen Kontakte stark verändert haben. Kinderlose Freunde ziehen sich vielleicht zurück, und oft fehlen im Alltag mit Kindern die Zeit- und Kraftressourcen, um soziale Kontakte auf dem Niveau zu pflegen, das für uns als Kinderlose normal war. So schön und erfüllend es ist, den ganzen Tag mit den kleinen, geliebten Menschen zu verbringen, die ich meine Kinder nennen darf – der Alltag offenbarte mir doch sehr schnell: Kinder geben (und das ist normal und gut so und soll an dieser Stelle nicht kritisiert werden) einfach selten positives Feedback. Wenn ich es gut machte, waren sie zufrieden. Aber oft erlebte ich auch, dass ich meines Erachtens nach alles so gut wie irgend möglich machte, aber es in den Augen meiner Kinder eben doch falsch war. Ich schnitt in einem seltenen Anflug von Super-Mama-Allüren das Toastbrot in Bärchenform, dekorierte diesen Teddy liebe- und fantasievoll, sogar mit Ketchup! Und doch weinte meine Tochter bitterlich, weil ich die Schale der Gurken nicht entfernt hatte. Kinder sind Kinder, die dürfen noch Übende sein in Sachen Frustrationstoleranz, und ich erwarte nicht von ihnen ständig positive Rückmeldung. Trotzdem muss man sich hin und wieder vor Augen führen: Wenn dieses „deine fünf engsten Buddys definieren mit, wer du bist"-Ding stimmt, dann verbringen Mütter viel Zeit in sehr engem Kontakt mit Menschen, die keinen

Austausch und keinen Input ermöglichen, Ansprüche stellen und dir kaum je sagen, wie toll du wirklich bist.

Und auch unsere anderen engen Beziehungen sind (gerade vor diesem Hintergrund) eine nähere Überprüfung wert. Wenn wir sehr viel Zeit mit unseren Kindern verbringen, die uns kein angemessen positives Feedback über uns selbst geben können, und daneben einen Partner haben, der uns ständig kritisiert, eine Mutter, die nicht müde wird zu betonen, dass sie „das alles früher spielend hinbekommen" hat, und eine kinderlose Freundin, die nicht versteht, was uns am „nur zu Hause sein" so stresst, dass wir keine Power mehr haben für ein abendliches Treffen, dann wundert es gar nicht, dass wir total ausbrennen und gar nicht wissen, wer wir selbst sind – außer eben irgendwie unfähig.

Eva Wlodarek schlägt vor, um sich den Einfluss unserer innersten Beziehungen deutlicher vor Augen zu malen, die fünf Menschen, mit denen wir die meiste Zeit verbringen (und hierzu gelten auch virtuelle Kontakte), auf einem Zettel zu notieren und deren fünf Kerneigenschaften (ehrgeizig, loyal, selbstbewusst, pessimistisch, melancholisch ...) zu notieren. Dann sehen wir schwarz auf weiß: „Diese 25 Eigenschaften üben ständig Einfluss auf [uns] auf."[34] Ich schlage vor, die Betrachtung etwas weiter zu fassen und zusätzlich zu notieren, mit welchen Attributen/Kernsätzen sich deine Beziehung zu den Menschen in deinem inner circle beschreiben lässt. Denn es ist ja schön, wenn deine Mutter „selbstbewusst, optimistisch, ehrgeizig, ehrlich und sportlich" ist, aber wenn sie dich in deiner Mutterschaft permanent unterschwellig kritisiert (zum Beispiel, weil du ihrer Meinung nach hinter ihrer eigenen mütterlichen

Leistungsfähigkeit zurückbleibst), ist das weniger positiv, wenngleich sehr aussagekräftig. Notiere dir also deine fünf engsten Menschen und daneben deren Eigenschaften und wodurch sich eure Beziehung auszeichnet. Manchmal wird einem erst durch die Verschriftlichung wirklich bewusst, dass man sich z. B. mehrheitlich mit sehr kritischen oder kraftraubenden Menschen umgibt. Was macht es mit dir, wenn dein Partner selten zu Hause ist, aber doch gerne hätte, dass du zu Feierabend den Haushalt weitestgehend erledigt hast? Was macht es mit dir, wenn deine Mutter, mit der du in einem Haus wohnst, ständig Verbesserungsvorschläge in Sachen Kindererziehung an dich ranquatscht? Was macht es mit dir, wenn die Mütter in deiner Krabbelgruppe zum Vergleichen und zu Perfektionismus neigen?

Das Verhalten ALL dieser Menschen wirkt auf uns, es ist unser Alltag und der Spiegel, in den wir täglich schauen. Auf der Suche nach unserem Selbst, dem Gefühl, wieder zufrieden und liebevoll auf uns schauen zu können, sind die zentralen Beziehungen in unserem Leben von großer Bedeutung, und da dürfen wir uns, wenn nötig, auf zwei Ebenen lösen: zum einen durch das Aufzeigen von Grenzen, zum anderen aber auch dadurch, dass wir mutig Beziehungen beenden, die uns vielleicht in keinerlei Hinsicht mehr guttun. Wenn Menschen uns wichtig sind oder wir sie für unverzichtbar halten (das ist oft bei der Beziehung zu unseren eigenen Eltern der Fall), kann es sinnvoll sein, es zuerst mit dem Grenzenaufzeigen zu probieren, bevor wir Kontakte abbrechen oder auf ein Mindestmaß runterschrauben. Schock – darf man das bei den eigenen Eltern machen? Ja, man darf. Ich weiß: Wir sehnen uns nach einer reibungslosen und innigen Beziehung zu unseren Eltern. Nicht selten schreiben mir Frauen „Aber sie ist doch nun mal meine Mutter“ (nachdem sie zuvor sehr detailliert gezeigt haben, inwiefern ihre Mutter sich so ganz und gar nicht liebend und „mütterlich“ verhält, sondern toxisch oder manipulierend). In diesem Fall antworte ich stets: Ja, aber zu einer innigen Mutter-Kind-Bindung gehören immer zwei, und wenn dir deine Mutter das Leben so dermaßen schwer macht, hältst du fest an einer „besonderen“ Beziehung, die deine Mama aber durch ihr Verhalten schon mit einem dicken Fragezeichen versehen hat. Wir dürfen Grenzen aufzeigen, und das muss gar nicht immer mit langen Diskussionen und Schuldzuweisungen einhergehen. Ein klares „Ich möchte nicht ...“ und ein „Ich wünsche mir stattdessen ...“ sollten die Menschen ernst nehmen, denen WIRKLICH an uns gelegen ist. „Mama, ich möchte nicht, dass du meine Erziehung kommentierst. Ich habe mich bewusst entschieden, die Dinge so zu machen, wie ich sie mache. Ich wünsche mir stattdessen, dass du mir öfters sagst, dass du mich lieb hast und stolz auf mich bist!“

Menschen, die uns nicht guttun, in ihre Schranken zu weisen, oder Kontakte auch ganz abzubrechen, bedeutet nicht, kritikunfähig zu sein. Kritik und Korrektur sind sensible Dinge, die direkten Einfluss auf meine Seele haben, und das darf nicht jeder, sondern nur die Menschen, die mich gut kennen und lieb haben und mein Bestes wollen. Es sind DIESE Freundschaften, denen ich auch erlaube, mich zu kritisieren. Vergangene Woche vertraute ich mich mit all meinen Zukunftssorgen einem guten Freund an. Dieser äußerte sehr viel Verständnis, bremste mich dann aber sanft mit einer Prise Humor aus. „Du nimmst mich nicht ernst“, schrieb ich in unseren Chat. „Doch! Tu ich. Ich verweigere aber deine Katastrophisierung!“, antwortete er. Eine sanfte und liebevolle Art, mir zu spiegeln: Sina, du steigerst dich da gerade in etwas rein – lass mich dir eine realistischere Perspektive zeigen. Kritik von seiner Seite ist stets liebevoll und fürsorglich. Sie ist bedacht und konstruktiv, ehrlich, aber nicht verletzend. Von diesem guten Freund gehen stets so viele good vibes und Ermutigungen aus, dass sich kritische Worte nicht wie eine Ohrfeige anfühlen, sondern wie eine Kurskorrektur.

Frauen fällt es meist besonders schwer, Beziehungen zu beenden oder Grenzen klar zu formulieren und aufzuzeigen. Das traditionelle Bild von Frauen malt uns als ausgleichende, liebevolle und Verbindung schaffende Wesen. Investment in soziale Beziehungen sind stereotyp unsere Kernkompetenz. Daher nehmen wir uns oft lieber selbst zurück, als eine Beziehungsfassade Risse bekommen oder die Verbindung ganz sterben zu lassen. Vielleicht deswegen, weil wir Angst haben, dass es uns als Frau in ein schlechtes Licht stellt, wenn wir in unserer Kernkompetenz „Gefühlsdinge" scheitern. „Ein Motiv ist auch häufig, dass wir beliebt sein möchten. Es ist uns unangenehm (...), etwa als hartherzig oder egoistisch angesehen zu werden. Das stört unser Selbstbild, ein liebenswerter Mensch zu sein."[35] Aber das Wort „liebenswert" beinhaltet ja schon, dass wir es wert sind, geliebt zu werden, und dafür müssen wir uns nicht erst qualifizieren oder maximal viel von unserem Ich zurücknehmen, in der Hoffnung, dass der kleine, unscheinbare Rest von uns dann doch noch der Liebe wert ist. „Liebenswert" ist ein Zustand und keine Zielbestimmung in einem Wettkampf der Selbstverleugnung. Wir dürfen auf Distanz gehen zu Menschen, die uns das Gefühl geben, ihnen den Status „liebenswert" erst beweisen zu müssen. Die Kehrseite dieser Entscheidung beinhaltet nämlich, dass wir mehr

Raum und Zeit erübrigen können für die Menschen, die unser Liebenwert-Sein als gegeben (und nicht „zu beweisen") ansehen und uns dies auch spüren lassen.

Wo will ich hin mit meinem Leben? – Ein neues Zielbewusstsein

Ich sein und Identitätsfindung hat ganz viel damit zu tun, dass wir uns möglichst ehrlich die Frage stellen: Wo will ich eigentlich hin mit meinem Leben? Wie der erste Teil des Buches gezeigt hat, gibt es wahnsinnig viele Einflüsse (die eigene Mutter, gesellschaftliche Erwartungen, Narrative, die uns unterbewusst sehr tief prägen, Vergleiche auf Social Media), die auf uns einwirken und es uns schwer machen zu sehen, was eigentlich der authentische, ungeprägte Kern unserer Selbst ist. Die Frage lautet also: Was möchte ich wirklich für mich und mein Leben, wenn ich es schaffe, mich von allen Prägungen und Einflüssen freizumachen? Und das ist gar nicht zu einfach, weil Prägungen eben mitunter so subtil oder auch so stark sein können, dass wir uns im Laufe der Zeit mit ihnen arrangieren oder sogar identifizieren. Das tiefe Eintauchen in eine sehr fromm-konservative christliche Gemeinschaft mit all ihren Idealen und Denkgebäuden war schließlich für mich von Nutzen, weil ich anerkannt und Teil der Gemeinschaft sein wollte. Inmitten eines solchen Prozesses sind wir uns gar nicht immer dessen bewusst, wie eigene und fremde Ansprüche an unser Leben und Sein miteinander verschmelzen. Außerdem verändern wir uns im Laufe unseres Lebens, denken um, werfen Konzepte über den Haufen, erfinden uns neu.

Auf der Suche nach unserem inneren Kern, dem Selbst, unserem Kompass für Lebensentscheidungen und der Fähigkeit, uns selbst glücklich zu machen, ist es vielleicht das Wichtigste, dass wir uns der Tatsache bewusst sind, dass es diese Prägungen gibt und dass es erlaubt ist, sie loszulassen, wenn sie Schwere in unser Leben bringen, ein ungutes Bauchgefühl oder das blöde Gefühl, im eigenen Leben gar nicht mehr richtig vorzukommen. Wer in der Mutterschaft die Verbindung zu sich selbst verloren hat, der darf sich zunächst einmal selbst die Erlaubnis geben: Auch als Mutter hast du ein Recht darauf, in deinem eigenen Leben nicht nur die Statistenrolle zu übernehmen. Du bist nicht nur Erfüllungsgehilfin, sondern Regisseurin und Hauptdarstellerin. Du darfst Wünsche und Träume haben, und vor allem darfst du auch „Nein“ sagen zu all dem, was du eben nicht sein willst. Es ist für manch eine von uns ein bewusster Akt, sich selbst zu versichern: Ich darf in meinem eigenen Leben Raum einnehmen! Und um das noch mal ganz deutlich zu formulieren: Das ist nicht dasselbe, wie sich egoistisch den ganzen Tag nur um seine eigenen Themen zu kümmern. Im Gegenteil: Das aufmerksame Dasein für andere, das Erschaffen echter, tiefgreifender Beziehungen und das Vorbild-Sein für unsere Kinder funktioniert überhaupt nur dann, wenn wir eine gewisse Ruhe und Mitte in uns selbst haben und die Erfüllung unserer Bedürfnisse nicht von anderen erwarten.

Wenn sich Frauen an mich wenden mit dem Wunsch, sich beruflich noch einmal neu zu orientieren, weil sie das Gefühl haben, mit ihrer aktuellen Tätigkeit nicht mehr wirklich glücklich zu sein, dann gebe ich meist folgende Tipps, die sich auch generell eignen, um sich zu fragen, was einen im Leben glücklich machen würde und wo man hinmöchte:

Erlaube dir, dich noch einmal völlig neu zu erfinden

Die Zeiten, in denen sich Menschen nach dem Ende ihrer Schullaufbahn für einen Beruf entschieden, den sie dann für den Rest ihres Lebens ausübten, liegen mittlerweile längst hinter uns. Die Gründe dafür sind vielfältig. Ein Grund ist sicherlich, dass die Entwicklung technischer Errungenschaften eine ganze Gesellschaft und ihren Arbeitsmarkt tiefgreifend verändert hat. Viele Menschen arbeiten heute in Berufen, die es vor einem Jahrzehnt noch gar nicht gab. Unterbrechungen und Wandel im Lebenslauf gelten längst nicht mehr als Stigma, sondern können interessant erscheinen und ein Zeichen von Flexibilität und Mut sein, Anpassungsvermögen und Selbst-Bewusstsein: Ein Sabbatjahr? Eine Umschulung? Eine Weltreise? Im Austausch mit anderen Frauen merke ich immer wieder, dass oft schon ein Bewusstsein dafür vorhanden ist, was sie gerne (beruflich) machen würden, aber viel Skepsis in sich tragen, ob man den vermeintlich sicheren, vorgezeichneten Weg verlassen sollten. Aber warum nicht? Dein Leben hat sich gewandelt, du hast dich weiterentwickelt. Wir sind Mütter geworden – das ist verändernd und prägend. Was spricht eigentlich dagegen, sich noch mal ganz neu zu erfinden, ein Studium anzufangen, eine Selbstständigkeit anzustreben oder eine weitere Lehre zu machen? Ich berichte gerne von meiner Schwester, die KfZ-Mechatronikerin gelernt und die Meisterschule abgeschlossen hat, dann ein Studium begonnen, ein FSJ gemacht und eine Zeit lang gejobbt hat, bis sie sich zu einer zweiten Lehre im Hotelfach entschieden hat. In diesem Beruf arbeitet sie aktuell – endlich zufrieden. Manchmal ist ein erster Schritt der, dass wir uns erlauben, uns noch mal ganz neu zu denken.

Frag dich, was du als Kind gerne getan hast

Als Kinder sind wir meist noch sehr unmittelbar zu unseren eigenen Gefühlen und Vorlieben. Die Frage, was uns damals in einen Flowzustand versetzt hat, kann zumindest so etwas wie ein Hinweis sein: Wer als Kind ein Bild nach dem anderen vollgekritzelt hat, beherbergt vielleicht eine Künstlerinnen-Identität. Konntest du stundenlang verharren und Tiere beobachten? Warst du vielleicht ein Kind, das den ganzen Tag draußen verbracht hat, jetzt aber viele Stunden des Tages im Büro sitzt? Ich habe schon als Grundschülerin viel, viel, sehr viel geschrieben. „Wer schreibt, der bleibt" war einer der Sprüche, die ich regelmäßig von meiner Mama zu hören bekam. Natürlich verändern sich Menschen. Wer als Kind gerne durch wilde Wälder geflitzt ist, kann als Erwachsener eine vollkommen zufriedene Couch-Potato sein. Aber es kann eben auch das Gegenteil der Fall sein: dass dir da etwas an Leidenschaft abhandengekommen ist, die wiederzuentdecken dich sehr glücklich machen würde. Vielleicht ist es auch manchmal GERADE das Zusammensein mit unseren Kindern, das eine bestimmte Leere und Traurigkeit auslöst, weil wir sie den ganzen Tag sehen, wie sie einfach tun, wonach ihnen der Sinn steht, und sie sich in dem beneidenswerten Zustand befinden, dass ihnen die Welt offensteht. Und dabei verlieren wir völlig aus dem Blick, dass wir im Prinzip, obwohl wir längst erwachsen sind, noch immer die gleichen Möglichkeiten haben! Ich kenne so viele Eltern, die scheinbar komplett aufgehen in den Hobbys ihrer Kinder. Das ist natürlich nichts Schlimmes – es ist toll, wenn Eltern mit Elan und Freude Kinder bei dem begleiten, was sie lieben. Aber es gibt eben auch Eltern, bei denen habe ich das dumpfe Gefühl, dass das Reinknien in die kindlichen Hobbys eher eine Tendenz zu Secondhand-Emotionen hat. Da stehen Väter am

Rand des Fußballfeldes, wo ihre gerade mal dem Minikicker-Alter entwachsenen Sprösslinge bolzen, und überschlagen sich in ihrem Eifer: „Steh auf! Heul nicht! Nachsetzen, Ingo. Dribbel diese Flasche von Abwehrspieler doch einfach aus!" – „Mein Gott", denke ich, „das sind KINDER! Lass die doch etwas Spaß an Bewegung haben. Und wenn du selbst Bock hast, dich in dieses Spiel reinzusteigern, überleg doch lieber mal, ob du dir nicht selbst eine Mannschaft suchen solltest!" Ähnliches gilt für Musikinstrumente. Obwohl ich auch heute Erwachsene kenne, die es im Nachhinein als sehr hilfreich bewerten, dass sie in ihrer Kindheit immer zum regelmäßigen Üben genötigt worden sind, bin ich doch der Meinung, dass Kinder entweder Lust und Motivation in sich selbst finden sollten, oder ihnen andernfalls auch erlaubt sein sollte, nach zwei Jahren Klavierunterricht das Handtuch zu werfen. Wenn Eltern jedoch drängen und mahnen und predigen, dass nur Übung den Meister macht, dann frage ich mich, ob da nicht auch etwas das Bedauern über eigene verpasste Chancen eine Rolle spielen kann. „Wenn meine Eltern mich mal mehr zum Geigeüben angehalten hätten, hätte ich heute sicherlich viel Freude daran!" Ja, gut – aber wer hindert dich? Wenn du heute so viel reifer über den Wert vom Üben eines Instruments denkst, warum gibst du dem Klavier nicht eine zweite Chance? Wir können unserem Kind Vorträge halten oder Vorbilder werden. Und entweder orientieren sich unsere Kinder an uns und beginnen, mehr Zeit und Liebe in ihre Instrumente zu stecken. Oder sie lassen es bleiben, weil Flötespielen gerade nicht in ihr Leben reinpasst, aber sie erleichtert mit Blick auf uns feststellen: Das Leben ist auch für Erwachsene noch nicht vorbei. Kein Zug ist für immer abgefahren, weil wir eben gerade keine Lust auf Musizieren haben. Man kann den Traum von der Flötenvirtuosin auch mit

Mitte 40 noch realisieren. Diese Erkenntnis befreit deine Kinder vielleicht von einer lästigen Pflicht und dich von der lästigen gedanklichen Begrenzung, dass du jetzt bei ihnen nachholen musst, was du selbst verpasst hast. Nee, musst du gar nicht. Also geh einfach kicken oder such noch heute Nachmittag die Adresse einer Klavierlehrerin raus. Du hast die Freiheit, auch heute noch das zu tun, was du als Kind gerne gemacht hast – oder das zu leben, wovon du dich als Kind bedauernswerterweise zu schnell verabschiedet hast.

Frage dich, ob du deinem Leben noch die Realisierung irgendwelcher Träume schuldest, die du dir verboten hast, weil andere das von dir wollten

Ich erwähne das gerne ab und zu mal am Rande: Den Mann einer Freundin, der nun, als Erwachsener und mit seiner Familie und seinen Kindern mitten im Leben stehend, noch mal eine Lehre bei der Bahn angefangen hat, weil er als Kind immer den Traum hatte, Lokführer zu werden. Ja, wenn die Familie das mitträgt, warum nicht?

Als ich meinen Eltern mitteilte, dass ich gedenke, Theologie zu studieren, war zumindest mein Vater so lange irritiert von diesem Vorhaben und umgetrieben von der Frage, ob das denn etwas Handfestes sei, bis er registrierte, dass der Pfarrberuf direkt in die Verbeamtung führt und auch eine solide Pension beinhaltet, die einen im Alter absichert. Bis zu dieser Erkenntnis schlug er immer mal wieder vor, ich solle doch Zahnärztin werden. In diesem Beruf hätte man nicht so viel mit allzu blutigen Notfällen zu tun, in der Regel stirbt auch niemand an schlechten Zähnen, aber jeder hat sie: Man müsse sich also nie Gedanken um zu wenig Arbeit machen. Nun bin ich weder Zahnärztin noch Pastorin geworden, sondern lebe stattdessen freiberuflich vom Schreiben. Wenn ich das mit Anfang 20 angestrebt hätte, hätte mein Vater mir bei aller Überzeugung für mein Talent vermutlich abgeraten und gesagt: „Mach lieber etwas, was dich finanziell und existenziell absichert. Schreiben ist ein schönes Hobby nach Feierabend." Ich tippe, dass viele von uns in dieser Weise Berufsberatung von den eigenen Eltern bekommen haben. Und ich gehe davon aus, dass viele Träume und Leidenschaften und ungewöhnliche Ideen an dieser Stelle vielleicht den Erstickungstod gestorben sind. Weil wir uns für den soliden, lukrativen, sicheren Weg entschieden haben. Dass der aber nicht zwangsläufig glücklich macht, obwohl freilich Sicherheit und auch Geld Faktoren sind, die zumindest eine gute Basis für Glücksgefühle sind, hatten wir mit Anfang 20 noch nicht so sehr auf dem Schirm wie heute. Heute stecken wir mittendrin, fühlen, wie sich das solide Leben anfühlt, und merken irgendwann auch ab der Lebensmitte, dass die Uhr tickt und unsere Zeit begrenzt ist. Das wirft zwangsläufig die Frage auf: Selbst wenn ich mein Leben im Hier und Jetzt irgendwie aushalte … Will ich so tatsächlich für den Rest meiner Tage leben? Den Menschen, die phasenweise extrem hadern mit ihrem Schicksal, aber statt endlich etwas zu ändern, immer wieder zurückfallen und sich selbst einreden, dass es gar nicht sooo schlimm ist und schon irgendwie geht, denen führe ich immer vor Augen: Wenn du jetzt nicht die Kraft hast, etwas zu ändern, woher solltest du sie in zehn Jahren nehmen? Und wenn du stets, so wie heute, NIE den Absprung findest, dann wird dein Leben einfach nur eine bis in den Ruhestand reichende Fixierung deiner jetzigen Umstände sein. Ein „Ich komme gerade schon irgendwie klar" mag aktuell auszuhalten sein, aber ein „Das wird in 40 Jahren vielleicht alles gewesen sein, was du je hattest" stimmt hingegen schon etwas besorgter.

Ich kenne Dutzende Fälle, in denen Menschen mit Abitur geraten wurde, doch bitte nichts Handwerkliches und bloß keine Lehre zu machen – wofür habe man denn sonst schließlich Abi gemacht? Man habe ja drei Jahre seines Lebens verschenkt, wenn man jetzt nicht wenigstens studieren würde. Was die meisten nicht bedenken: Man verschenkt ein ganzes Leben, wenn man wegen fremder Ratschläge und vermeintlich vernünftiger Argumente einen Beruf ergreift, von dem man nur so halb überzeugt ist. Wenn du dich fragst, was WIRKLICH dein Ding ist, dann frag dich, ob du deinem Leben nicht noch irgendwo die Realisierung von Träumen schuldig bist, die du dir auf dem langen Weg ins vernünftig solide Erwachsenenalter irgendwann verboten hast.

Bitte Menschen um Rat, die dich gut kennen und die um deine Stärken und Talente wissen

Keine Ahnung, warum, aber wir neigen krass dazu, uns selbst in ein schlechtes oder zumindest schlechteres Licht zu stellen. Frauen sind besonders häufig vom sogenannten „Imposter Syndrom" betroffen. Das „Mogelpackung-Syndrom" lässt die Betroffenen in dem Glauben, dass sie ihren Erfolg gar nicht verdient oder sich in irgendeiner Weise „erschlichen" haben. Sprich: Selbst wenn Menschen, vornehmlich Frauen, in einer Sache erfolgreich sind, was ja ein klares Indiz für ihre Fähigkeiten und ihr Talent ist, neigen sie dazu, diese Sache runterzuspielen. Sicher spielt hier Prägung mit rein, Glaubenssätze und Narrative, die über Jahrhunderte hinweg Frauen zu minderwertigen Menschen degradiert haben. Möglicherweise ahnen wir irgendwo in unserem tiefsten Inneren, woran unser Herz hängt und woran wir am allerallerliebsten maximal viel Lebenszeit verschenken wollen, aber wir kommen überhaupt nicht auf die Idee, dies auch im Außen umzusetzen, weil wir uns selbst limitieren. In den vergangenen Jahren habe ich, wann immer mir jemand sagte, ich solle doch ein Buch schreiben, gesagt: „Dafür habe ich nicht die Ausdauer. DAS KÖNNTE ICH NICHT." Wenn wir auf der Suche nach unserem Ich und unserer Bestimmung sind, sollten wir also andere um Rat fragen, weil Freunde und Familie manchmal (!) einen objektiveren Blick auf uns haben als wir selbst. In der Regel können wir von der Einschätzung geliebter Menschen mehr Wegweisung erwarten als von unserem treuen Begleiter Selbstlimitierung. Sicher kann auch das Gegenteil zutreffen, denn möglicherweise sind es gerade unsere Eltern, die uns nicht ermutigen, sondern verantwortlich sind für manch einen selbstzweifelnden Gedanken. Auch hier hilft es, wenn wir die Menschen gut auswählen, denen wir Macht geben und die Autorität, in unser Leben hineinzusprechen. Man erkennt seine Leute daran, dass die sanften Kritiker zugleich sind die, die einen am stärksten aufbauen und großreden. Das sind die Menschen, zu denen wir Freundschaft bauen und intensivieren sollten. Und das sind die, die wir fragen sollten: „Du, was kann ich deiner Meinung nach eigentlich besonders gut, was dieser Welt noch zu ihrem Glück gefehlt hat?"

Probier doch einfach mal aus, was dir spontan in den Sinn kommt. Manches weiß man erst, wenn man es GETAN hat

Ich habe schon manchmal den Moment erlebt, dass ich mich intensiv grübelnd mit einem bestimmten Thema auseinandergesetzt habe, das dann plötzlich hinfällig war. Auch erinnere ich mich an zig Diskussionen mit meinem Mann darüber, ob wir einen bestimmten Termin wahrnehmen sollten oder nicht –

und dann fiel die Veranstaltung aus, eines der Kinder wurde krank, oder das Wetter ließ eine längere Autofahrt nicht zu. Das Fazit „Na toll: Hätten wir das gewusst, wie viel unnütze Diskussion hätten wir uns erspart?“ brachte uns zum Schmunzeln, und wir einigten uns drauf, dass manchmal „Abwarten und Tee trinken“ die klügere Lösung ist gegenüber theoretischen Debatten.

Wenn du nicht weißt, ob dieser oder jener Beruf etwas für dich ist, ob dieses oder jenes Hobby dich tatsächlich so erfüllt, dass es dich deinem inneren Kern näherbringt, dann hilft manchmal nur: ausprobieren. Ich weiß: Eine Sache totzugrübeln ist manchmal eine beliebte Selbstschutztaktik, um niemals den Sprung ins kalte Wasser zu wagen. Unser Gehirn ist ein äußerst nützliches Werkzeug, aber wie manche Erfahrungen sich tatsächlich anfühlen, welche Gefühle sie auslösen, welche Höhenflüge oder Bauchplatscher … das lässt sich manchmal einfach nicht auf einer theoretischen Ebene durchdeklinieren. Ob der neue Beruf ein Fail oder Volltreffer ist … letztlich hängt das ja auch an Faktoren wie „Kollegen/Betriebsklima/Umgang mit Newbies“. Das kann sehr toll oder sehr schwierig werden. Manches muss man einfach ausprobieren, bevor man es weiß. Wenn man also eine Idee oder einen Eindruck hat, einen herzschlagbeflügelnden Gedanken, dann spricht nichts dagegen, es einfach mal zu versuchen: einen Kurs zu buchen, ein Praktikum zu machen, eine Fortbildung. Irgendwas, was Einfühlung erlaubt. Manchmal können wir uns noch so intensiv über eine Sache Gedanken machen, aber gewinnen erst Klarheit, wenn wir ins Handeln kommen. Und damit verbunden ist ein Hinweis, den ich auch gerne mitgebe:

Umwege sind erlaubt

Das Leben schreibt auch auf krummen Linien gerade. Wenn wir einen Weg einschlagen und nach sechs Monaten merken, dass es nicht das Richtige war, dann haben wir nicht ein halbes Jahr in den Sand gesetzt, sondern waren mutig, sind an der Entschlossenheit, Dinge in die Tat umzusetzen, gereift, und haben mehr über uns selbst gelernt. Auch zu wissen, was man nicht will und dazu zu stehen, ist ein Learning, das dich im Leben weiterbringt. Die meisten Sterbenden bereuen nicht, was sie getan haben, sondern sie bereuen die vielen Dinge, die sie versäumten, weil sie nicht mutig oder entschlossen genug waren. Wenn diese sechs Monate dir einfach nur eine „Okay, das will ich nicht"-Erfahrung bringen, dann ist das zumindest insofern ein Investment in deine Zukunft, als dass du deinem alten und greisen Ich, das langsam mit dem Leben abschließen muss, nicht den Mindfuck überlässt von: „Ach, wäre ich damals mit 43 doch nur etwas mutiger gewesen und hätte XY ausprobiert." Dein zukünftiges Ich wird sich zurücklehnen und stolz auf dein jüngeres Ich sein und sich sagen: „Gott sei Dank habe ich diese eine Sache mal ausprobiert, um zu merken, dass es nichts für mich ist. Danach war ich schlauer, und es hat sich ein anderer Weg für mich eröffnet, der ja letztlich viel passender war." Ein Investment in Klarheit und Erkenntnis ist immer ein Investment in den eigenen Seelenfrieden. Und damit wärst du deinem Selbst auch schon ein ganzes Stückchen näher gekommen.

Wenn groß denken gerade wirklich nicht geht, wähle die Hosentaschenvariante deiner Träume, aber setz' dich in Bewegung

Auch daran möchte ich noch mal erinnern: Das Leben ist nicht entweder – oder. Zu sagen „Früher habe ich ständig work and travel gemacht, aber jetzt habe ich Kinder – die Zeit ist also vorbei“ tut so, als gäbe es nur Schwarz und Weiß und nicht Fifty Shades of Grey, um sich selbst glücklich zu machen. Schau, wie du den großen Traum und die große Sehnsucht in der Hosentaschenvariante verwirklichen kannst. Natürlich ist das nicht dasselbe, aber muss es das denn sein? Ist es nicht ein viel besseres Gefühl, immer wieder zu spüren, dass wir unseren Träumen ein Stück Leben schenken, als uns immer wieder traurig daran zu erinnern, dass „diese Zeiten vorbei sind“? Natürlich kann ich mir gerade nicht den Traum vom Tiny House erfüllen, aber ich habe mir eine kleine Tiny-House-Auszeit in einem Tiny-House-Park gegönnt. Das war schön und ein Signal an mich selbst, dass ich es mir wert bin und dass manchmal eben der Weg das Ziel ist: etwas für mich getan zu haben, im Sinne meiner Träume aktiv geworden zu sein, mir einen Moment Fühlen (mich selbst fühlen) erlaubt und eingeräumt zu haben. Bevor du wegen zu großer Träume oder aktuell nicht vorhandener Möglichkeiten in Trübsinn und Resignation verharrst, such nach der Hosentaschenvariante deiner großen Sehnsüchte (Und genieße, wie es sich einen Moment lang anfühlen darf – hat es sich nicht allein dafür gelohnt?).

Du schuldest deinem alten Ich an seinem letzten Tag ein Leben, von dem es sich in Frieden verabschieden kann

Wenn es darum geht, wieder mehr zu uns selbst zu finden, dann ist einer der mächtigsten und weisesten Ratgeber, die wir in dieser Angelegenheit finden können, der Tod: die Tatsache, dass unser Leben endlich ist und dass es eines Tages Abschiednehmen heißt. Wenn Menschen Angst vor dem Sterben haben, dann steckt hinter dieser Angst vor der Endlichkeit häufig die

Angst, das eigene Leben nicht richtig gelebt zu haben. Nichts macht das Abschiednehmen (auch von anderen Menschen!) so schwer wie ein Abschied im Bedauern mit der schmerzlichen Erkenntnis, dass Dinge offen, ungesagt oder ungelebt geblieben sind.

Selten habe ich diese Erkenntnis so tief zu spüren bekommen wie in einem Moment im vergangenen Sommer in einer „Meditation der eigenen Sterbestunde“: Veit Lindau malt mit seinen Worten ein konkretes Setting vor mein inneres Auge. Meine ersten Tränen fließen schon bei dem Gedanken, dass ich unfähig bin, mich zu bewegen, und in dem Wissen, dass nun alles endet, in einem Bett liege und Rückschau halte. Alle Dämme brechen schließlich, als die sachlich warme Stimme von Veit Lindau alles aufzählt, was in unserem Leben von Bedeutung ist, und kommentiert: Lass das los. Meine Gedanken folgen in Bildern den Worten, die er spricht: „Deine Kleidung? Lass sie los! Dein Auto? Lass es los! Dein Haus und dein Garten? Lass sie los!“ In Gedanken sehe ich mich Türen schließen, Schlüssel und komplette Besitztümer in die Hände anderer Menschen geben. Visuell und gedanklich durch die letzte Stunde meines Lebens geführt zu werden ist mental anstrengend, es schmerzt, und ich kann nicht aufhören zu weinen. Nur langsam komme ich nach der Meditation wieder im Hier und Jetzt an und habe plötzlich tief verinnerlicht, was mir sonst so dramatisch durchrutscht: Das hier ist mein Leben, und ich habe es noch. Es ist noch nicht die Zeit zum Abschiednehmen, es ist noch nicht zu spät. Aber gedanklich an mein Sterbebett geführt zu werden mit den Fragen: „Auf welches Leben möchtest du jetzt zurückschauen? Hast du inneren Frieden? Kannst du loslassen, weil dein Leben reich und erfüllt war und du für die Erfüllung deiner Träume gekämpft hast? Bei dem Satz „auf welches Leben willst du zurückschauen?" entstehen Bilder in meinem Kopf, die wie eine viel zu schnell laufende Diashow von einem zum nächsten Bild sliden. Ich fühle, ich sehe, ich ersehne. Und dann fühle ich mich wieder ein in die Situation, mein altes Ich zu sein in dem finalen Bewusstsein von „rien ne va plus". In Gedanken nehme ich ihre Hand und drücke meinem älteren Ich einen Kuss auf die faltige Stirn: Ich schulde ihr, dass sie in Frieden loslassen und auf die schönen Bilder eines reichen Lebens zurückschauen kann, das ihr ganz und gar entsprochen hat.

Man sagt, Mut zur Veränderung schafft es, wenn der Schmerz oder die Sehnsucht so groß sind, dass wir endlich daran glauben, dass es für alles, was sich verändern lässt, einen Ausweg gibt. Wir dürfen das Leben nicht auf morgen verschieben, aber es hilft definitiv, dass wir die zukünftige Vision unseres Selbst so lieb haben, dass wir richtig Lust haben, ihr einmal zu begegnen. Am meisten Liebe schulden wir jedoch unserem Ich an seinem letzten Tag. Versprich diesem zukünftigen Ich noch heute, dass du ihm die Angst vor dem Sterben dadurch nimmst, dass du ihm in der letzten Stunde ein Herz voller schöner Erinnerungen schenkst, wenn dein Leben einmal leise zu ihm flüstert: Lass alles los – es ist Zeit zu gehen.

SELBST-SEIN-DÜRFEN

Dass „Selbstlosigkeit" eine Kernkompetenz von Frauen ist, ist eines der Narrative, die sich vermutlich am hartnäckigsten in unserem Unterbewusstsein festgesetzt haben. Selbstlos – das bedeutet, dass man von den eigenen Bedürfnissen absehend sein Leben dem Dasein für andere widmet. Wenn wir das Wort

„selbstlos“ hören, dann denken wir an Menschen wie Mutter Theresa oder Mahatma Gandhi, die ihr Leben der Fürsorge für andere Menschen gewidmet haben. Doch neben solchen „Größen“ scheint es auch einfach traditionell ein „Frauending“ zu sein, dass Frauen sich selbstlos kümmern: für die Kinder, für pflegebedürftige Angehörige, generell für zwischenmenschliche Beziehungen. Die Frage, warum ich mich mit „Das könnte ich nicht“ und überraschtem „Ach, und dein Mann kümmert sich dann um die Kinder?“ konfrontiert sah, wenn ich alleine Urlaub buchte, aber eine mehrtägige Abwesenheit meines Mannes während seiner Fortbildungen nur mit Achselzucken kommentiert wurde, hat mich lange umgetrieben. Natürlich hängt das mit den Wirkmechanismen des Patriarchats zusammen, im Kern vermutlich mit dem Narrativ, dass Frauen diejenigen sind, die die Belange der Schwachen zu den ihren machen. Dass die Frau sich kümmert ist normal, während das selbstlose Kümmern des Mannes immer noch aufmerken lässt: Es wird deswegen als eine Leistung angesehen, weil es eben die Abweichung von „normal“ ist. Mit anderen Worten: Die Frau hat das ja quasi in den Genen, dass sie sich kümmert und von sich selbst in diesem Zusammenhang eben auch absehen kann. Gleiches Verhalten bei einem Mann hingegen ist bemerkenswert. Ich wollte dieselbe Freiheit wie mein Mann, der einfach „er selbst“ sein konnte und jede Selbstlosigkeit für Familie und Kinder mit Anerkennung honoriert bekam.

„Selbstlosigkeit“ ist gemeinhin ein Wort, das durchaus positiv konnotiert ist und Menschen auch ein gewisses Maß an Bewunderung einbringt bis hin zu regelrechter Heiligenverehrung. Sosehr unsere Gesellschaft Menschen braucht, die sich bedingungslos für andere einsetzen, sosehr empfinde ich das

Wort „selbstlos“ schon allein auf sprachlicher Ebene als höchst problematisch: Sein Selbst „los“ zu sein hat nur dann Vorbildcharakter, wenn wir wie Buddha unter der Pappelpalme die Erleuchtung erlangt haben, dass wir mit allem im Universum eins sind. Doch dieses All-eins-Sein, das von seinem Selbst auch ebenso gut spirituell absehen kann, ist eben für Mütter nur dann sinnvoll, wenn das All-Eine, mit dem ich identifiziert bin, mir Entlastung in meinem All-zeit-all-zuständig-Sein in der Carearbeit bringt. Ansonsten muss man ganz irdisch festhalten, dass die Annahme, dass Frauen Experten darin sind, selbstlos für andere da zu sein, knallhart ignoriert, dass Beziehungen uns mit Herzblut, Seele, Liebe und Kraft fordern und die Ressourcen unseres Selbst eben begrenzt sind. Spätestens, wenn es darum geht, dass wir im Bewusstsein unseres Selbst gut wissen müssen, wo unsere Grenzen sind, wie wir wieder auftanken können und was wir brauchen, um glücklich zu sein, um unsere Beziehungen nicht mit unseren Erwartungen zu belasten, ist es von entscheidender Notwendigkeit, dass wir wissen, wer wir sind. Wie wahr an dieser Stelle das buddhistische Ideal ist, dass nur derjenige für andere da sein kann, der ganz bei sich ist. Und auch wenn im Christentum noch immer sehr stark dem Vorbild des am Kreuz leidenden Christus nachgeeifert wird, der sich so ganz und gar mit seinem Leben als Opfer für andere gab, findet sich auch hier der Gedanke: Liebe deine Nächste wie dich selbst. Auch hier beginnt die Liebe zum anderen mit der Liebe zu mir selbst, und das ist mitnichten selbstlos. Wir brauchen eine Gesellschaft und ein Miteinander, in dem wir immer wieder (alle!) selbstlos handeln. Was es nicht braucht, ist Selbstlosigkeit als Charakterzug oder weibliches Ideal. Nur derjenige kann in einzelnen Momenten wirklich selbstlos handeln, der sich seiner Selbst klar bewusst ist und in ebendieser Bewusstheit in einem Akt der Entscheidung von seinem Selbst absehen kann.

Ich bin schon immer ein Morgenmensch gewesen. Für mich ist das weniger ein heroisches Ideal der Selbstdisziplin, früh aufzustehen, sondern schlichtweg Biorhythmus. Der frühe Morgen, die Stille, die Zeit alleine … all das war immer schon wie ein Energiebooster für meine Kraft, mein Glück und meine Resilienz. Irgendwann zwischen den Schwangerschaften hatte ich das Bedürfnis, mir diese Kraftquelle zurückzuerobern, und begann wieder, früh aufzustehen, um Sport zu machen, zu lesen und Tagebuch zu schreiben. Es wurde zu einer Art „Gentleman-and-Gentlewoman-Agreement“, dass mein Mann in dieser Zeit zuständig war, wenn eines der Kinder wach wurde. Er war mein Me-Time-Back-up am Morgen, so wie ich in der Regel am Abend das Wieder-Einschlafbegleiten übernahm, damit er arbeiten oder eine Serie schauen konnte.

Eines Samstagmorgens hatte ich mich gerade mit einem Schwarztee in mein Zimmer im Pfarrhaus zurückgezogen und mein Tagebuch aufgeschlagen, da hörte ich leise Weingeräusche aus dem Familienbett im Schlafzimmer. Mein Blick auf die Uhr verriet: 5.30 Uhr. Mein Mann würde noch gut 1,5 Stunden schlafen können, wenn unsere Tochter mitspielte. Er würde sie sicher nicht mehr zum Schlafen bringen, ich schon. Obwohl ich eher Unlust verspürte und es nicht gemusst hätte, weil unsere Abmachung eben eine andere war, schlüpfte ich auf leisen Socken ins Schlafzimmer und unter die Bettdecke meiner Tochter. Ich stillte sie und raunte meinem Mann zu „Kannst weiterschlafen“, was er auch dankbar annahm. Etwa eine Dreiviertelstunde später war meine Jüngste wieder im Tiefschlaf, und ich setzte mich zu meinem kalten Tee ans Tagebuch: Ein abgespecktes Morgenprogramm war also noch möglich. Ich schrieb ein paar Zeilen in mein Tagebuch, schloss zehn Minuten Yoga an und beschloss, zu Fuß Brötchen holen zu gehen, wenigstens ein bisschen Bewegung statt des normalen Sportprogramms. Eine winzige Anekdote aus dem Familienalltag, vielleicht so klein, dass sie kaum wert ist, erzählt zu werden. Aber sie illustriert sehr schön, dass es einen Unterschied macht, ob wir zu Selbstlosigkeit verdonnert werden, weil Selbstlosigkeit quasi als unser mütterliches Standardprogramm vorausgesetzt wird, oder ob wir uns aus einem Gefühl völligen Selbst-sein-Dürfens dafür entscheiden, von uns selbst abzusehen, um für jemand anderen da sein zu können. Ich hatte den festen Raum zugestanden bekommen, mich morgens ab 5 Uhr erst mal eine Stunde ganz um mich selbst kümmern zu dürfen. Und aus diesem Gefühl innerer Dankbarkeit und Resilienz war es mir mit Freude möglich, an jenem Morgen von dieser Routine abzusehen, um meinen Mann an einem Samstagmorgen ausschlafen zu lassen. An den Folgemorgen schlief unsere Tochter dann wieder von sich aus etwas länger, und ich konnte dem 5-Uhr-Club meine Ehre erweisen. Ich glaube, dass wir uns vom Ideal der Selbstlosigkeit entschieden verabschieden müssen, weil selbstloses Handeln etwas ist, was von allein geschieht, wenn wir uns bei uns selbst sicher, zu Hause und geborgen fühlen. Je mehr wir eins mit uns selbst sind, desto weniger überfrachten wir unsere Beziehungen mit Erwartungen. Je stärker wir uns unserer Selbst bewusst sind und wissen, dass wir wie selbstverständlich einfach sein dürfen, desto freier fühlen wir uns, anderen zu geben. Es ist ein riesiger Unterschied, ob wir ständig „angezapft“ werden mit allem, was wir ja in der Tat zu geben haben, oder ob wir uns frei fühlen, uns an die Menschen zu verschenken, die uns nahestehen. Die Selbstlosigkeit, die Frauen vergangener Jahrhunderte faktisch ja in Familie und Gesellschaft an den Tag gelegt haben, war häufig aufgenötigt und brauchte ein gehöriges Maß an Unterdrückung durch das Patriarchat, verbunden mit Alternativlosigkeit. Noch mal ganz deutlich: Ich spreche nicht gegen das beherzte Dasein für andere. Ich spreche mich dafür aus, dass wir die alten Zöpfe und Repressalien des Patriarchats mutig abschneiden und uns emanzipieren, um von Frauen, denen genommen wurde, zu Frauen zu werden, die geben. Aus vollen und fröhlichen, aus wilden und starken Herzen.

Es braucht also für ein freies und fröhliches Dasein für andere etwas anderes als das Ideal der Selbstlosigkeit, das in der Form, wie es in unserem Unterbewusstsein festhängt, so oder so nie existiert hat. Ich schlage vor, dass wir uns erheben, um von vermeintlich selbst-losen Frauen zu selbst-kreativen Frauen zu werden.

Wir wissen mittlerweile, dass bei aller Prägung doch die Idee unserer Identität hauptsächlich etwas ist, was sich in unserem Gehirn abspielt. Ja, zugegeben, ich fühle mich auch nicht immer wie die Chefin dessen, was sich zwischen meinen Ohren gedanklich so abspielt. Manchmal habe ich regelrecht das Gefühl, „es" denkt in mir, und da melden sich eben diese Dinge zu Wort, die auf unser Ichgefühl einwirken: Prägung durch unsere Eltern, Gesellschaft, Religion, Erwartungen, Narrative, Ideale. Wenn wir uns nach dem Gefühl sehnen, wieder bei uns selbst ganz zu Hause zu sein, eben wir selbst zu sein, dann ist es wichtig, dass wir uns in einem ersten Schritt all der Faktoren bewusst werden, die für uns gleichsam identitätsprägend wie identitätsraubend im Sinne des Selbstseins gewesen sind. In gewisser Weise müssen wir lernen, wieder „leer" zu werden. „Um zur Leere vorzustoßen, dürfen wir nicht mehr nur nach außen wirken und agieren. Im stetigen Auftrag, an uns selbst gerichtete Erwartungen zu erfüllen, (...) sind wir zunehmend gefangen in Abhängigkeiten – bis zur Bewegungslosigkeit."[36] Diane Hielscher ergänzt in *Liebe neu denken* das bekannte Descartes-Zitat „Ich denke, also bin ich" um den Zusatz „Ich denke mal nicht, also bin ich!" und meint damit genau das: Wer wir selbst sind, können wir manchmal erst wirklich spüren, erleben und denken, wenn wir die 100 fremden Stimmen in unserem Kopf zum Schweigen bringen lernen. Sich ihrer bewusst werden ist da der erste Schritt. Ein deutliches „Stopp! Das sind die Erwartungen meiner Eltern" kann ein zweiter Schritt sein, um Identitätsräuber bewusst zum Schweigen zu bringen, wann immer wir sie entdecken. Und in einem dritten Schritt geht es darum, dass wir uns erlauben, uns selbst ganz neu zu denken. Dafür ist es freilich wichtig zu wissen, wer wir überhaupt sein wollen, wer wir also folglich gerne sind. Das ist ein sehr kreativer, schaffender Prozess. Aus dem Gefühl fremdverschuldeten Identitätsverlusts führt der Weg also weg von Selbst-Losigkeit hin zu Selbst-Kreativität: Erschaffe die Frau, die du selbst sein willst. Und falls das an dieser Stelle schon wieder nach dieser unsäglichen Selbstoptimierung klingt, kann ich euch beruhigen: Alles, was an Veränderungswünschen nicht zutiefst dir, deiner Seele, dem Takt deines Herzens entspringt, ist wieder nur eine Stimme von außen. Die selbst ernannten Lifecoaches, die dich dazu anhalten, die beste Version deiner Selbst zu werden (Als die du verdammt noch mal schon auf die Welt gekommen bist!), darfst du auch parieren mit „Stopp, das fühlt sich nach Druck und Stress an. Das ist die Stimme der Gesellschaft, vertreten durch ihre Gurus, die beschlossen hat, dass wir alle erst irgendwas werden müssen! Ich brauche euch nicht!“ Natürlich ist es dennoch so, dass Impulse aus der „Lebensverbesserungsszene“ mit unserem Inneren auf elektrisierende Weise in Resonanz gehen können. Ich habe das Buch *Der 5-Uhr-Club* von Robin Sharma förmlich aufgesogen: angehört, gelesen, exzerpiert, wieder durchgelesen. Weil das etwas in mir zum Klingen gebracht hat, was ich immer schon war, was ich liebte: die Frühaufsteherin. Ja, ich liebe die früh aufstehende Sina. Das bin ich. Aber das musste ich nicht optimieren, weil irgendwer gesagt hast, dass man das so macht, sondern das war im wahrsten Sinne des Wortes Ent-Wicklung: aus dem Tüddel fremder Erwartungen und „was man so macht“-Gedanken ausgewickelt, wofür mein Herz schlägt.

Die Welt ist nicht, wie sie ist, sondern wie wir denken, dass sie ist. Das gilt auch für uns selbst. Jeder Gedanke an „Ich bin“, den wir denken, für wahr halten und wiederholen, wird im Laufe der Zeit zu unserer Identität. Die schlechte Nachricht: Manch ein verzweifeltes „Ich bin …“, das sich fremd und nicht passend anfühlt, kann sehr hartnäckig sein. Die gute Nachricht: Was wir geprägt haben und was uns geprägt hat, lässt sich umprägen. DU bist die Autorin deiner Geschichte. Dabei ist die Wiederentdeckung des Selbst ein Prozess, der eigentlich sehr wenig braucht: Bewusstsein dessen, was wir ablegen wollen, und Raum, um bewusst sein zu können. Dabei ist es natürlich schön, wenn wir zum freien Denken und Erleben mal eine Woche Urlaub von allem haben, inklusive unseren elterlichen Verpflichtungen. Ich bin tatsächlich erst nach zehn Jahren Mutterschaft das erste Mal alleine im Urlaub gewesen, und es war großartig, und wenn ich meinem jüngeren Ich etwas raten würde, dann definitiv: Mach so was öfters! Aber die (gedanklichen) Räume, die es für mich gebraucht hat, um wieder bei mir selbst anzukommen, waren nicht riesig, sondern manchmal klein, banal und sehr unscheinbar. Es waren Momente, wo ich mich eins mit mir selbst gefühlt habe:

- Bei jedem Tagebucheintrag in der morgendlichen Stille, in dem ich mir bewusst erlaubt habe, zu mir und zu meinen Gefühlen zu stehen. Ein ehrliches „Ich fühle mich in der Gegenwart vieler und fremder Menschen schnell befangen und tue mich schwer mit Small Talk. Wenn ich lange unter Menschen gewesen bin, egal wie lieb ich sie habe, brauche ich irgendwann das Alleinsein" hat sich befreiend und gut angefühlt. Als wäre ich mir selbst die beste Freundin, die mich liebevoll in den Arm nimmt und sagt: „Das ist okay so. Du darfst so sein, wie du bist!"

- Bei jedem offenen Gespräch mit den Menschen, die mir tatsächlich etwas bedeuten, um ihnen klarzumachen, wer ich bin und was ich brauche. Gegenüber meinen Kindern: „Ich möchte meinen Tee bitte erst austrinken, dann kümmere ich mich um euch." Gegenüber meinem Mann: „Ich schaffe diese unregelmäßigen Feierabende kräftemäßig nicht. Ich möchte, dass du pünktlich zu Hause bist und deine Abendtermine minimierst", „Ich werde morgens eine Stunde Alleine-Zeit etablieren, wenn die Kinder schlafen. Wenn sie wach werden, brauche ich dich als Back-up" und „Ich möchte auch mal ganz alleine in den Urlaub fahren und brauche Nächte, in denen ich nicht zuständig bin." Gegenüber Fremden: egal sein lassen. Ja, da waren die Stimmen, die gesagt haben, dass Aktfotografie im Internet (und bitte: Wir wissen, dass Instagram SEHR schnell löscht, wenn man da zu viel sieht.) dem Ansehen meines Mannes schadet. Egal. Ich wollte das, und ich brauchte das, um meinem Körper gegenüber wieder in die Annahme und schließlich in die aufrichtige Liebe zu kommen. Kritische Worte erlaube ich nur noch Menschen, die mich wirklich kennen und denen ich vertraue. Alle anderen werden in meinem Leben faktisch keine Rolle mehr spielen – warum sollte ich ihren gehässigen, missgünstigen oder kritischen Worten ein Gewicht zugestehen?

- In Momenten, in denen ich mir erlaubt habe, Raum einzunehmen: Vom ganz großen Urlaub mit mir selbst über die tägliche Routine frei verfügbarer Zeit in einem vermeintlichen 24/7-Job als Mutter bis hin zu kleinen Momenten, in denen ich ahnte, dass der Sonnenuntergang spektakulär werden würde, und ich mir erlaubt habe zu fragen: „Kannst du mal 30 Minuten alle Kinder nehmen? Ich würde gerne eine Runde Auto fahren!"

- In Momenten, in denen ich mir Dopaminkicks und Glücksgefühle selbst erschaffen habe durch neue Herausforderungen, einfach mal machen, mich selbst überraschen, mir Wachstumsgelegenheiten schenken. Aber auch in Momenten, in denen ich einfach sein durfte: mich selbst zum Essen einladen. Nachts draußen in der Hängematte mit starken Sturmwindböen, die mich in den Schlaf schaukeln. Auf dem Autodach staunend den Sonnenaufgang im lila Regen bewundern, bis mir vor Glück die Tränen kommen. Nach dem ersten Mal 12 Kilometer Laufen stolz am See stehen und spontan ins Wasser schwimmen gehen – im Januar.

- Durch weniger vom Leben wollen und mehr von „weniger“ erwarten. Wer sich nicht in banale Momente einlieben kann und süchtig nach ihnen wird, der wird auch in den großen Umwälzungen kein Glück finden.

Ja, ich habe es erlebt: Manchmal geht an den großen Umwälzungen kein Weg vorbei. Sie können befreien und guttun, aber letztlich stimmt bei allem, was du im Außen veränderst, um glücklich sein zu können: Du stehst auch im neuen Setting mit dir selbst da. Ja, es kann wichtig sein, sich von toxischen Umständen und Menschen zu distanzieren, die dir die Luft zum Atmen nehmen und immer und immer wieder selbst die kleinsten Glückse boykottieren. Aber wenn du das getan hast, dann stehst du in den befreiten Umständen mit dir selbst. Und so sehr Umstände Glück-fühlen und Selbst-sein begünstigen oder erschweren – was du wirklich in dem befreiten neuen Setting bist und fühlst, das hängt maßgeblich an dir selbst. Manchmal ist das Gefühl, sich in neuen Umständen verloren zu haben, deswegen so groß, weil sich das Leben verändert hat und wir hamsterradmäßig einfach immer das Erstbeste tun, was das Leben von uns erwartet. Wir nehmen uns keine Zeit und keinen Raum, um uns wieder zu spüren und das berauschende Gefühl zu erleben, dass unser Herz Glück kann. Ich habe das als ungebundene Studentin ganz anders erlebt als heute. Damals hatte ich stundenlang Zeit, in der Sonne zu malen. Das gibt mein Alltag an den meisten Tagen nicht mehr her. Aber ich habe immer mal kurz Zeit, meine geliebten Hühner zu beobachten, und obwohl alles nicht mehr so ist wie früher, spüre ich doch (und das ist eine MEGA-Erkenntnis): Das Gefühl ist das gleiche, auch wenn es mittlerweile durch andere Settings ausgelöst wird.

Wie sieht die Realität, die ich selbst erschaffen möchte, konkret aus? Bedenke: Alles, was du im Äußeren erschaffst, zielt letztlich nur auf das Innen ab: Flow-Momente, echte Herz-Schlag- (und Herz-kurz-mal-aussetz-)Momente, Wachstumsmomente haben zum Ziel, dass du dein Herz spüren lernst. Als Mensch, der du bist, zufrieden damit zu sein, einfach zu sein. Auch wenn wir ganz aktiv Dinge tun können, die uns glücklich machen, zielt letztlich dieser kreative Akt da hin, dass wir Stille und Nichts und ganz viel Selbstsein spüren. Ein In-uns-selbst-Ruhen.

Diane Hielscher nennt das große kleine Gefühl, auf das es im Leben ankommt und auf das alle selbst-kreativen Maßnahmen letztlich hinzielen, das Gefühl „des puren Seins" und das In-sich-zuhause-Sein einen „Seelen-Orgasmus"[37]. Und ich fühle es zu 100 Prozent. Ich erlebe es nicht täglich, aber doch regelmäßig, und es ist das gute Gefühl, dass ich mir einen Schutzraum aus Zufriedenheit und Zuversicht kreieren kann, der nicht viel braucht an Äußerlichkeiten. Wir denken, unser Herz reagiert auf die Dinge, unser Außen, bestimmte konstitutive Marker – und in gewisser Weise stimmt das auch. Aber eben doch auch nicht. Ja, es war der wunderbare, große, weitläufige Pfarrgarten, der mich beim sommerlichen Spaziergang unter unseren Apfelbäumen geflasht hat: so ein toller Ort. Und man mag wehmütig denken: Wenn man diesen Ort einmal verlassen muss, wie traurig wird das sein – was für ein Verlust! Und dann sitze ich am Terrassenfenster meiner neuen kleinen Wohnung in der Siedlung mit Blick in den Garten, der diesen Namen nur schwerlich verdient hat: Verwuchert und von hohen Büschen so überschattet, dass es das Gras schwer hat – man müsste mal grundsätzlich etwas machen, doch momentan fehlt mir die Zeit, und so bleibt es wild und kahl vor meinem Fenster.

Doch dann kommt die Sonne raus und bricht durch das Geäst, das kaum merklich beginnt, sanftes Grün zu tragen. Ein Eichhörnchen purzelt durch die Zweige, und ich beobachte es lächelnd. Kein schöner großer Garten – und doch dieses Gefühl. Und wenn die Sonne sich weigert, rauszukommen, dann lasse ich mir ein Bad ein und versinke in Schaum und Lyrik, die mein Herz anrührt. Und wenn keine Badewanne da ist, dann mache ich mir den weltbesten Matcha und setze mich ans Ufer der Hunte.

Nie wieder wird sich draußen zu schlafen so erhaben anfühlen wie auf dem riesen Balkon in Barnstorf, habe ich gedacht: so viel Platz, so erhöht und über den Dingen – weiter Blick und den Sonnenaufgang direkt Aug in Auge. Und dann habe ich die erste Draußennacht auf einer kleinen Terrasse verbracht und war direkt wieder ergriffen vom Frei-atmen-Können und dem Blick in die Sterne. Nein, der Ausblick ist nicht ganz so spektakulär wie vom Balkon im Pfarrhaus, denn ich habe nun einen Balkon über mir, der mir die Sicht nimmt, aber dafür bietet er Schutz von dem beginnenden Nieselregen, und die Hängematte schaukelt mich sanft wie eh und je. Ich fühle das Glück des Moments – es ist in mir. Die Dinge ändern sich. Das ist das Leben. Wir werden Orte lieb gewinnen und verlassen. Wir werden Menschen lieb gewinnen und verabschieden. Wir werden Momente feiern, die zu Ende gehen. Es kann sich haltlos anfühlen und unsicher machen, dass wir all das nicht festhalten können. Bis zu dem Moment, wo wir registrieren, dass die tiefen und zufriedenen Gefühle in unserem Inneren stattfinden und dort ihren Ursprung haben. Ich kann das Gefühl von Zuhause an das Glück vom großen Pfarrgarten hängen oder an das Wunder der ersten Mini-Triebe, die in meinem kleinen

Hochbeet zu wachsen beginnen. Oder an die beseelende Erfahrung, dass die Natur auch atemberaubend schön ist an Orten, die niemandem gehören.

Während ich diese letzten Zeilen tippe, erwäge ich aktuell, noch mal umzuziehen. Meine große Tochter äußert Bedauern: „Ach, schade, du hast es dir doch gerade so schön gemacht in deiner Wohnung!“ Es stimmt. Doch bevor der Gedanke an „Loslassen“ zu dominant wird, fokussiere ich auf das, was mir immer bleiben wird: „Du hast recht“, sage ich zu meiner Tochter gewandt, „ICH habe es mir schön gemacht. Und das ist das Gute: MICH nehme ich überall hin mit!“

DANKSAGUNG

Ich möchte mich bedanken bei meinen Kindern Talita, Jaron, Jesaja und Tara, die während der Buchschreibe-Phase sehr viel Nachsicht mit mir hatten und Verständnis für „Ich muss noch arbeiten", und bei ihrem Papa Torben, der in wunderbarer Weise viel Betreuungszeit übernommen und mir stets den Rücken freigehalten hat. Danke für euer Verständnis!

Ich möchte mich bei meinen Eltern bedanken, die mich Mut und Liebe fürs Leben gelehrt und mir das nötige Selbstvertrauen mitgegeben haben, mich tatsächlich der Herausforderung „Buch schreiben" zu stellen.

Ich danke meinen Leser*innen auf Instagram und Steady, die mit den beständigen Nachfragen „Wann schreibst du ein Buch?" und ihrem stets positiven Feedback den Weg für dieses Projekt bereitet haben.

Danke an meinen lieben Freund Markus, der niemals an Ermutigungen und guten Worten gespart hat und mir in schwierigen Phasen immer offenes Ohr und in guter Weise Korrektiv gewesen ist.

Dank gilt an dieser Stelle aber auch dem EMF-Verlag, besonders Annely Tiedemann, und Doreen Fröhlich, für das Vertrauen und die angenehme und freundschaftliche Zusammenarbeit.

LITERATUR UND QUELLEN

Bregman, Rutger: *Im Grunde gut: Eine neue Geschichte der Menschheit.* Rowohlt, 2021.

Hielscher, Diane: *Liebe neu denken: Dem Geheimnis glücklicher Beziehungen auf der Spur.* Knaur, 2022.

Karig, Friedemann und Samira Al Ouassil: *Erzählende Affen: Mythen, Lügen, Utopien. Wie Geschichten unser Leben bestimmen.* Ullstein, 2022.

Kaiser, Mareice: *Das Unwohlsein der modernen Mutter.* Rowohlt, 2021.

Kebekus, Carolin: *Es kann nur eine geben.* Kiepenheuer & Witsch, 2021.

Lindau, Veit: *Stille Seele, wildes Herz: 12 Geheimnisse eines erfüllten Lebens.* Gräfe & Unzer, 2022.

Mierau, Susanne: *New Moms for Rebel Girls: Unsere Töchter für ein gleichberechtigtes Leben stärken.* Beltz, 2022.

Schutzbach, Franziska: *Die Erschöpfung der Frauen: Wider die weibliche Verfügbarkeit.* Droemer, 2021.

Stahl, Stefanie: *Wer wir sind: Wie wir wahrnehmen, fühlen und lieben.* Kaliash, 2022.

Wlodarek, Eva: *Nimm dir die Freiheit, du selbst zu sein: So entfalten Frauen ihr wahres Potential.* dtv, 2021

Woolf, Virginia: *Ein Zimmer für sich allein.* Reclam, 2021.

Wulf, Andrea: *Fabelhafte Rebellen: Die frühen Romantiker und die Erfindung des Ich.* C. Bertelsmann, 2022.

1 In der bedürfnisorientierten (BO) Elternschaft wird angenommen, dass jedes kindliche Verhalten Gründe hat, die in seinen Bedürfnissen zu suchen sind. Die Erfüllung dieser kindlichen Bedürfnisse stärkt dessen Selbstbewusstsein und sein Vertrauen ins Leben.

2 *Nimm dir die Freiheit, du selbst zu sein*, S. 20.

3 *Nimm dir die Freiheit, du selbst zu sein*, S. 20.

4 *Nimm dir die Freiheit, du selbst zu sein*, S. 24.

5 *Wer wir sind*, S. 48.
6 *Erzählende Affen*, S. 86ff.
7 *Erzählende Affen*, S. 15.
8 *Es kann nur eine geben*, S. 26.
9 *Erzählende Affen*, S. 347.
10 *Es kann nur eine geben*, S. 31.
11 *Es kann nur eine geben*, S. 324.
12 *Es kann nur eine geben*, S. 333.
13 *Die Erschöpfung der Frauen*, S. 240.
14 Besonders in der Montessori-Erziehung versteht man unter einer vorbereiteten Umgebung einen physischen Raum, in dem Kinder sich sehr frei und selbstwirksam bewegen und lernen können, weil ihr räumliches Umfeld an die körperlichen und kognitiven Fähigkeiten des Kindes angepasst ist.
15 *Das Unwohlsein der modernen Mutter*, S. 137.
16 *Das Unwohlsein der modernen Mutter*, S. 138.
17 *Das Unwohlsein der modernen Mutter*, S. 185.
18 *Das Unwohlsein der modernen Mutter*, S. 187.
19 *Das Unwohlsein der modernen Mutter*, S. 194.
20 *Nimm dir die Freiheit, du selbst zu sein*, S. 11.
21 *Wer wir sind*, S. 291.
22 https://www.instagram.com/reel/Co5JsOFotbV/?igshid=YmMyMTA2M2Y=
23 *Ein Zimmer für sich allein*, S. 6.
24 *Die Erschöpfung der Frauen*, S. 240.
25 *Stille Seele, wildes Herz*, S. 159.
26 50 positive Affirmationen für den Morgen | 10 Minuten Meditation für einen erfolgreichen Tag! – YouTube
27 *Fabelhafte Rebellen*, S. 414.
28 *New Moms for Rebel Girls*, S. 112f.
29 *New Moms for Rebel Girls*, S. 112.
30 *Liebe neu denken*, S. 254.
31 *Wer wir sind*, S. 49.
32 *Nimm dir die Freiheit, du selbst zu sein*, S. 9f.
33 *Nimm dir die Freiheit, du selbst zu sein*, S. 12.
34 *Nimm dir die Freiheit, du selbst zu sein*, S. 132.
35 *Nimm dir die Freiheit, du selbst zu sein*, S. 141.
36 Vgl. *Liebe neu denken*, S. 161.
37 *Liebe neu denken*, S. 164.